高职高专汽车专业教材

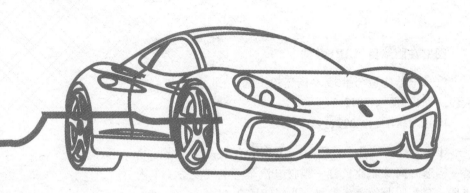

主　编　杨连福

汽车电器构造与维修

配课件

人民交通出版社
China Communications Press

内容提要

本书主要内容包括：汽车电气系统基础知识、电源系统、车载网络系统、起动系统、点火系统、照明与信号系统、仪表与报警系统、舒适系统、空调系统、汽车电路及故障解析，共10个模块。本书为各类高职高专院校汽车类专业教材，也可供汽车维修技术人员参考。

图书在版编目(CIP)数据

汽车电器构造与维修 / 杨连福主编. —北京：人民交通出版社，2012.7
ISBN 978-7-114-09719-5

Ⅰ. ①汽⋯ Ⅱ. ①杨⋯ Ⅲ. ①汽车-电气设备-构造-高等职业教育-教材②汽车-电气设备-车辆修理-高等职业教育-教材 Ⅳ. ①U472.41

中国版本图书馆CIP数据核字(2012)第053729号

Qiche Dianqi Gouzao yu Weixiu

书　　名：	汽车电器构造与维修
著 作 者：	杨连福
责任编辑：	张　强　谢　元
出版发行：	人民交通出版社股份有限公司
地　　址：	(100011) 北京市朝阳区安定门外外馆斜街3号
网　　址：	http://www.ccpress.com.cn
销售电话：	(010) 59757973
总 经 销：	人民交通出版社股份有限公司发行部
经　　销：	各地新华书店
印　　刷：	北京市密东印刷有限公司
开　　本：	787×1092　1/16
印　　张：	20.25
字　　数：	510千
版　　次：	2012年7月　第1版
印　　次：	2017年12月　第3次印刷
书　　号：	ISBN 978-7-114-09719-5
定　　价：	45.00元

(有印刷、装订质量问题的图书由本社负责调换)

前　言

近年来,汽车电气系统正在发生重大的变革,汽车电气设备已从传统的机电产品演变成信息技术产品。市场上的主流车型开始普遍采用多总线、集中控制等新技术,其结构和控制原理也不同于传统的汽车电气设备。因此,采用新技术内容的汽车电器教学也势在必行。本教材的编写立足于市场主流车型电气设备的构造与原理,适度超前,以大众、丰田等主流车型为例安排教学内容。

由于汽车电气设备的教学内容庞杂,如何在有限的课时内,实现有效的教学效果是本教材试图解决的问题。为了使学生尽快掌握汽车电气设备的构造与原理,本教材以汽车电力网和数据网为教学主纲,按电力网和数据网分类组织教学内容,力图实现深入浅出、去繁就简的效果,以达到纲举目张、学以致用的教学目的。

本教材建议教学时间为 240 学时(两个学期,30 个教学周,每周 8 学时)。其中理论环节为 180 学时,实训环节为 60 学时,各模块的推荐参考学时参见下表。

模块名称	学时分配		学时合计
	理论学时	实训学时	
模块一　汽车电气系统基础知识	6	2	8
模块二　电源系统	16	8	24
模块三　车载网络系统	20	4	24
模块四　起动系统	16	8	24
模块五　点火系统	26	6	32
模块六　照明与信号系统	12	4	16
模块七　仪表与报警系统	12	4	16
模块八　舒适系统	32	8	40
模块九　空调系统	24	8	32
模块十　汽车电路及故障解析	16	8	24
总课时			240

为控制教材篇幅,本教材的习题及习题答案不在书中提供,将以电子课件方式提供。

本教材由大连职业技术学院杨连福担任主编,辽宁省交通高等专科学校张西振教授担任主审。具体编写分工如下:模块一由王兴国编写,模块二、三、八由杨连福编写,模块四、七、九由刘毅编写,模块五由于佳和王清霞编写,模块六由靳立明编写,模块十由廖朝晖编写。

本书在编写过程中得到了许多专家、有关车型特约维修站和汽车修理厂的大力支持,并参考和借鉴了许多国内外公开出版的文献,在此,表示诚挚的谢意。

由于编者水平有限,书中难免存在不足,恳请使用单位和读者多提宝贵意见。

编　者
2012 年 2 月

目 录

模块一 汽车电气系统基础知识

1.1 汽车电气系统概述 ·· 1
　1.1.1 汽车电气系统的特点 ·· 1
　1.1.2 汽车电气系统的结构特点 ·· 3
　1.1.3 汽车电气元件识别 ·· 5
　1.1.4 传感器 ··· 7
　1.1.5 汽车电路图 ·· 11
1.2 汽车电气基础实训 ·· 12
　1.2.1 汽车电气检测设备 ·· 12
　1.2.2 作业安全要求 ··· 17
　1.2.3 数字万用表的使用 ·· 17
　1.2.4 解码器的使用 ··· 18
　1.2.5 继电器的检修 ··· 18
1.3 模块小结 ·· 19

模块二 电源系统

2.1 传统电源系统 ··· 20
　2.1.1 传统电源系统的总体结构 ·· 20
　2.1.2 蓄电池 ··· 21
　2.1.3 免维护蓄电池 ··· 28
　2.1.4 干荷电与湿荷电蓄电池 ·· 29
　2.1.5 蓄电池的使用与维护 ··· 30
　2.1.6 交流发电机 ·· 30
　2.1.7 新型交流发电机整流器结构特点 ··································· 37
2.2 车载智能电网系统简介 ··· 41
　2.2.1 智能电网的基本结构 ··· 41
　2.2.2 蓄电池电压管理功能 ··· 41
　2.2.3 电源自动切断装置 ·· 44
2.3 电源系统实训 ··· 44
　2.3.1 蓄电池的检查 ··· 44
　2.3.2 蓄电池的充电 ··· 46
　2.3.3 充电系统故障诊断 ·· 50

  2.3.4 发电机维护 ·· 51
 2.4 模块小结 ··· 51

模块三 车载网络系统

 3.1 概述 ··· 53
  3.1.1 车载网络发展简介 ······································ 53
  3.1.2 车载网络常用术语 ······································ 56
 3.2 车载网络的应用与分类 ····································· 60
  3.2.1 车载网络在汽车上的应用 ································ 60
  3.2.2 CAN 总线系统 ·· 62
  3.2.3 其他总线网络系统 ······································ 67
 3.3 车载网络系统的检修 ······································· 70
  3.3.1 车载网络故障类型 ······································ 70
  3.3.2 车载网络故障检测方法 ·································· 70
 3.4 汽车网络实训 ··· 73
  3.4.1 CAN 总线检测 ·· 73
  3.4.2 CAN 总线故障诊断 ···································· 74
 3.5 模块小结 ··· 74

模块四 起动系统

 4.1 起动系概述 ··· 76
  4.1.1 起动系统的基本结构 ···································· 76
  4.1.2 起动系统的基本电路 ···································· 78
 4.2 起动机的构造与工作原理 ··································· 79
  4.2.1 概述 ·· 79
  4.2.2 直流电动机的基本构造 ·································· 80
  4.2.3 起动机的工作原理 ······································ 87
  4.2.4 无钥匙起动认证系统 ···································· 88
 4.3 起动机的维修 ··· 92
  4.3.1 起动机检修 ·· 92
  4.3.2 起动系故障诊断及维修 ································· 104
 4.4 起动系实训 ·· 108
  4.4.1 起动机的拆装 ··· 108
  4.4.2 起动机的检测 ··· 108
  4.4.3 起动系电路检测 ······································· 108
  4.4.4 起动系故障检测 ······································· 109
 4.5 模块小结 ·· 109

模块五　点火系统

- 5.1　点火系概述 ········· 111
  - 5.1.1　点火系的功用与分类 ········· 111
  - 5.1.2　点火提前角 ········· 112
  - 5.1.3　点火系的进化 ········· 116
- 5.2　传统点火系统简介 ········· 118
  - 5.2.1　断电器触点式点火系统的基本结构 ········· 118
  - 5.2.2　断电器触点点火系统主要元件的构造与原理 ········· 119
  - 5.2.3　无触点点火系统 ········· 127
- 5.3　计算机控制点火系统 ········· 132
  - 5.3.1　概述 ········· 132
  - 5.3.2　电控直接点火系统 ········· 132
  - 5.3.3　电控点火系的工作原理 ········· 137
  - 5.3.4　点火系统开环控制与闭环控制 ········· 141
  - 5.3.5　电控点火系的高压配电方式 ········· 143
- 5.4　点火系的检修 ········· 145
  - 5.4.1　点火系统的检修 ········· 145
  - 5.4.2　点火系常见故障的判断与排除 ········· 148
- 5.5　点火系实训 ········· 150
- 5.6　模块小结 ········· 150

模块六　照明与信号系统

- 6.1　概述 ········· 152
- 6.2　照明系统 ········· 154
  - 6.2.1　照明系统的基本结构 ········· 154
  - 6.2.2　前照灯 ········· 156
  - 6.2.3　前照灯的控制电路 ········· 161
  - 6.2.4　自动控制前照灯 ········· 166
  - 6.2.5　前照灯随动转向（AFS） ········· 172
- 6.3　灯光信号 ········· 174
  - 6.3.1　灯光信号简介 ········· 175
  - 6.3.2　灯光信号的控制电路 ········· 175
  - 6.3.3　信号系统 ········· 183
- 6.4　照明与信号系统实训 ········· 186
  - 6.4.1　实训操作注意事项 ········· 186
  - 6.4.2　组合前照灯的拆装与分解 ········· 187

6.4.3 前照灯光束调整 ………………………………………………………… 188
6.5 模块小结 ………………………………………………………………… 189

模块七 仪表与报警系统

7.1 仪表系统 …………………………………………………………………… 191
　7.1.1 汽车仪表的分类与特点 ……………………………………………… 192
　7.1.2 仪表信息的识读 ……………………………………………………… 192
7.2 普通仪表构造与原理 ……………………………………………………… 193
　7.2.1 机油压力表 …………………………………………………………… 193
　7.2.2 冷却液温度表 ………………………………………………………… 195
　7.2.3 燃油表 ………………………………………………………………… 197
　7.2.4 车速里程表 …………………………………………………………… 200
　7.2.5 发动机转速表 ………………………………………………………… 202
　7.2.6 报警指示装置 ………………………………………………………… 203
7.3 电控仪表简介 ……………………………………………………………… 205
7.4 电控仪表显示器件的构造原理 …………………………………………… 209
7.5 模块小结 …………………………………………………………………… 211

模块八 舒适系统

8.1 舒适系统概述 ……………………………………………………………… 213
8.2 CAN—舒适总线 …………………………………………………………… 213
　8.2.1 舒适系统中央控制单元 ……………………………………………… 214
　8.2.2 多功能转向盘 ………………………………………………………… 223
　8.2.3 驻车辅助 ……………………………………………………………… 223
8.3 LIN—舒适总线 …………………………………………………………… 225
　8.3.1 刮水器控制 …………………………………………………………… 225
　8.3.2 胎压监控 ……………………………………………………………… 227
　8.3.3 车内监控 ……………………………………………………………… 228
8.4 MOST—舒适总线 ………………………………………………………… 229
　8.4.1 娱乐系统 ……………………………………………………………… 230
　8.4.2 车载电话 ……………………………………………………………… 231
　8.4.3 导航系统 ……………………………………………………………… 232
8.5 舒适系统实训 ……………………………………………………………… 233
　8.5.1 电动门锁故障诊断 …………………………………………………… 233
　8.5.2 防盗系统故障诊断 …………………………………………………… 233
　8.5.3 电动车窗不起作用故障诊断 ………………………………………… 234
8.6 模块小结 …………………………………………………………………… 235

模块九 空调系统

9.1 概述 ……………………………………………………………………………… 236
9.2 空调系统的构造原理 …………………………………………………………… 239
　9.2.1 制冷系统的组成 …………………………………………………………… 240
　9.2.2 制冷系统的工作原理 ……………………………………………………… 247
　9.2.3 采暖与通风系统 …………………………………………………………… 248
9.3 空调的控制系统 ………………………………………………………………… 251
　9.3.1 空调的基本控制 …………………………………………………………… 251
　9.3.2 自动空调控制 ……………………………………………………………… 254
9.4 空调系统的维修 ………………………………………………………………… 266
　9.4.1 常用工具与设备 …………………………………………………………… 266
　9.4.2 空调系统的常规检测 ……………………………………………………… 269
　9.4.3 空调系统常见故障诊断与排除 …………………………………………… 277
9.5 空调系统实训项目 ……………………………………………………………… 280
9.6 模块小结 ………………………………………………………………………… 282

模块十 汽车电路及故障解析

10.1 概述 …………………………………………………………………………… 283
　10.1.1 汽车电气的线材及标识 ………………………………………………… 283
　10.1.2 汽车电路图的释读 ……………………………………………………… 288
　10.1.3 普通电路故障的检测方法 ……………………………………………… 291
10.2 汽车电路故障典型分析方法 ………………………………………………… 294
　10.2.1 故障代码分析在电路中的应用 ………………………………………… 294
　10.2.2 数据流分析在电路中的应用 …………………………………………… 296
　10.2.3 波形分析在电路中的应用 ……………………………………………… 300
　10.2.4 温度分析在电路中的应用 ……………………………………………… 308
10.3 电路故障检测分析实训 ……………………………………………………… 311
10.4 模块小结 ……………………………………………………………………… 311

参考文献 ………………………………………………………………………… 313

模块一　汽车电气系统基础知识

学习目标

1. 了解汽车电气系统的发展；
2. 学习掌握汽车电气系统的组成与功用；
3. 能够熟练识别各类电器元件；
4. 熟练掌握专用试电笔、万用表和解码器的使用方法。

学习重点

1. 汽车电气系统中电力网络的基本结构；
2. 汽车电气系统中数据网络的基本结构。

学习难点

汽车电气系统中电力网与数据网的配合关系。

1.1　汽车电气系统概述

汽车电气系统是汽车的重要组成部分，其性能的好坏直接影响到汽车的动力性、经济性、可靠性、安全性和尾气排放等各个方面。传统的汽车电气系统包括电源部分、点火、起动、照明、仪表、音响等装置，如图1-1所示。

随着汽车电子技术的快速发展，汽车电气系统进入网络化时代。因此，汽车电气系统以网络为纲目，并重新划分，逐渐发展成电力网络和数据网络两大部分。其中，电力网络由电源、开关、配线盒、电路保护装置、继电器和电力线路等组成；数据网络则由电能管理系统、动力系统、信息娱乐系统、舒适系统四大部分组成，如图1-2所示。

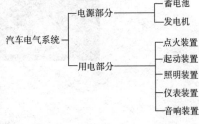

图1-1　传统的汽车电气系统组成

1.1.1　汽车电气系统的特点

汽车电气系统承担着汽车控制的多种功能，其组成部件和装置既有传统的机电产品，又有大量的电子技术应用系统，更新快、变化多和智能化是现代汽车电气系统的显著发展趋势，并呈现以下特点。

1. **全部采用蓄电池电源供电模式**

汽车用蓄电池电压有12V（汽油机）和24V（柴油机）两种规格。因车载蓄电池存储电能和发电机输出电能不足，电源部分由发电机和蓄电池共同组成。在发动机运转时，发电机输出的电能补充蓄电池消耗的电能,蓄电池同时可吸收电气系统内各种波动电压,起到平抑电压的作用。

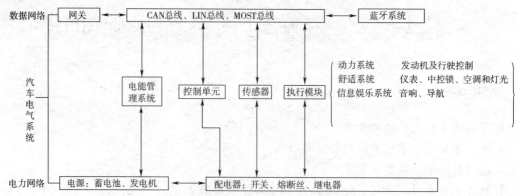

图1-2 现代主流汽车的电气系统

2. 采用单线制并以发动机缸体和车身构成回路

汽车发动机的缸体、车身和车架都采用金属结构,尽管其电阻大于铜质导线,但因其作为导体通过面积巨大,所以电阻可以忽略不计,完全可以利用它们作为汽车电路的导通回路,成为公共导线。具有共同的电源回路是汽车电路的特征之一。

3. 采用负极搭铁方式

在汽车上,每个电器装置的负极和蓄电池的负极都连接至车身的金属薄板上,以形成电路。这种将所有负极都连接到车身上的做法被称为车身"接地"(见图1-3)。车身"接地"将所使用线束的数量减至最少。

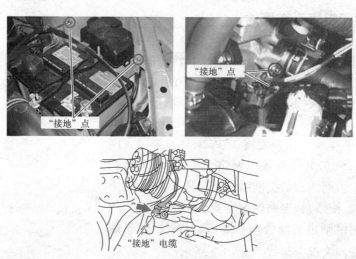

图1-3 车身"接地"

汽车单线制的电路导线与车体的连接俗称"搭铁"。多年以前,汽车采用的是正极搭铁方式,而当半导体技术引入到汽车上之后,所有的汽车均改为负极搭铁方式,"负极搭铁"是车载电气系统的另一个特征。

4. 汽车用电装置多样性和复杂性

汽车电气系统中,既有强电工作回路,也有一般的弱电工作回路,例如:起动机供电和仪表电路供电;既有低压回路,又有高压回路,例如:12V 的灯光系统电路和 1.5~2 万 V 的点火电路;既有用电回路,又有数据控制回路;既有传统的直流电路回路,又有各种电子控制电路等。但严格来讲,可区分为电力网络和数据网络两大类。

1.1.2 汽车电气系统的结构特点

现代主流汽车电气系统的电力网络和数据网络的结构特点如下:

1. 车内电力网络的构成

车内电力网络一般由电源装置、控制单元、电路保护装置(熔断丝)、继电器和线束等组成。车内电力网络通过控制单元(见图1-4)实施管理。

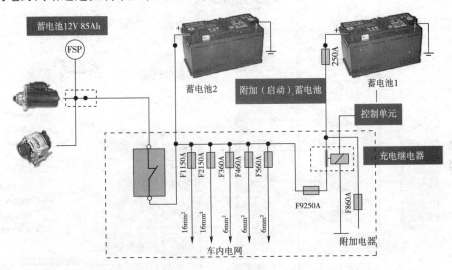

图1-4 电力网络的结构

车内电力网络的主要功能是进行智能控制以避免电压明显降低,以及车内电力网络处于紧急状态时、超短途行驶时、发动机起动时、双蓄电池系统下应急起动时和发生碰撞事故时的控制等。车载电力网络的线束结构比较简单,如图1-5所示,学习者可结合电力网络实物进行学习。

2. 车载电气数据网络结构

车载数据网络由控制单元、各种总线、网关、传感器和执行元件等组成,按其功能分为电能管理系统、动力系统、信息娱乐系统和舒适系统等,奥迪A6车型的总线网络拓扑结构如图1-6所示。

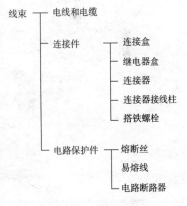

图1-5 汽车电力网络的结构顺序

(1)电能管理系统

电能管理系统统筹管理几乎所有与电源相关的装置,包括发电机、蓄电池、起动机、执行元件、灯光、辅助加热元件等。电能管理系统的结构(见图1-7)由电源部分(蓄电池、发电机)、熔断器、继电器、电能管理控制单元和线束等组成。

电能管理中央控制单元的主要功用为用电负荷管理、外部灯光的控制及灯光缺陷的检测、内部灯光的控制、后风窗加热控制、转向信号控制、供电端子控制、燃油泵工作控制、照明灯的控制、发电机励磁、刮水器电机控制等。

电能管理中央控制单元取代了传统的中央继电器盒,对用电器进行更强的控制,可以实现节省电量消耗、对用电设备进行监控、用电器之间的电子通信、电能管理程序化设置等功能,具有维修便利、带有自诊断功能等特点。

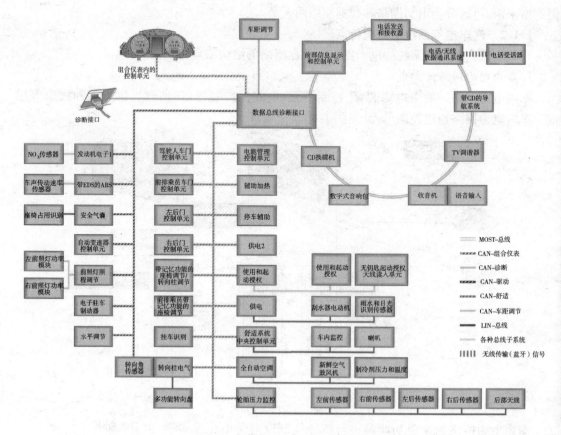

图 1-6　奥迪 A6 车型总线网络拓扑结构

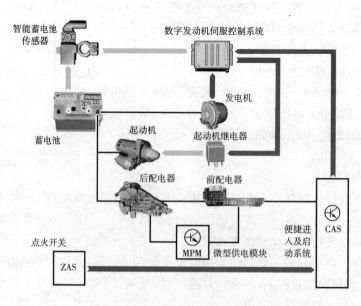

图 1-7　宝马 5 系车型电能管理系统结构

(2) 动力系统

动力系统通过数据总线连接发动机、变速器、动力转向系统、主动安全控制系统、安全气囊系统等。动力系统是通过 CAN 总线连接与之相关的 ECU 模块，包括发动机 ECU、变速器 ECU、ABS 模块等。

（3）舒适系统

舒适系统通过数据总线连接中控锁、中控转向盘、仪表、空调、灯光等系统，部分车辆的安全带或安全气囊系统也由舒适总线连接控制。

舒适系统是通过 CAN 总线及 LIN 总线连接与之相关的模块，包括中控锁、中控转向盘、仪表、空调、灯光等。

（4）信息娱乐系统

信息娱乐系统通过数据总线或光纤（MOST）连接收音机、CD 机、导航系统、音响系统等。

1.1.3　汽车电气元件识别

常用的汽车电气元件有开关、连接器、熔断丝、继电器、传感器、执行器等。

1. 开关

汽车上的开关多种多样，开关的作用是控制操纵电气系统，提供该系统的总保护，主要有手动控制、继电器间接控制和电控智能控制等三类。例如：在汽车的中控面板上布满了各种开关，如图 1-8 所示。

2. 连接器

连接器的功能是用在线束之间或者在线束和电气组件之间，提供电气连接。连接器有：线与线连接和线与部件连接两种形式。连接器如图 1-9 所示。

图 1-8　君越车型布满开关的中控面板

3. 熔断丝

熔断丝的作用是在车上用电设备发生短路或超负荷情况时断开其供电，起到保护用电器和线路的作用。熔断丝通常安装在电源和电器之间，当超过规定值的电流流过单个电器的电路时，熔断丝就会熔断以保护线路。熔断丝有叶片型和管型等类型，如图 1-10 所示。

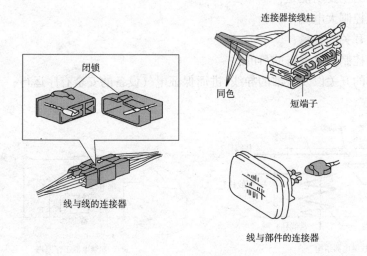

图 1-9　连接器

叶片型和管型熔断丝都是根据其容量大小用颜色编码，详见表 1-1。

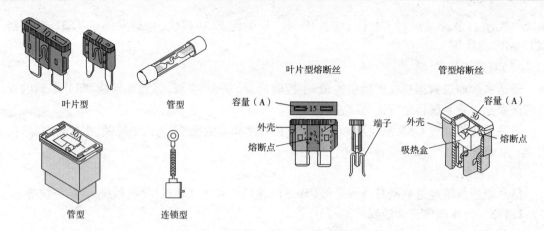

图 1-10 车用熔断丝类型与结构

熔断丝的颜色编码　　　　　　　　　　　　表 1-1

熔断丝性能(A)	颜　色	熔断丝性能(A)	颜　色
5	黄褐色	20	黄色
7.5	褐色	25	透明色
10	红色	30	绿色
15	蓝色		

4. 继电器

继电器是汽车电力网络中的重要开关装置。根据其插脚数量有 3 爪、4 爪、5 爪等规格。

(1) 继电器的结构

继电器主要由线圈、衔铁、动触点和静触点组成,如图 1-11a)所示。当电流经过线圈时,产生磁场,吸引动触点移动,并与静触点接触,使接线柱 1 和接线柱 2 导通,于是主电路形成回路,从而使被控制的用电器通电并工作。

(2) 继电器的主要功能

车用继电器的主要功能是：

①以小电流控制大电流；

②减少手动开关的数量；

③实现顺序控制用电设备的目的；

④保护较小的开关以及较细的导线,进而保证电气设备的安全有序运行；

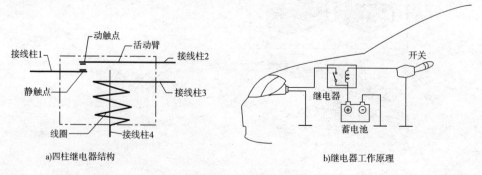

图 1-11 继电器的作用原理

⑤部分车型采用小型化的带内部电阻或二极管的继电器。这种小型化的继电器可以节省

装配空间,继电器带电阻或二极管,可以降低或消除电路中可能出现的300~500V峰值感应电压,从而保护电控系统中的元器件,防止出现功能失误。

对于用电量比较大的用电设备,例如起动机、电喇叭和转向灯等,如图1-11b)所示,如果直接用开关控制电流的通断,往往使控制开关很快烧坏。因此,对于这种大电流用电设备的控制,普遍采用中间继电器的方式,即通过继电器触点的断开与闭合来控制大电流用电设备的工作状态。继电器实际上起着开关的作用,接通点火开关时,如果承受大负荷的工作部件过载,继电器就变为断开状态,起着保护电路的重要作用。

(3)继电器的控制原理及分类

车用继电器是由线圈工作的控制电路和触点工作的主电路两个部分组成的集合体。按照其主要功能的差别,车用继电器可以分为以下几种类型。

①电气开关型继电器。例如:桑塔纳2000GSi的燃油泵继电器,它安装在中央配电盒内,用于控制电动燃油泵、空气流量传感器、炭罐电磁阀和氧传感器加热器的供电。

②方向控制型继电器。例如:电动座椅系统的继电器,它的作用是用来控制双向电动机的电流方向,当操纵相应的开关进行换向时,继电器使电动机按不同的方向转动,从而达到电动座椅向不同方向移动的目的。

③集成型继电器。例如:大众O1M自动变速器的启动锁止和倒车灯继电器(J226),它是由2个继电器组合在一起的,安装在组合仪表下面的附加继电器支架上,在电路原理图上的编号为"175",安装在继电器盒的15号位置上。当变速杆处于前进挡位时,J226可以控制启动机电路不通电,防止驾驶人误操作;当变速杆处于R位时,J226接通倒车灯。

1.1.4 传感器

传感器是一种检测装置,能感受到被测量的信息,并能将检测感受到的信息,按一定规律变换成为电信号或其他所需形式的信息输出,以满足信息的传输、处理、存储、显示、记录和控制等要求。它是实现自动检测和自动控制的首要环节。

汽车电气设备中的传感器主要有曲轴位置传感器、凸轮轴位置传感器、空气流量传感器、节气门位置传感器、温度传感器、氧传感器、爆震传感器、轮速传感器、碰撞传感器、车身高度传感器、转向盘转角传感器等。随着汽车智能化水平的提高,传感器的种类和数量会越来越多。发动机常见电控系统的传感器,如图1-12所示。

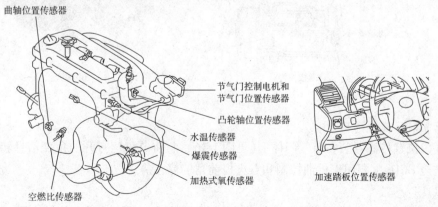

图1-12 丰田凯美瑞发动机电控系统常见传感器位置

1. 曲轴位置传感器

曲轴位置传感器是发动机电控系统中最重要的传感器,它通常安装在飞轮传感器信号盘附近,通过飞轮齿或信号盘的转动在传感器中产生电信号(见图1-13),为 ECU 提供发动机转速和曲轴位置信号,ECU 通过此信号确认活塞上止点、控制点火时刻、喷油时刻等正时信息。

2. 凸轮轴位置传感器

凸轮轴位置传感器一般安装在汽缸盖前端凸轮轴链轮之后,图1-14所示的为丰田凯美瑞发动机凸轮轴位置传感器安装位置。它与曲轴位置传感器配合,确定活塞上止点信号,并为 ECU 提供判缸信号,确定具体是哪一缸的上止点。该传感器信号是点火和喷油控制系统的辅助信号。

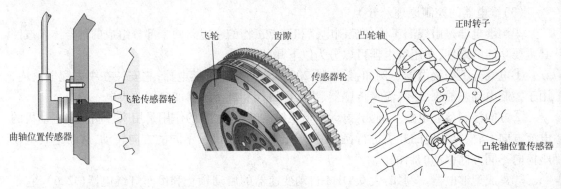

图1-13 曲轴位置传感器　　　　　图1-14 凸轮轴位置传感器

3. 空气流量传感器

空气流量传感器俗称空气流量计,安装在空气滤清器和进气软管之间,它的作用是测量发动机的进气量,把进气量转化为电信号发送给发动机 ECU,ECU 将此信号作为喷油的主控信号。空气流量计分为叶片式、卡曼涡流式、热线式和热膜式等几种,热膜式空气流量计具有测量精度高、使用寿命长等优点,被现代汽车广泛采用,如图1-15所示。

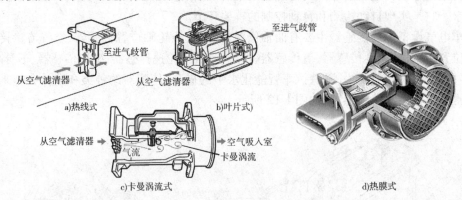

图1-15 空气流量计

4. 节气门位置传感器

节气门位置传感器装在节气门体上(见图1-16),它将节气门打开的角度信息转换成电压信号输送至 ECU,主要用于供油控制和点火提前角的修正。

5. 温度传感器

温度传感器是汽车上使用最多的一种传感器。车用温度传感器有热敏电阻式温度传感器、双金属片式温度传感器、蜡式温度传感器等,其中热敏电阻式温度传感器应用最多,如图1-17所示。

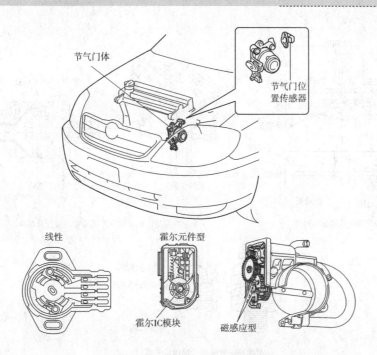

图1-16 节气门体与节气门位置传感器

6. 氧传感器

在燃油喷射闭环控制系统和使用三元催化转换器的发动机上,氧传感器是必不可少的(见图1-18)。在使用三元催化转换器的主流车辆上,同时在三元催化转换器的前后两端各有一个氧传感器,分别称为前氧传感器和后氧传感器,前氧传感器的作用是测量排气中氧的浓度,来修正喷油;后氧传感器的作用是检测三元催化转换器是否有故障。

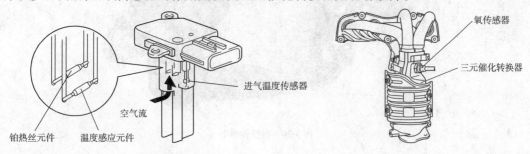

图1-17 进气温度传感器　　　　图1-18 氧传感器与三元催化转换器

7. 爆震传感器

发动机电控系统中已广泛采用了点火提前角闭环控制的方法,该控制方式能有效抑制发动机爆震现象的发生。爆震传感器(见图1-19)是这一控制系统中必不可少的重要部件,它安装在缸体上,其功用是检测发动机有无爆震现象,并将爆震信号送入发动机ECU,ECU推迟点火时刻,避免爆震现象发生。

8. 碰撞传感器

电子控制式安全气囊系统采用的碰撞传感器,按功用可分为碰撞烈度(激烈程度)传感器和防护碰撞传感器两类。碰撞烈度传感器按安装位置分为前碰撞传感器(见图1-20)和中心碰撞传感器,用于检测汽车遭受碰撞的激烈程度。防护碰撞传感器(见图1-21)又称为安全碰撞传感器或侦测碰撞传感器。防护传感器与碰撞烈度传感器串联,用于防止气囊产生误爆现象。

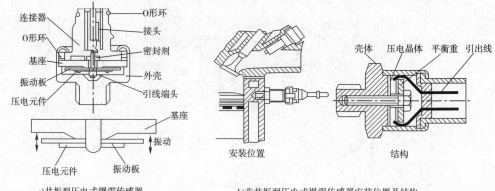
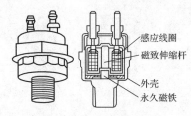

a)共振型压电式爆震传感器　　b)非共振型压电式爆震传感器安装位置及结构

c)共振型磁致伸缩式爆震传感器

图1-19　爆震传感器

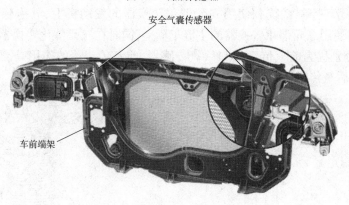

图1-20　碰撞传感器

a)碰撞传感器（在控制单元里）　　b)气囊安全开关（在控制单元里）

图1-21　中心防护传感器

9. 车身高度传感器

车身高度传感器（见图1-22）用于检测车身高度信号，ECU根据汽车载荷的大小，通过执行元件,随时对车身高度进行调节,保持车身高度基本不随载荷的变化而变化。同时 ECU 还可以在汽车起步、转向、制动,以及前、后、左、右车轮载荷发生变化时,随时调整有关车轮悬架的刚度,以提高汽车抗俯仰、抗侧倾的能力,维持车身高度基本不变。

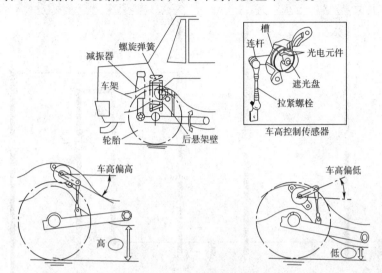

图 1-22 车身高度传感器

10. 转向盘转角传感器

转向盘转角传感器装于转向轴管上(见图 1-23),可向 ECU 提供汽车转向速率、转角大小及转向方向等信息。

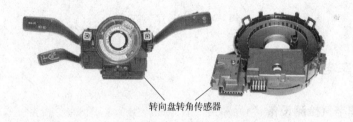

图 1-23 转向盘转角传感器

1.1.5 汽车电路图

汽车电路图一般都以原理图来表达,采用国家和汽车制造厂家规定标准的专门符号,来表示电路元件连接的网络。电路图根据汽车各用电设备功能的不同概括起来主要有电源回路原理图、点火回路原理图、起动回路原理图、照明与信号回路原理图、指示与报警回路和其他辅助回路。例如:速腾车型后行李舱电路,如图 1-24 所示。

传统汽车电路从电路上看比较简单,主要由电源、开关、用电设备、熔断丝、继电器等组成。但是,随着人们对汽车要求的提高,要增加更多的用电设备,这就导致导线数量的增加,加重了电源的负荷。因此,传统汽车电路已不能满足现代汽车的要求。

现代汽车电路最大的特点是实现了网络化。电路网络化后,导线变少了,但控制内容要复杂得多,这也就为现代汽车的安全性与舒适性提供了更大的完善空间。另外,汽车上人性化服务的电气设备越来越多,如无钥匙起动、智能变道辅助、周围环境监控等,使车辆的安全性与舒适性大大提高。

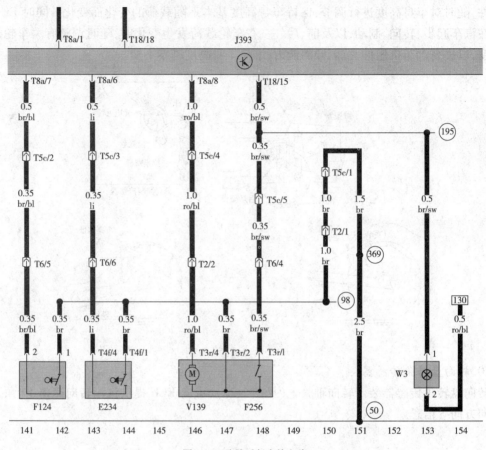

图 1-24 速腾后行李舱电路

1.2 汽车电气基础实训

1.2.1 汽车电气检测设备

汽车电气检测设备种类很多,常用的有试电笔、万用表、解码器(维修专用检测电脑)、发动机综合性能检测仪等。

1. 汽车专用试电笔

汽车专用试电笔俗称试灯,可以通过试灯的亮与不亮判断电源线是否正常供电。试灯的形式有很多种,有的可以根据灯光的明亮程度判断电压是否足够,有的笔身上标有不同的电压等级,对应等级上有相应的发光二极管(见图 1-25),可以根据不同发光二极管的点亮判断电压的实际值。

图 1-25 专用试电笔

2. 汽车专用数字万用表

汽车检测维修过程中,除了要进行常规电量的测试外,还要对很多汽车的特定参数进行测试,如转速、闭合角、百分比、频率、压力、时间、温度等。普通的万用表无法完成上述参数的测试,尤其不允许用模拟式万用表检测电控汽车,因为在测试过程中将会造成电控单元及传感器的损坏,因此必须采用汽车专用的高阻抗的多功能数字万用表,如图 1-26 所示。

车用万用表功能如下:

①检测直流、交流电压、脉冲信号、频率、百分比、发电机二极管及电路干扰信号。

②测量发动机的转速。

③检测节气门位置传感器、氧传感器、空气流量计、冷却液温度及进气温度传感器的电压或电阻;点火信号发生器、爆震传感器等的动态电压信号;取代 LED 灯跨接功能,并能以声响计数及显示电压。

④检测各种电磁阀、继电器线圈、喷油器、点火线圈、电位器、冷却液温度及进气温度传感器等的电阻值;还可检测各种温度,如进气温度、排气温度、润滑油温度等。

⑤检测喷油器喷射闭合角;传感器、控制元件的动态频率;控制线圈动作的通电率或断电率;点火脉冲信号、点火火花持续时间;喷油器脉冲信号和喷油时间。

3. 汽车维修专用检测电脑

汽车维修专用检测电脑(俗称解码器),现已成为维修企业最基本的检测设备,几乎所有汽车维修设备制造厂都为检修车辆设计出了相应系列的专用故障解码器。部分非汽车制造企业则推出通用型的故障检测电脑,但由于国内汽车生产厂家不公开全部的检测数据,通用型检测电脑仅具备汽车厂家同类设备 80% 的检测能力。

汽车专用检测电脑配有各种专用检测电缆接口,使用时只需将相应的故障检测接口电缆一端的插头和汽车上的诊断插座连接,或将待查车辆的型号和 17 位码输入故障检测电脑,就能从解码器的软件中调出相应的检测程序。按照故障检测电脑屏幕上的提示,就可以根据汽车微机自诊断电路的功能范围和检修要求选择发动机、自动变速器、防抱死制动装置等各个控制系统,读取故障代码、查阅故障内容、测试执行器、清除控制单元内存储的故障代码、怠速基本设定、防盗钥匙匹配等工作。比较著名的汽车专用检测电脑,如:大众公司的 1552、三原公司的修车王、元征公司的电眼睛、金德公司 K81 和 KT600 等,如图 1-27 所示。

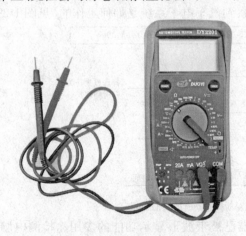

图 1-26　汽车专用数字万用表

图 1-27　金德 K81 型解码器

4. 发动机综合性能检测仪

发动机是汽车的动力源,汽车的基本技术性能都直接地或间接地与发动机性能有关。因此,发动机综合性能的检测,对了解整车性能至关重要。发动机综合性能检测仪(见图 1-28),主要是对发动机各系统的工作状态,如点火、喷油、电控系统、传感器,以及排气系统和机械工作状态等进行动态分析,为发动机工作状况判断和故障诊断提供科学依据。

发动机综合性能检测仪的基本功能如下：

①外载测功，即加速测功法。

②检测点火系统。初级与次级点火波形的采集与处理，平列波、并列波与重叠波和重叠角的处理与显示，断电器闭合角和开启角以及点火提前角的测定等。

③机械和电控喷油过程各参数（压力、波形、喷油脉宽、喷油提前角等）的测定。

④进气歧管真空度波形测定与分析。

图1-28　发动机综合性能检测仪

⑤各缸工作均匀性测定。

⑥起动过程参数（电压、电流、转速）测定。

⑦各缸压缩压力判断。

⑧电控供油系统各传感器的参数测定。

5. 示波器

示波器的作用是在显示屏上对传感器或部分执行器同时监测电压和时间，解决对快速变化信号的测量。

数字示波器采集模拟电压信号，然后将其转变为数字信号显示出来。数字示波器不仅可以快速捕捉电路信号，还可以用较慢的速度来显示这些波形，以便做到一边观察、一边分析。它还可以用存储的方式记录信号波形，为分析故障提供了极大的方便。无论是高速信号（如：喷油器间歇性故障信号），还是慢速信号（如：节气门位置变化及氧传感器信号），用数字示波器来观察，都可以得到理想的波形结果。一个好的示波器就像一把尺子，它可以去"测量"计算机系统工作状况，通过数字示波器可以观察到汽车电子系统是如何工作的（见图1-29）。

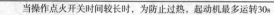
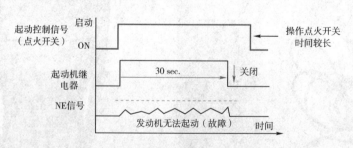

图1-29　皇冠发动机起动时的波形

随着汽车检测技术的发展，专用的示波器已被带波形显示功能的多用途检测电脑和发动机综合性能检测仪所取代。

6. 蓄电池高效放电计

随着使用时间的延长，蓄电池的容量会逐渐下降，这将导致电压值下降。在汽车上，我们可以根据起动机的反应情况和前照灯的明亮程度来判断蓄电池容量。如果单独一个蓄电池，我们则无法快速判断其实际电压。如果用万用表来测量，其数值准确性较差。因为蓄电池存在虚容量，万用表无法测出实际的电压值。如图1-30所示，蓄电池测试表（高效放电计）的作用是能够在短时间内放掉蓄电池的虚存电,快速准确测量蓄电池的实际电压值。

7. 电解液密度检测仪

电解液密度检测仪简称密度计,可分为吸管式和便携式两种。吸管式密度计测量精度较低、体积较大,而且存在安全隐患,现已淘汰。便携式密度计(见图1-31)测量精度高、便于携带,而且观察视线好,被广泛采用。使用方法:用吸管吸取少量的电解液,滴在密度计镜片上,压下玻璃盖,从观察孔观察,看蓝白相间的分色线在刻度的位置,读出数值。便携式密度计不仅可以测量电解液密度,还可以测量防冻液或玻璃水的冰点,这为车辆的维修带来极大的方便。

图1-30　蓄电池测试表　　　　图1-31　便携式密度计

8. 前照灯检测仪

常用的汽车前照灯检测仪(见图1-32)有聚光式、屏幕式、投影式和自动追踪光轴式四种。聚光式前照灯检测仪利用聚光透镜把前照灯的散射光束聚合起来,并导引到光电池的光照面上,根据其对光电池的照射强度,检测前照灯的发光强度和光轴偏移量。屏幕式前照灯检测仪把汽车前照灯的光束照射到屏幕上,以此来检测其发光强度和光轴偏移量,通常测试距离为3m。投影式前照灯检测仪把前照灯光束映射到投影屏上,以此检测其发光强度和光轴偏移量,测试距离为3m。自动追光轴式前照灯检测仪采用受光器自动追踪光轴的方法,检测汽车前照灯的发光强度和光轴偏移量,测试距离为3m。

9. 红外测温仪

红外测温仪(见图1-33)由光学系统、光电探测器、信号放大器及信号处理、显示输出等部

图1-32　前照灯检测仪　　　　图1-33　红外测温仪

分组成。红外能量聚焦在光电探测器上并转变为相应的电信号,该信号经过放大器和信号处理电路校正后,转变为被测目标的温度值。红外测温仪在对容易产生温度突变和对温度变化敏感的汽车零部件进行故障诊断时,具有判断准确、快速、便捷等特点。

红外测温仪主要应用在以下6个方面:

①迅速检查发动机某一缸不点火或工作不良。

②检查发动机点火系统中点火线圈工作不良。

③检查冷却系统故障,准确判断汽车散热器和节温器是否阻塞以及冷却液温度传感器好坏。

④检查废气控制系统,准确检查三元催化转换器,诊断检查排气管故障。

⑤检查空调和暖风系统的性能和故障。

⑥检查轮胎和制动鼓的温度突变,检查轴承、制动盘和制动鼓的温度突变。

10. 空调检漏仪

汽车空调管路由于长时间使用,接头处因密封圈老化容易出现制冷剂泄漏,导致空调不凉。因此汽车空调管路的检漏是解决问题的关键,传统的检漏方法不仅很麻烦,而且管路隐蔽之处无法检测。检漏仪(见图1-34)只需将探头接近怀疑泄漏之处,若确是此处泄漏,检漏仪会发出"吱吱"声,以告知维修人员。使用检漏仪需要注意的是加注制冷剂后,要把洒落在管路上的制冷剂擦拭干净,以免在诊断时产生误导。

11. 空调歧管压力计

空调歧管压力计也称歧管压力表组,是维修汽车空调制冷系统必不可少的重要仪器。它与制冷系统相接可进行抽真空、加注制冷剂及诊断制冷系统故障等。

歧管压力计有两个压力表,一个压力表用于检测制冷系统高压侧的压力,另一个压力表用于检测制冷系统低压侧的压力和系统真空度。低压侧的压力表既可用于显示压力,也可用于显示真空度,真空度读数范围为 0~0.101MPa,压力刻度从0开始,量程不小于0.42MPa;高压侧压力表测量的压力范围从0开始,量程不小于2.11MPa。

如图1-35所示为歧管压力计结构,它由高压表、低压表、高低压阀、阀体以及高压接头、低压接头、制冷剂抽真空接头等组成。使用时,高、低压接头分别通过软管与压缩机的高、低压阀相接,中间接头与真空泵或制冷剂钢瓶相接。需要注意的是在加注制冷剂时,必须排尽软管内的空气。

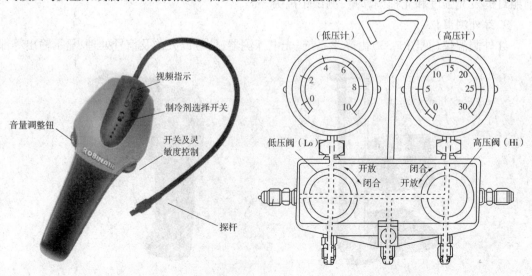

图1-34 空调检漏仪　　　　图1-35 空调歧管压力计

12. 尾气分析仪

汽车尾气分析仪（见图 1-36）是高精度排放检测仪器，可测量以汽油、石油液化气、天然气及酒精等为燃料的车辆，分析汽车在各种工况下的尾气排放浓度，显示有害排放气体是否超标，用于环保部门、汽车维修企业等对车辆进行检测、审验、维修。

图 1-36 尾气分析仪

1.2.2 作业安全要求

①在检修方法上，诊断传统的汽车电气系统故障，往往可以用"试火"的办法逐一判明故障的部位及其原因。但在装有电子线路的现代汽车上，不允许使用这种"试火"方法，必须借助于一些仪表和工具，按照一定的方法进行，否则，"试火"产生的电流会损坏电路和元件。

②拆卸蓄电池时，应先拆下负极电缆；装上蓄电池时，则应最后连接负极电缆。拆下或装上蓄电池时，应确保点火开关和其他开关都已断开，否则，可能会损坏电子元器件。同时，拆卸和安装元器件时，也应切断电源。

③靠近振动部件（如发动机）的线束应用卡子固定，并将松弛的部分拉紧，以免由于振动造成线束与其他部件擦碰；紧挨尖锐金属部件的线束部分应用胶带缠好，并用胶套加以隔离，以免磨破线束外皮；安装固定零件时，应保证线束不被夹住或损坏。

④安装插接器时，应确保连接器连接牢靠。

⑤在维修工作中，对电器和电子元器件应轻拿轻放；若工作时温度超过 80℃（如进行焊接作业）时，应先拆下对温度敏感的器件（如继电器、ECU 等）。

⑥焊接电子元器件时，用恒温或功率小于 75W 的电烙铁。如无特殊说明，元器件引脚距焊点应不小于 10mm。对于金属氧化物半导体，则应小心静电击穿。焊接时，电烙铁的插头应从电源上拔下。

⑦检测小功率晶体管时，不允许使用万用表的低阻欧姆挡，以免电流过载损坏。对电子控制单元和传感器等电子设备的测试，一般应使用高阻抗（内阻≥10kΩ）的数字式万用表。

此外，现代汽车的许多电子电路，出于性能要求和技术保护等考虑，往往采用不可拆卸的封装方式，如厚膜封装调节器、固封电子电路等，当电路故障可能涉及它们内部时，则往往难以判断。在这种情况下，一般从其外围逐一排查，最后确定它们是否损坏。有些进口汽车上的电子电路，虽然可以拆卸，但往往缺少同型号分离元件代替，这就涉及是否能用国产元件或其他进口元件替代的问题，切忌盲目代用。

1.2.3 数字万用表的使用

训练目标：练习者将熟知万用表的使用方法。

工具设备：万用表，蓄电池，电阻元件，导线，二极管。

技术资料：课本，工作单。

1. 电阻测量

找到被测电阻的两端，若知道被测电阻的阻值，则选择量程时只要与被测阻值最接近且大于被测阻值的挡位即可，过大会有较大误差，导致测量不准确；过小则量程不够，不但测不出阻值而且容易损坏万用表。两表笔分别与被测电阻的两端接触，看万用表读数，读出阻值。

2. 电压测量

汽车电压在 12V 左右，测电压时只要将电压挡调至直流 20V 即可，一表笔接触被测电压线的端子，另一表笔搭铁或与蓄电池负极接触，打开相应控制开关，读出电压数值。

3. 通断测量

万用表调至蜂鸣挡,两表笔分别接触一根导线的两端,若万用表有响声,则此导线是导通的,若万用表无响声,则此导线断路。

4. 二极管检测

万用表调至二极管挡位,两表笔分别与二极管的引线接触,再把红黑两表笔互换颠倒,看两次万用表的反应,若两次一次有数字显示,一次无数字显示,则二极管是良好的;若两次都无数字显示,则二极管断路;若两次都有数字显示,则二极管被击穿。

1.2.4 解码器的使用

训练目标:此项工作完成后,练习者将熟知解码器的使用方法。

工具设备:整车,解码器

技术资料:课本,工作单

1. 故障码的读取与清除

找到合适的接头,连接好解码器,打开点火开关,按操作程序和提示进入发动机系统菜单,选择"读取故障码"选项,若车辆有故障码,则在解码器屏幕上会显示故障码。按"返回键"返回发动机系统菜单,选择"清除故障码"选项,清除故障码。清除故障码后,启动发动机,运转 5s 以上,关闭发动机,打开点火开关,重新读取故障码,若同一故障码再次出现,则说明有故障,需进一步解决,若无故障码,则说明以前的故障码是偶发故障,车辆无故障。

2. 数据流的读取

起动发动机,运转到正常温度,连接解码器,按操作程序和提示进入发动机系统菜单,选择"读取动态数据流"选项,按维修手册的标准数据流对照实际数据,判断故障所在。

3. 节气门基本设定

起动发动机,运转到正常温度,关闭发动机,打开点火开关,连接解码器,按操作程序和提示进入发动机系统菜单,选择"基本设定"选项,输入节气门的组号,按"确定"键,可以听见节气门电机转动的声音。几秒钟后,屏幕显示"OK",则基本设定完成。

1.2.5 继电器的检修

训练目标:此项工作完成后,练习者将熟知继电器的检修方法。

工具设备:整车,各种常见的继电器。

技术资料:课本,工作单。

1. 简易方法

接通点火开关,然后用耳朵或听诊器倾听控制继电器内有无吸合声,或者用手感受一下继电器有没有振动感,如有,说明继电器工作基本正常,用电器不工作是由其他原因引起的;否则,说明该继电器工作失常。

2. 功能检验法

在实训时,可以拔下继电器进行功能试验。例如:发生空调压缩机不工作的故障,可以起动发动机,然后接通鼓风机开关和空调开关,再拔下空调压缩机继电器的插接器进行判断。如果能够听到该继电器动作的声音,而且拔下继电器时发动机的转速明显下降,插入该继电器时发动机的转速又提升,说明空调压缩机的继电器及其控制线路是正常的。

关于继电器所处的位置,凡是在电路原理图上标有点划线的继电器及熔断器,一般布置在中央配电盒内。

1.3 模块小结

1. 小结

①汽车电路的特点是汽车电气系统全部采用蓄电池电源供电模式,汽车用电装置具有多样性和复杂性,采用负极搭铁方式,以发动机缸体和车身构成回路。随着汽车电子技术的发展,汽车电气进入汽车网络化时代。因此,以网络为线索,可以将汽车电气的组成重新划分为电力网络和数据网络两类。电力网络主要包括电能管理系统;数据网络主要包括动力系统、信息娱乐系统、舒适系统。

②随着人们对汽车乘坐舒适性、燃油经济性、排放环保性等要求的日益提高,汽车上的新装置、新技术不断增多,电力消耗不断增加,加大了电气系统的负荷。这就要求汽车电源系统提供更多的电能,传统的12V电压供电系统已不能满足供电需要,因此,电压升级已经成为汽车电气系统的发展趋势。

③常用的电气元件有开关、连接器、熔断丝、继电器、传感器等。连接器的作用是连接线路或元器件,方便检修。熔断丝的作用是保护用电设备。继电器的作用是用小电流控制大电流,保护开关。传感器的作用是将车辆信息传送给ECU,以便ECU进行智能控制,汽车使用的传感器有曲轴位置传感器、凸轮轴位置传感器、空气流量传感器、节气门位置传感器、温度传感器、氧传感器、爆震传感器、轮速传感器、碰撞传感器、车身高度传感器、转向盘转角传感器等。

④汽车电气设备维护中常用的设备种类很多,常用的有试电笔、万用表、解码器(维修专业检测电脑)、发动机综合性能检测仪等。

2. 专业术语

车载电力网络　车载数据网络　传感器　控制单元　执行单元　搭铁　网关　继电器　解码器

模块二　电　源　系　统

学习目标

1. 熟悉汽车电源系统的基本结构与原理；
2. 了解蓄电池、发电机以及汽车电网管理模块的构造与工作原理；
3. 掌握发电机、蓄电池的维护方法，能够进行电源系统常见故障诊断与排除。

学习重点

1. 蓄电池的工作原理及常用维护方法；
2. 发电机构造原理及检测方法；
3. 电网管理模块的工作原理。

学习难点

1. 发电机的检测方法；
2. 电网管理模块的构造原理。

2.1　传统电源系统

汽车电源系统用于向汽车提供低压直流电，以保证汽车在行驶中和停车时的用电需求。传统电源系统以蓄电池和发电机双电源方式为车辆供电，保证车辆的正常运行。

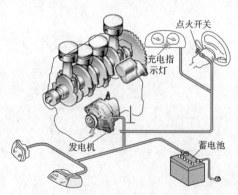

图2-1　传统电源系统组成

随着人们对车辆性能要求的提高，传统电源系统的缺点逐步显露。目前，智能电网在汽车上开始广泛使用，它弥补了传统电源系统的缺点，以良好的工作特性为行车保驾护航。

汽车智能电网是在传统汽车电源系统上发展而来，其发电机、蓄电池、开关、继电器和熔断器等基本总成或部件的原理是相同的。因此，为了便于学习，我们从传统的汽车电源讲起。

2.1.1　传统电源系统的总体结构

传统电源系统由蓄电池、发电机、调节器和充电指示灯等组成，如图2-1所示。

蓄电池一般安装在发动机舱的一侧。它的安装位置要求便于拆卸、防止污染、环境温度适宜、减振性好、靠近起动机并有良好的充电气体排放通道。现代汽车的发电机与调节器都安装在一起，称为整体式交流发电机。它安装在发动机前面。其皮带轮、曲轴和凸轮轴皮带轮在同一水平面,便于皮带连接。充电指示灯安装在组合仪表盘里。其作用是在车辆行驶过程中,当发电机不充电时,充电指示灯点亮,提醒驾驶人及时地出现故障。

2.1.2 蓄电池

蓄电池是一种可逆的低压直流电源,既能将化学能转换为电能,又能将电能转换为化学能。起动发动机时,蓄电池在短时间内(5~10s)能向起动机连续供给强大电流(一般汽油机200~600A,柴油机高达1000A)。因此,汽车使用的蓄电池为起动型铅酸蓄电池,该蓄电池有普通型、干荷电、湿荷电、少维护和免维护等类型,具有成本低、内阻小、起动性能好,能在短时间内供给起动机所需要的大电流等优点,在汽车上得到广泛的应用。

1. 蓄电池的功用

蓄电池与发电机共同构成了车辆的电源系统,二者并联向用电设备供电,保证车辆正常运行。蓄电池的作用如下:

① 发动机起动时,向起动机和点火系统供电;

② 发电机过载时,协助发电机向用电设备供电;

③ 发电机不发电或发电量不足时,蓄电池向用电设备供电;

④ 发电机正常发电时,蓄电池储存电能;

⑤ 当发电机转速和用电负载发生较大变化时,可保持电路电压的相对稳定,同时吸收电路中随时出现的瞬时高电压,以保护用电设备不被损坏,尤其是电子元件不被击穿。

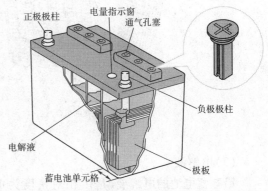

图 2-2 蓄电池

2. 铅酸蓄电池的构造

蓄电池构造如图 2-2 所示。它主要由壳体、极板、隔板、极柱和电解液等部分组成。车用普通铅蓄电池一般由壳体内六个互不相通的单格电池串联而成,每个单格电压约 2.1V,串联后电压约 12V。

(1)极板

极板是蓄电池的核心,它由栅架和活性物质组成,如图 2-3 所示。栅架由铅锑合金浇铸而成,加锑是为了增加栅架的机械强度。

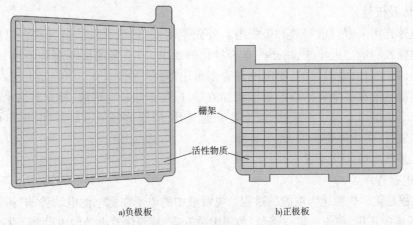

a)负极板　　　　b)正极板

图 2-3 蓄电池极板

蓄电池的极板分为正极板和负极板,极板上的工作物质称为活性物质。正极板上的活性物质是二氧化铅(PbO_2),呈棕色;负极板上的活性物质是海绵状纯铅(Pb),呈深灰色。

为增大蓄电池容量,蓄电池多采用薄型极板,力求在同样体积的蓄电池通过增加极板数量来增大极板表面积。安装时,正负极板组互相嵌入,以减小蓄电池内部体积。

(2) 隔板

为了减小蓄电池内部尺寸,降低内阻,蓄电池正负极板应尽可能地靠近,如果正负极板相互接触,又会导致蓄电池内部短路。因此,正负极板相互嵌入后,中间插入隔板。隔板的材料是绝缘材料,化学性能稳定,具有良好的耐酸性和抗氧化性,而且要求多孔,以便电解液自由渗透。现代车辆大都采用信封式隔板,如图2-4所示。

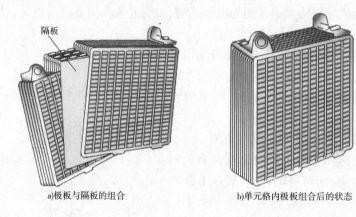

a) 极板与隔板的组合　　　b) 单元格内极板组合后的状态

图2-4　信封式隔板

(3) 电解液

铅酸蓄电池的电解液,是由相对密度为1.84的纯硫酸和蒸馏水配制而成,密度一般在 1.24～1.30g/cm³ 范围内。蓄电池电解液密度和纯度是影响蓄电池容量和寿命的主要因素,工业用的硫酸和普通水含有导电物质,若加入蓄电池中会自放电,容易损坏极板并缩短蓄电池使用寿命。因此,蓄电池电解液要用规定纯度的纯硫酸和蒸馏水配置。

配置电解液应在耐酸的陶瓷或玻璃容器中进行。先将蒸馏水倒入容器中,然后用导流棒缓慢加入硫酸,并轻轻搅拌。绝对不允许将水直接倒入硫酸中,否则将产生剧烈的放热反应,造成人身事故。

(4) 壳体及极柱

蓄电池外壳用来密封电解液和极板组。外壳应耐酸、耐热、耐振、抗冲击。以前蓄电池外壳多采用硬橡胶制成。近年来,由于汽车轻量化的要求,为了实现蓄电池易于热封合,便于其表面的清洁,减少自放电等目的,蓄电池外壳多采用塑胶外壳。

普通型蓄电池在每个单格顶部都设有加液口,以便于加装电解液、补充蒸馏水和检测电解液密度。每个加液口上都设有旋塞,旋塞上有通气孔,应保持畅通,以便随时排出化学反应生成的氢气和氧气,防止外壳胀裂,发生事故。

3. 铅酸蓄电池的工作原理

(1) 放电过程

放电过程是化学能转化为电能的过程。电解液中的电子在蓄电池电动势的"推动"下,通过负载,从负极流向正极,使正极电位降低,负极电位升高,从而使蓄电池的电动势不断降低。在放电过程中,正、负极板上的活性物质 PbO_2 和 Pb 都将不断地转为 $PbSO_4$,电解液中 H_2SO_4 逐渐减少,而 H_2O 逐渐增多,所以电解液密度下降。因为电解液不能渗透到活性物质的最内层去,极板上的活性物质只有20%～30%转变成为硫酸铅($PbSO_4$)。放电过程如图2-5a)所示。

(2) 充电过程

所谓充电过程,就是电能转化为化学能的过程。电解液中的电子在充电电源的"帮助"下,从正极流向负极,使正极电位升高,负极电位降低,从而形成一定的电动势。在外加电场的作用下,正极板上的硫酸铅被氧化成二氧化铅(PbO_2),负极板上的硫酸铅被还原为海绵状铅(Pb),电解液中的 H_2O 转变为硫酸(H_2SO_4)的过程。充电过程如图2-5b)所示。

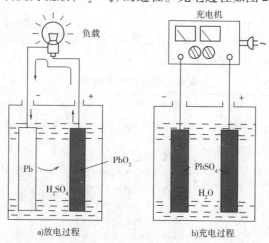

图2-5 蓄电池的充放电过程

综上所述,蓄电池的总化学反应方程式为:

$$PbO_2 + 2H_2SO_4 + Pb \underset{充电}{\overset{放电}{\rightleftharpoons}} PbSO_4 + 2H_2O + PbSO_4$$

(正极板)(电解液)(负极板)　(正极板)(电解液)(负极板)

(3) 蓄电池的容量

蓄电池在规定条件下(规定放电温度、放电电流和终止电压)放出的电量称为蓄电池的容量,单位:安培小时(A·h)。目前,汽车上常用的铅蓄电池的容量标定方法有两种:

额定容量——蓄电池的额定容量是用20h放电率来标定的。将充足电的新蓄电池在电解液温度为25℃条件下,以20h放电率的放电电流连续放电至单格平均电压到1.75V时,输出的电量称为蓄电池的额定容量,表示方法为放电电流乘以放电时间,单位:安培小时(A·h),如图2-6所示。

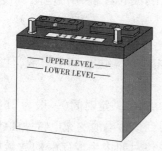

蓄电池型号	蓄电池容量(A·h)
6-QW-60	60
6-QW-75	75
6-QW-90	90
6-QW-105	105
6-QW-120	120

图2-6 蓄电池的容量规格

额定容量是衡量蓄电池质量的重要指标,新蓄电池必须达到该指标,否则为不合格产品。例如,6-Q-120型蓄电池以6A电流连续放电,当单格电池电压降到1.75V时,若放电时间维持了20h,说明该蓄电池为合格产品;若放电时间小于20h,说明该产品为不合格产品。

储备容量——蓄电池在25℃条件下,以25A电流恒流放电,至单格电压平均下降到1.75V时,所维持的放电时间,称为蓄电池的储备容量,单位为分钟(min)。

储备容量表达了汽车充电系统失效后,蓄电池能为全车用电设备提供25A恒流放电的能力。

4. 蓄电池的型号

按照行业标准 JB/T 2599—1993 的规定,蓄电池产品型号分为三部分,其排列形式是:"□-□□-□□",它所表示的含义见表2-1。

表2-1 蓄电池型号的具体内容

第一部分	第二部分		第三部分	
串联的单格电池数	蓄电池的类型	蓄电池的特征	蓄电池的额定容量	蓄电池的特殊性能
用阿拉伯数字表示: 3——表示3个单格,额定电压6V; 6——表示6个单格,额定电压12V	用大写的汉语拼音表示: Q——启动用铅蓄电池; N——内燃机车用蓄电池; M——摩托车用蓄电池	用大写的汉语拼音表示: A——干荷电铅蓄电池; H——湿荷电铅蓄电池; W——免维护铅蓄电池; M——密封式铅蓄电池; S——少维护铅蓄电池; J——胶体式铅蓄电池	20h放电率的额定容量,单位为A·h,单位略去不写	用大写的汉语拼音字母表示: G——高起动率; D——低温性能好; S——塑料槽蓄电池

例如:6-Q-105D,表示该普通起动型蓄电池由6格组成,额定电压12V,20h放电率的额定容量为105A·h,低温起动性好。6-QW-90,表示该免维护蓄电池由6格组成,额定电压12V,20h放电率的额定容量为90A·h。

5. 蓄电池的基本电气特性

(1) 静止电动势

静止电动势是指蓄电池在静止状态(非充、放电状态),正负极板之间的电位差(即开路电压)。蓄电池的静止电动势也相应地变化在1.97~2.15V范围内,如果该值过低,说明蓄电池电量不足,或者蓄电池有故障。

(2) 内阻

蓄电池的内阻大小反映了蓄电池的带负载能力。在相同条件下,内阻越小,输出电流越大,带负载能力越强。蓄电池的内阻包括极板电阻、隔板电阻、电解液电阻、铅连接条和极柱电阻的总和。

6. 蓄电池的充电特性

蓄电池的充电特性是指在恒流充电过程中,蓄电池的端电压和电解液密度等参数随充电时间变化的规律。

在对放完电的蓄电池以恒流进行充电的过程中,每隔一定时间(一般为2h)测量其单格电池的端电压、电解液密度和温度等工作参数,便可得到该蓄电池的充电特性曲线(见图2-7)。

在恒流充电的过程中,由于充电电流不变,即单位时间内生成硫酸的数量相等,因此电解液密度随时间增长而线性上升,静止电动势也随密度的上升而升高。

充电开始后,蓄电池的端电压便迅速上升,这是因为充电时活性物质和电解液的作用。首先是在极板的孔隙中进行的,生成的硫酸使孔隙内的电解液相对密度迅速增大所致。随着硫酸的增多,便不断地向周围扩散,当极板孔隙内生成硫酸的速度与向外扩散的速度达到动态平衡时,端电压就不再迅速上升,而是随着整个容器内电解液相对密度的上升而相应地增高。

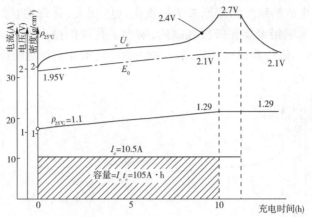

图 2-7 蓄电池的充电特性

当端电压达到 2.4V 时,电解液中开始产生气泡,此现象说明蓄电池已基本充足,极板上的活性物质已基本转变为二氧化铅(PbO_2)和海绵状的铅(Pb),部分充电电流已用于电解水,从而产生了氢气和氧气。如继续充电,用于电解水的电流增多,产生的氢气和氧气也越来越多,就会呈现"沸腾"现象。由于氢离子在极板上与电子结合速度较缓慢,于是在靠近负极板处会积存较多的正离子,使极板与溶液之间产生附加电位差(约为 0.33V),使端电压急剧升高到 2.7V 左右。此时应切断电路停止充电,否则,将造成蓄电池的过充电。

过充电时,由于剧烈地放出气泡,会在极板内造成压力,加速活性物质的脱落,使极板过早损坏。所以,应尽量避免长时间的过充电。但在实际充电中,为了保证将蓄电池充足,往往需要 2~3h 的过充电。

停止充电后,由于内压降随充电电流切断而自动消失,极板孔隙内外的电解液也逐渐混合均匀,因此蓄电池端电压逐渐降低,最终等于静止电动势。

由上述过程可见充电终了的 3 个标志:
①电解液因析出氢气和氧气呈沸腾状;
②电解液相对密度上升至最大值,且 2~3h 内不再上升;
③单格端电压上升至最大值(2.7V),且 2~3h 内不再上升。

7. 蓄电池的放电特性

蓄电池的放电特性是指充足电的蓄电池在恒电流放电过程中,蓄电池的端电压和电解液相对密度等参数随时间而变化的规律。

在对完全充足电的蓄电池以 20h 放电率的电流进行恒流放电过程中,每隔一定时间(一般为 2h)测量其单格电池的平均电压、电解液密度,便可得到该蓄电池的放电特性曲线(见图 2-8)。

在放电过程中,因为放电电流恒定,即单位时间内消耗硫酸的数量相同,所以电解液密度随放电时间增长而线性下降。相对密度每下降 0.03~0.038,则蓄电池约放电 25%。

放电过程中,端电压在放电初期迅速下降,这是由于极板孔隙中的硫酸迅速消耗,密度迅速降低所致。随着极板孔隙内外密度差的不断增大,硫酸向孔隙内扩散的速度也随之加快,使放电电流得以维持。当渗入的新电解液完全补偿了因放电时化学反应而消耗的硫酸量时,端电压将随整个容器内电解液相对密度的降低而缓慢地下降。当电压下降至1.75V时,应停止放电,如果继续放电,则电压将急剧下降到零。这是因为放电接近终了时,化学反应深入到极板的内层,而放电时生成的硫酸铅较原来活性物质的体积大(是海绵状纯铅的2.68倍,是二氧化铅的1.86倍),硫酸铅聚集在极板孔隙内,缩小了孔隙的截面积,使电解液渗入困难,因而极板孔隙内消耗掉的硫酸难以得到补充,孔隙内的电解液相对密度便迅速下降,端电压也随之急剧下降。

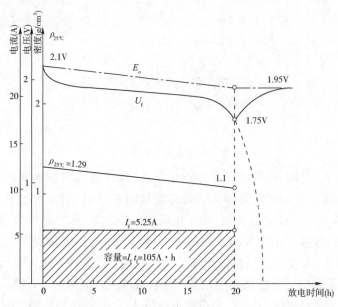

图2-8 蓄电池的放电特性

当端电压下降到规定的放电终止电压(20h放电率的放电终止电压为1.75V),再继续放电则为过度放电。过度放电十分有害,因为孔隙中生成的粗结晶硫酸铅,充电时不易还原,因而使极板损坏,容量下降。

停止放电后,由于极板孔隙中的电解液和容器中的电解液相互渗透,趋于平衡,蓄电池的端电压将稍有回升。

蓄电池放电终了的标志:

①电解液密度降低到最小允许值,大约为$1.11g/cm^3$。

②单格电池的端电压降至放电终止电压,以20h放电率放电,单格电池电压降至1.75V。单格电池容许的放电终止电压与放电电流强度有关。放电电流越大,则放完电的时间越短,而允许的放电终止电压越低。

8. 蓄电池容量

蓄电池的容量是指在规定的放电条件下,完全充足电的蓄电池所能提供的电量,单位为安培小时(A·h),电池容量用以表示蓄电池对外供电的能力、衡量蓄电池质量的优劣,是选用蓄电池的最重要指标。当电池以恒定电流值进行放电时,其容量等于放电电流和持续放电时间的乘积。

蓄电池出厂时规定的额定容量是在一定的放电电流、一定的终止电压和一定的电解液温度下取得的。

(1) 额定容量

额定容量是检验蓄电池质量的重要指标之一。GB 5008.1—91 标准中规定:"以 20h 放电率的放电电流在电解液初始温度为(25±5)℃,相对密度为(1.28±0.01)g/cm³(25℃)的条件下,以 20h 放电率的电流连续放电到 12V 蓄电池端电压降到(10.50±0.05)V 所输出的电量,记为 C20,单位是 A·h。"例如,蓄电池参数为 12V、54A·h,其额定容量 C20 = 54A·h,起动功率为 0.75kW。

(2)起动容量

起动容量表示蓄电池接起动机时的供电能力,用倍率和持续时间表示,有常温和低温两种起动容量。

常温起动容量即电解液温度为 25℃ 时,以 5min 率放电的电流(即 3 倍额定容量的电流)连续放电至规定的终止电压(6V 蓄电池为 4.5V,12V 蓄电池为 9V)时所输出的电流,其放电持续时间应在 5min 以上。例如,对于 6-QW-90 型蓄电池,C20 = 90A·h,在电解液初始温度为 25℃ 时,以 6C20 = 6×90A = 540A 的电流放电 5min,蓄电池端电压降至 9V,其起动容量为 540×5/60 = 45A·h。

低温起动容量即电解液温度为 -18℃ 时,以 3 倍额定容量的电流连续放电至规定的终止电压(6V 蓄电池为 3V,12V 蓄电池为 6V)时所放出的电量,其放电持续时间应在 2.5min 以上。仍以蓄电池 6-QW-90 为例,在电解液初始温度为 -18℃ 时,以 540A 的电流放电 2.5min,蓄电池端电压降至 3V,其低温起动容量为:540×2.5/60 = 22.5A·h。

9. 使用条件对蓄电池容量的影响

影响蓄电池容量因素有两类:一类是与生产工艺及产品结构有关,如活性物质的数量、极板的厚度、活性物质的孔率等;另一类是与使用条件有关,如放电电流、电解液温度和电解液相对密度等。

(1)放电电流对蓄电池容量的影响

根据实验,放电电流越大,则电压下降越快,至终止电压的时间越短,容量越小。图 2-9 所示为蓄电池在不同放电电流情况下的放电特性。因为大电流放电时,极板表面活性物质的孔隙会很快被生成的硫酸铅所堵塞,使极板内层的活性物质不能参加化学反应,因此放电电流增大,蓄电池的容量减小。图 2-10 为蓄电池容量与放电电流的关系。

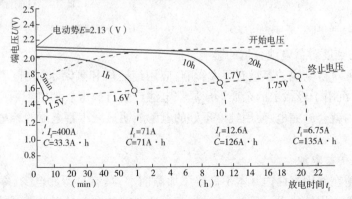

图 2-9 蓄电池不同放电电流情况的放电特性

(2)电解液温度对蓄电池容量的影响

温度降低则容量减小,这是由于温度降低时,电解液黏度增加,渗入极板内困难;同时电解液电阻增大,使蓄电池内阻增大,蓄电池端电压降低,容量减小。图 2-11 所示为 3-Q-75 型蓄电池以225A的电流放电,当电解液温度为30℃和-18℃时,蓄电池端电压与放电时间的关系。图2-12所示为3-Q-75型蓄电池以225A的电流放电,在不同温度下所输出的容量。

由图2-11、图2-12中可见,由于温度对蓄电池放电时的端电压和容量有较大影响,因此,在寒冷地区应特别注意蓄电池的保温。

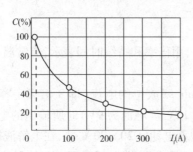 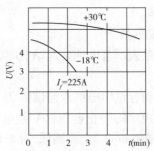

图2-10　蓄电池容量与放电电流的关系　　　　图2-11　温度对放电特性的影响

（3）电解液相对密度对蓄电池容量的影响

适当提高电解液的相对密度,可以提高电解液的渗透速度和蓄电池的电动势,并减小内阻,使蓄电池的容量增大。但相对密度超过某一值时,由于电解液黏度增大,使渗透速度降低,内阻和极板硫化增加,又会使蓄电池的容量减小。电解液相对密度和容量的关系如图2-13所示。起动用蓄电池一般使用相对密度为1.26～1.29的电解液。

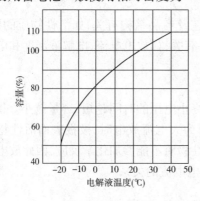 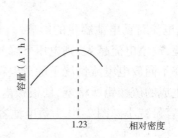

图2-12　电解液温度与容量的关系　　　　图2-13　电解液相对密度和容量的关系

（4）电解液的纯度对蓄电池容量的影响

电解液的纯度对蓄电池的容量有很大影响,应用纯硫酸和蒸馏水配制。电解液中一些有害杂质腐蚀栅架,沉附于极板上的杂质形成局部电池产生自放电。如电解液中含有1%的铁,蓄电池在一昼夜内就会放完电,使用纯度不好的电解液明显减小蓄电池的容量,缩短蓄电池的使用寿命。

2.1.3　免维护蓄电池

免维护蓄电池在使用寿命内基本不需要添加蒸馏水,具有自行放电少、寿命长、接线柱腐蚀较轻以及起动性能好等特点。另外,免维护蓄电池上部装有电量指示器,使用户便于观察蓄电池充电状态;使用独特的液气分离盖,使电解液充分回流至蓄电池槽内;内置防酸隔爆片,可有效防止外部明火可能引起的蓄电池内部爆炸,如图2-14所示。

1. 免维护蓄电池的结构

免维护铅蓄电池的构造与普通铅蓄电池相比较,它有以下特点:

①极板栅架采用铅钙合金或低锑合金,能减少排气量、耗水量和自行放电。

②隔板采用袋式隔板,将正极板包住,可保护正极板上的活性物质不脱落,并防止正、负极板短路。用这种隔板可取消壳体内底部的凸棱,使极板上部容积增大,提高了电解液的储存量。

③无电解液加注口,采用迷宫式排气通气孔结构,可以安全通风,并可避免蓄电池内的氢气与外部火花直接接触,以防爆炸。

④装有蓄电池电量指示器,可以利用其在蓄电池顶部的电量指示器,观察蓄电池的电量状态。

2. 蓄电池电量指示器工作原理

图 2-14 免维护蓄电池

蓄电池电量指示器采用密度计原理以塑料制成(见图2-15),其下部的直管从蓄电池顶部插入电解液中,指示器内有一绿色小球,当电解液相对密度高于 1.220,或蓄电池充电到额定容量的 65% 以上时,小球即浮起至笼子的顶部并与玻璃棒的下端接触,蓄电池顶部的电量指示器为绿色表示蓄电池工作状态良好;当充电低于额定容量 65% 时,小球下沉到笼子的底部,电量指示器指示变得模糊呈淡绿色或黑色表示蓄电池充电不足,需要充电;当电解液少于极限值,密度计顶部的指示器变为透明无色或淡黄色,表示电解液已减少到极限值或内部有损坏,说明蓄电池已经达到寿命,需要更换。

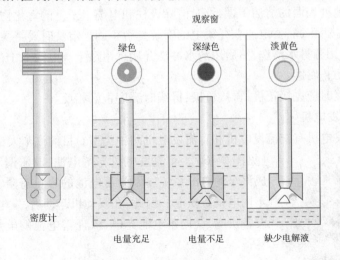

图 2-15 密度计电量指示器结构

2.1.4 干荷电与湿荷电蓄电池

1. 干荷电蓄电池

该蓄电池新品的极板处于干燥的已充电状态,电池内部无电解液。在规定的保存期内,如需使用,只需按规定加入电解液,静置 20~30min 即可使用,使用中需要定期维护。对于储存超过两年的干荷电蓄电池,因极板上有部分氧化,使用前应以补充充电的电流大小,充电 5~10h 后再使用。由于这种电池使用方便,是理想的应急电源,现已逐步取代普通的铅酸蓄电池。

2. 湿荷电蓄电池

该蓄电池新品的极板处于已充电状态,其极板和隔板仍带有部分电解液,蓄电池内部是湿润的,故而得名。这种蓄电池自出厂之日起,可允许储存 6 个月。在存储期内如需使用,只需加入规定密度的电解液,20min 后不需初充电即可投入使用,其首次放电容量可达额定容量的80%,使用中需要定期维护。如存储期过长,则需经过短时间的补充充电方可正常使用。

2.1.5 蓄电池的使用与维护

①大电流放电时间不宜过长。每次起动时间应小于 5s,相邻两次起动应间隔 15s 以上。避免起动时使用刮水器、后窗除霜加热器及长时间开前照灯等。

②尽量避免蓄电池过放电和长期处于亏电状态下工作,亏电蓄电池应及时取下进行充电,放完电的蓄电池应在 24h 之内进行充电。

③冬季使用蓄电池,要特别注意保持足电状态,以免电解液密度降低而结冰。在保证不结冰前提下,尽可能采用密度偏低的电解液,如果液面过低,需添加蒸馏水,只能在充电前进行,尽可能使水和电解液混合。冷起动前,注意预热发动机。

④蓄电池的储存满足以下条件:室温 5~40℃,干燥、通风良好;避免叠放或受冲击;避免阳光直射,距离热源 2m 以上。

⑤日常维护时,检查蓄电池外壳与极柱是否有裂纹和电解液泄漏;检查蓄电池本身安装是否牢固,防止振动损坏;检查极柱接线是否牢固,防止电量损失或产生火花;保持加液孔盖上通气孔的畅通,定期疏通。经常检查并调整电解液的液面高度(高于极板 10~15mm),不足时应补充蒸馏水。

⑥保持蓄电池外表面的清洁干燥,及时清除极柱和电缆卡子上的氧化物,并确定蓄电池极柱上的电缆连接是否牢固、蓄电池在托架上的安装是否牢固。清洗时要将蓄电池从车上拆下,先刮除腐蚀物,再用苏打水清洗,然后用清水冲洗并用纸巾擦干。电缆卡子在清洗后还应涂上凡士林或润滑脂防止腐蚀。

⑦蓄电池连接时应先接正极,再接负极;拆线时顺序正好相反。

2.1.6 交流发电机

汽车使用的发电机有交流发电机和直流发电机两种类型。目前汽车大都采用交流发电机(见图 2-16)。交流发电机与蓄电池、电压调节器协同工作,构成汽车的电源系统。因为蓄电池的容量有限,无法长时间向全车用电设备供电。因此,在发动机起动后,发电机既向全车用电设备供电,又向蓄电池充电,保证蓄电池的电量,为下次起动做准备。

图 2-16 交流发电机总成

1. 交流发电机的分类

车用交流发电机是一个三相同步交流发电机,它是利用硅二极管将其三相绕组中所感应的三相交流电整流为直流电。

(1)按总体机构分类

①普通交流发电机。普通交流发电机的应用最为普遍,例如:国产中型货车使用的 JF132 型和 JF1522A 型交流发电机等。

②整体式交流发电机。整体式交流发电机即内装电子调节器的交流发电机,例如:大众车型使用的 JF218132 型交流发电机。

③带泵交流发电机。带泵交流发电机即带有真空泵的交流发电机,例如:JFB1712 型交流

发电机。在柴油机汽车上,由于其进气系统不能提供真空,为确保真空制动助力器能够正常工作,将发电机的轴做得长一些,以此驱动真空泵。

④无刷交流发电机。无刷交流发电机即无电刷、滑环结构的交流发电机。

⑤永磁交流发电机。永磁交流发电机即转子磁极采用永磁材料的交流发电机。

(2)按励磁绕组搭铁方式分类

①内搭铁式。内搭铁式即励磁绕组的一端与发电机壳体相连接(直接搭铁),例如:JF132型交流发电机。

②外搭铁式。外搭铁式即励磁绕组的一端(负极)接入调节器,通过调节器后再搭铁,例如:JF152D、JF1522A型交流发电机。

(3)按整流器装用的二极管数量分类

①六管交流发电机。该整流器由6只硅二极管组成,这种形式应用较为广泛,如JF132型、JF1522A和JF152D型交流发电机等。

②八管交流发电机。八管交流发电机指具有2个中性点二极管的交流发电机,其整流器总成共有8只二极管,例如:北斗星、夏利、本田雅阁轿车的发电机整流器有8只整流管。

③九管交流发电机。九管交流发电机指在6只二极管的基础上增加3只励磁二极管的交流发电机,其整流器总成共有9只二极管,例如:JF214L型交流发电机。

④十一管交流发电机。十一管交流发电机指具有中性点二极管和励磁二极管的交流发电机,其整流器总成共有11只二极管,例如:桑塔纳车型用JF219132型交流发电机。

(4)按冷却方式分类

按照发电机的冷却方式不同,车用交流发电机又可以分为风冷式发电机和水冷式发电机两种。目前,使用最多也最常见的就是风冷式发电机。而在高档汽车上,出于降低运行噪声和增强冷却效果的考虑,采用新型水冷式发电机。

2. 交流发电机构造

交流发电机在汽车上使用四十多年以来,虽然局部结构有所改进,但是基本结构都是由转子、定子、整流器、IC控制模块和端盖五部分组成。其工作过程是:交流发电机定子绕组中感应出交变电动势,在IC控制模块的控制下,经二极管整流器整流,输出直流电,如图2-17所示。图中所示为交流发电机分解后的结构图。主要由定子总成、转子总成、整流器、电刷、端盖、IC控制模块、风扇及皮带轮等部件组成。

(1)定子总成

定子总成也称电枢,是由铁芯和三相绕组组成,它的作用是产生和输出三相交流电。定子槽内置三相对称绕组,每相绕组匝数相等,彼此相差120°相位角度。三相绕组的一端共同连接在一起,形成发电机的中性点。中性点电压是发电机输出电压的一半。另外三个端子与整流器的二极管相连,如图2-18所示。

定子铁芯由一组相互绝缘的硅钢片叠成,三相绕组用高强度漆包线达到绝缘的目的,以防止短路。

近年来随着车载用电设备的增加,对发电机发电量的要求也越来越大,发电机的结构和性能也在不断发展和提升。例如:丰田车型使用的SC型交流发电机代替通常的绕组系统(见图2-19),在焊在SC(扇形导体)内的定子线圈上采用拼合式扇形导体系统。它与通常的交流发电机比较,电阻值可降低,交流发电机就更为小巧紧凑。由于采用了两组三相绕组,中和了相互的电磁声(定子内产生),噪声也有所降低。

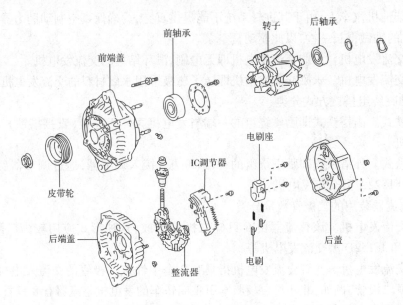

图 2-17 发电机结构图

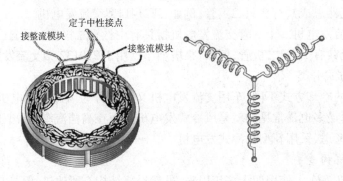

图 2-18 定子总成的结构

三相绕组的连接方法有星形连接和三角形连接两种,如图 2-20 所示。星形连接具有低速发电性能好的优点,因此,目前绝大部分汽车采用星形连接。三角形连接优点是高速时发电功率大,适用于高速大功率的车辆,其缺点是低速时发电量小。

(2)转子总成

转子的作用是产生变化的磁场。它主要由爪极、磁轭、励磁绕组、滑环、转子轴等组成,如图 2-21 所示。转子轴上压装着两块爪极,爪极空腔内装有励磁绕组和磁轭。滑环由两个彼此绝缘的铜环组成,压装在转子轴上并与轴绝缘,两个滑环分别与励磁绕组的两端相连。两个电刷装在与端盖绝缘的电刷架内,通过弹簧力使其与滑环保持接触。当发电机工作时,两电刷通入直流电,励磁绕组中就有定向电流通过,并产生轴向磁通,使爪极一块被磁化为 N 极,另一块被磁化为 S 极,从而形成六对(或八对)相互交错的磁极。当转子转动时,就形成了旋转的磁场。

转子总成上有六对鸟嘴形爪极交错排列,固定在转子轴上,鸟嘴形能够产生近似正弦变化的磁场。励磁绕组缠绕在铁芯上,铁芯固定在转子轴上,励磁绕组两根引线分别焊接在与轴绝缘的两道滑环上,滑环与电刷相连。电刷通电后,励磁绕组产生磁力,把铁芯和爪极磁化,产生磁场。

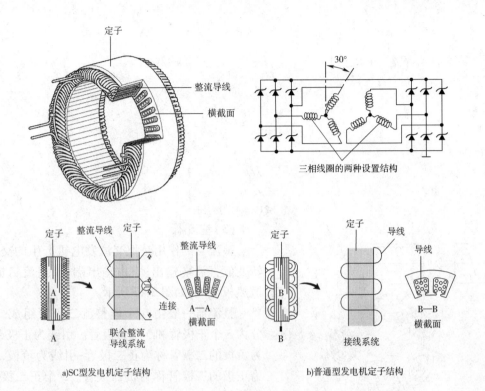

图 2-19 丰田 sc 型发电机定子总成结构

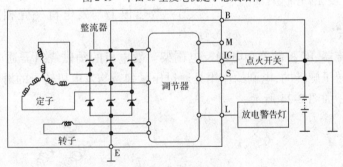

a)发电机三相绕组的星形连接线路

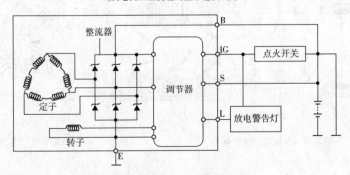

b)发电机三相绕组的三角形连接线路

图 2-20 星形连接和三角形连接

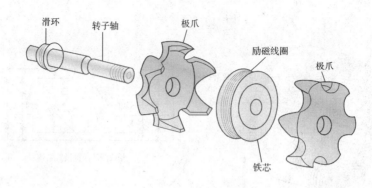

图 2-21 转子分解图

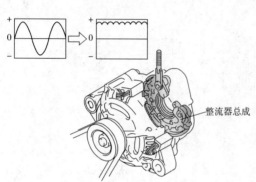

图 2-22 交流发电机整流器

(3) 整流器

整流器的作用是把交流发电机产生的交流电转变成直流电输出,它由输出端子、整流二极管、散热板组成,如图 2-22 所示。

整流器一般由 6 个硅整流二极管组成,其中分为 3 个正极管和 3 个负极管。引线为正极,壳体为负极的二极管称为正二极管;引线为负极,壳体为正极的二极管称为负二极管。3 个正二极管的壳体焊接在一散热板上通过螺栓引出构成发电机输出端即发电机正极;3 个负二极管的壳体焊接在另一散热板上与发电机外壳相连构成发电机负极,如图 2-23 所示。

端盖装有整流器、IC 控制器和电刷及电刷架。发电机的励磁绕组需通电才能产生磁场,而励磁绕组是随转子旋转的,电刷的作用是通过压紧弹簧与发电机转子的滑环接触,以此满足发电机发电需要。如图 2-24 所示。

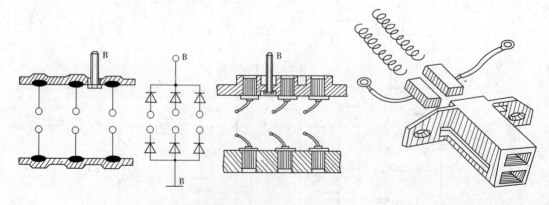

图 2-23 整流器二极管排列　　　　图 2-24 电刷及电刷架

(4) 车用交流发电机的型号

根据行业标准 QC/T 73—1993 的规定,国产汽车交流发电机型号主要由五部分组成,如表 2-2、表 2-3 所示。

发电机型号的具体内容　　　　　　　　　　　表 2-2

产品代号	分类代号	分组代号	设计序号	变形代号
JF——普通交流发电机； JFZ——整体式交流发电机； JFB——带泵交流发电机； JFW——无刷式交流发电机	即电压等级代号 1——12V； 2——24V； 6——6V	即电流等级代号，用一位阿拉伯数字表示，见表 2-3	按产品设计先后顺序，用阿拉伯数字表示	交流发电机以调整臂的位置作为变形代号。从驱动端看，Y——右边；Z——左边

发电机电流等级代号　　　　　　　　　　　表 2-3

电流等级	1	2	3	4	5	6	7	8	9
电流/A	≤19	20~29	30~39	40~49	50~59	60~69	70~79	80~89	≥90

例如：桑塔纳、奥迪所使用的 JFZ1913Z 型交流发电机，它的含义是电压等级为 12V、输出电流≥90A、第 13 次设计、调整臂位于左边的整体式交流发电机。

(5) 交流发电机工作原理

① 发电原理。发电机转子的励磁绕组通电产生磁场，发动机的起动带动了发电机转子旋转，定子绕组切割磁力线，因为定子是三相绕组（X、Y、Z），所以在定子绕组中产生三相交流电（A、B、C），如图 2-25 所示。

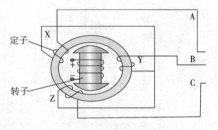

图 2-25　发电机发电原理

② 整流原理。整流器一般由最少 6 个以上的二极管组成三相桥式整流电路。整流过程为：在某一瞬间，某一相电压最高，其相对应的那一个正二极管导通；某一相电压最低，其对应的那个负二极管导通。在发电机运转期间，6 个二极管是一对一对地轮流导通，流经负载 K 的就是平稳的直流电压，如图 2-26 所示。

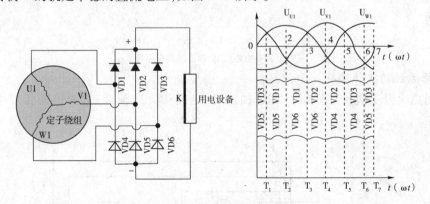

图 2-26　发电机的整流原理

3. 交流发电机调节器

交流发电机是由发动机带动发电的，发动机转速随车辆行驶状况不同而变化，发电机的转速也随之不断变化。因此导致发电机发电量的变化，影响全车用电设备。设置调节器可以保证发电机电压不受转速变化而变化，保持其输出电压的稳定。

(1) 调节器结构

调节器分为触点式、晶体管式和集成电路式。主流车型大多采用整体式交流发电机，而整体式交流发电机也大多采用集成电路（IC）调节器（见图 2-27）。IC 调节器主要由 IC 集成电路和散热器组成。触点式和晶体管式调节器现已逐渐被淘汰。

(2)调节器工作原理

当点火开关置于"ON"挡,发动机不运转时,蓄电池电压通过IG端子给调节器供电,Tr1被触发导通,励磁绕组有电流通过,此时发电机不发电,P端子电压为0V,调节器控制Tr1截止,减少蓄电池放电,同时,调节器使Tr2导通,点亮充电指示灯(见图2-28)。

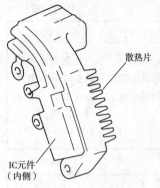

图2-27 调节器组件

起动发动机后,Tr1导通,励磁绕组通电,发电机发电,通过B接线柱向全车用电设备供电并向蓄电池充电。此时P端子电压增加,IC确定发电机发电,将Tr2截止,充电指示灯熄灭。

随着发电机转速的升高,发电机输出电压不断升高,S端子把此信号传给IC,当电压高于规定值时,IC控制Tr1截止,励磁绕组断电,电压迅速下降,当下降到规定值时,又重新接通Tr1,如此反复,把发电机输出电压控制在13.8~14.4V。

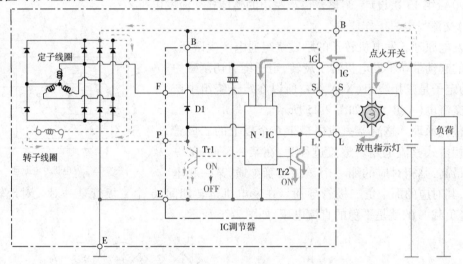

图2-28 发电机IC调节器工作原理

4. 电源系统的工作过程

(1)当点火开关处于"ACC/LOCK"挡位时,电路中无电流通过,充电警告灯不亮,如图2-29所示。

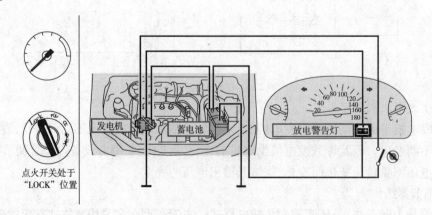

图2-29 点火开关处于"LOCK"位置

(2)当点火开关处于"ON"挡,但不起动发动机时,电路中有电流通过,电流由蓄电池一路经过充电警告灯,使警告灯点亮;一路经点火开关流向发电机,为发电机励磁绕组通电。当点火开关处于"ST"挡时,此时发电机发电量低,蓄电池向起动机和全车用电设备供电,如图2-30所示。

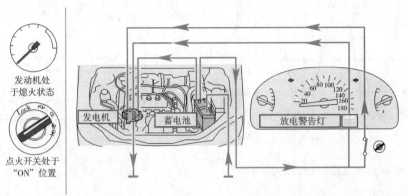

图2-30 点火开关处于"ON"的位置(发动机未起动)

(3)当点火开关处于"ON"挡,起动发动机后,此时发电机发电,警告灯熄灭,发电机向蓄电池充电,并向全车用电设备供电,如图2-31所示。

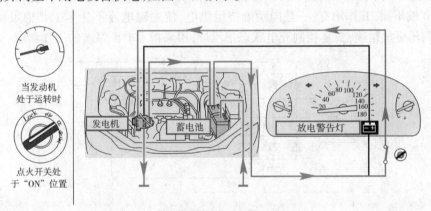

图2-31 点火开关处于ON位置(发动机起动后)

2.1.7 新型交流发电机整流器结构特点

随着车用交流发电机技术的发展,为满足汽车不断增长的用电需求,结构先进、性能优良的新型发电机相继推出,如八管、九管、十一管交流发电机,无刷交流发电机和带泵交流发电机等。

1. 八管交流发电机

该发电机在定子绕组为星形连接时,三相绕组的公共结点称为中性点。中性点电压的瞬时值是一个三相谐波电压,如图2-32所示,平均值为发电机输出电压(平均值)的一半。从三相绕组的中性点引一根导线到发电机外,标记为"N",如图2-33所示。"N"点电压称为中性点电压,该中性点N不仅具有直流电压(等于发电机直流输出电压的一半),而且还包含有交流电压成分,可利用此电压来控制各种用途继电器的工作。

现在发电机多是利用中性点电压提高发电机功率。比如北斗星、夏利、本田雅阁的发电机整流器有8只整流管,如图2-33所示。在八管式整流器中增加了2只大功率的二极管,接在中性点处(1只正极管和1只负极管),也常被称为中性点二极管。八管式整流器把中性点电压和三相绕组的端电压并联输出,实践证明这样发电机功率可提高10%~15%。

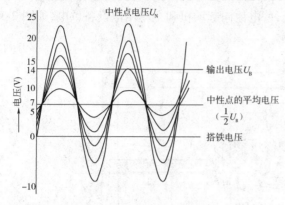

图2-32 交流发电机中性点电压波形　　图2-33 具有中性点二极管的整流电路

2. 九管交流发电机

(1) 结构特点

九管交流发电机的整流器是由6只大功率硅整流二极管和3只小功率励磁二极管组成。如图2-34所示,3只励磁二极管均为正极管,它们的负极公共点形成了另一个电源输出端D_F,但作用与B端不同,其作用有:一是向励磁绕组供电,使励磁电流不受车上其他负载的影响,使发电机调压更加精确;二是控制充电状态指示灯,用来指示电源系统的工作状态。

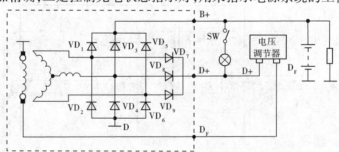

图2-34 九管式整流器电路

(2) 充电指示灯的工作原理

当接通点火开关"SW",电流从蓄电池正极,经充电指示灯→电压调节器"D+"接线柱→电压调节器→调节器"D_F"接线柱→交流发电机励磁绕组→搭铁,至蓄电池负极构成回路。充电指示灯此时点亮,指示蓄电池对交流发电机励磁。交流发电机工作时,充电指示灯由蓄电池电压与励磁二极管的输出端"D+"电压的差值所控制。随着交流发电机转速的升高,由于"D+"处电压增高,充电指示灯两端的电位差减小,指示灯就会由亮变暗最后熄灭,因而发动机工作时,充电指示灯熄灭,即表示交流发电机工作正常。当交流发电机转速降低或交流发电机、调节器有故障时,"D+"接线柱电压降低,充电指示灯由于两端的电位差增大,就会发亮。因此,发动机工作时,充电指示灯突然点亮,即表示发电系统有故障。

3. 十一管交流发电机

十一管式整流器是由6只大功率的整流二极管、2只大功率的中性点二极管和3只小功率的励磁二极管组成,它兼顾了八管式和九管式整流器的优点。不仅具有提高输出功率的功能,而且还有反映充电系统工作情况的功能,有关原理不再赘述。其中8只大功率的整流二极管组成全波桥式整流电路对外负载输出,3只小功率磁场二极管与3只大功率负极管也组成三相全波桥式整流电路,为发电机磁场供电和控制充电指示灯电路。桑塔纳、奥迪采用JF219132型14V90A交流发电机,其充电系统电路如图2-35所示。

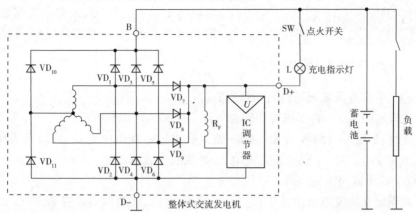

图2-35　十一管交流发电机充电系统电路

4. 无刷交流发电机

无刷交流发电机是为了克服传统交流发电机的电刷与滑环机构造成发电机电压不稳或不发电而产生的一种新型交流发电机。无刷交流发电机的显著特征是将励磁绕组和电枢绕组都安装在发电机的定子上,由此带来以下优点:

◇因取消了电刷和滑环,从而避免了因电刷磨损、电刷与滑环接触不良、电刷在电刷架中卡住而引发的种种故障。

◇因消除了电刷火花所以克服了火花引起的电磁干扰。

◇转子因取消励磁绕组而减轻了质量和转动惯量,有利于转速的提高。

◇因取消了电刷、滑环机构可以减小发电机的轴向尺寸,同时也加强了发电机对潮湿、灰尘较大环境的适应性。

车用无刷交流发电机有爪极式无刷交流发电机、感应子式无刷交流发电机等类型。

(1) 爪极式无刷交流发电机

爪极式无刷交流发电机的结构与普通交流发电机大致相同,如图2-36所示。其励磁绕组是静止的且不随转子转动,因此,励磁绕组两端引线可直接引出,省去了滑环和电刷,而爪极在励磁绕组的外围旋转。

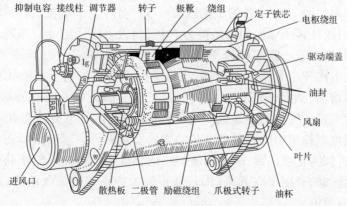

图2-36　爪极式无刷交流发电机的结构示意图

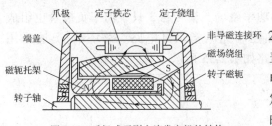

图 2-37 爪极式无刷交流发电机的结构

爪极式无刷交流发电机的结构特点(见图 2-37)是励磁绕组通过一个磁轭托架固定在后端盖上。两个爪极中只有一个爪极直接固定在发电机转子轴上,另一爪极则用非导磁连接环固定在前述爪极上。当皮带轮带动转子轴旋转时,一个爪极就带动另一爪极一起在定子内转动。

当励磁绕组中有直流电流通过时,其磁路是左边爪极的磁极 N→主气隙→定子铁芯→主气隙→右边爪极的磁极 S→转子磁轭→附加气隙→托架→附加气隙。

转子旋转时,爪极形成的 N 极和 S 极的磁力线在三相绕组内交替通过,定子槽中的三相绕组就感应出交变电动势,形成三相交流电,经整流后变为直流电。

(2)感应子式无刷交流发电机

感应子式无刷交流发电机由转子、定子、整流器、外壳、传动散热装置等组成。

转子是由外圆带槽的齿轮状冲片铆叠而成,冲片形状如图 2-38a)所示。共 16 组的电枢绕组用两根高强度漆包线并绕,镶嵌在定子铁芯上。共 4 组的励磁绕组安装在大槽中。图 2-38b)所示为感应子式交流发电机结构示意图。由硅二极管组成的单相全波整流器将电枢产生的单相交流电转换为直流电。

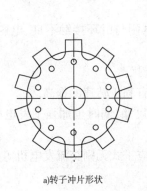
a)转子冲片形状

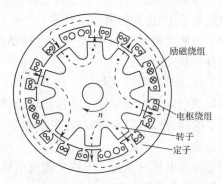
b)感应子无刷交流发电机原理图

图 2-38 感应子式无刷交流发电机的构造原理图

如图 2-38 所示,励磁绕组导体中标出了励磁电流的方向。在励磁电流作用下,定子铁芯被磁化,磁场方向如图 2-38 中带箭头的虚线所示。处在定子磁极之间的转子凸齿被电枢磁场磁化。当磁力线从转子穿出的那些齿为 N 极,而磁力线从定子铁芯进入转子的那些齿为 S 极。当转子凸齿与定子铁芯的齿部对齐时,穿过定子铁芯的磁场最强,转子按顺时针方向旋转,转子凸齿离开定子铁芯的齿部;当转子齿中心线与定子槽中线重合时磁通减至最少,随后又逐渐增加,到转子凸齿中心线与定子铁芯凸齿中心线对齐时,磁通又达到最大。如此反复,发电机的气隙磁通就这样周期性的变化,定子电枢绕组便产生电动势。根据电磁感应原理,电枢绕组中的感应电动势的方向总是阻碍原励磁磁场变化的。由于气隙磁通的变化规律近似为正弦函数,故电枢绕组中的感应电动势亦近似正弦变化。将电枢绕组按电动势正向叠加的原则串联起来,即可获得较大的正弦交流电动势,经全波整流电路便可得到所需的直流电。

2.2 车载智能电网系统简介

随着汽车性能的提高,电控技术的大量应用,车载电器设备对电源调控质量的需求也日渐苛刻。传统的车载电源已无法满足以电控技术为主的汽车电器设备的需求。因此,车载智能电网系统开始越来越多的应用到各种新款车型上。

车载电网控制单元不仅控制着车内电网的电流,而且还具有发电机充电指示灯控制、自动电源切断和蓄电池容量监控等功能。

2.2.1 智能电网的基本结构

车载智能电网系统即智能电源分级管理系统,它设有3级管理状态,即正常状态、微亏电状态、亏电状态。汽车运行时,控制单元根据发动机转速、蓄电池电压、发动机负荷计算电能处于何种状态,是否需要调整发动机的急速及切断用电设备。

智能电网的组成由智能型蓄电池传感器(IBS)、发动机控制模块、蓄电池、发电机、车载电网控制单元和配电器组成,如图 2-39 所示。

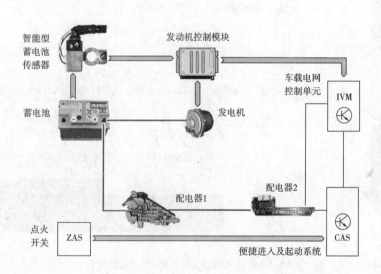

图 2-39 BMW5 系车型智能电网结构

2.2.2 蓄电池电压管理功能

用电设备数量过多可能会导致蓄电池和发电机电压低于所允许的值,以致所必需的系统功能完整性受损,如 ABS、电动转向系统等。车载电网控制单元可以通过提高急速转速和关闭高电流消耗元件,将车载电网电压提高到一个必要的值。同时,发电机进行负荷管理。车载电网控制单元通过对所获得的车载电网电压与所允许的车载电网电压最低值进行比较,通过蓄电池电压、发电机负荷(D_F 信号),以及有关接通时间较短的高电流消耗元件的信息来获得车载电压,如图 2-40 所示。

1. 蓄电池状态的实时监控

在发动机运转时,某些情况下发动机控制单元会通过控制器局域网(CAN)要求提高急速转速。如果还是无法达到所需的车载电网状态,部分用电器将被关闭。在点火开关打开和发动机关闭的情况下,根据相同的顺序关闭用电器。如图 2-41 所示。

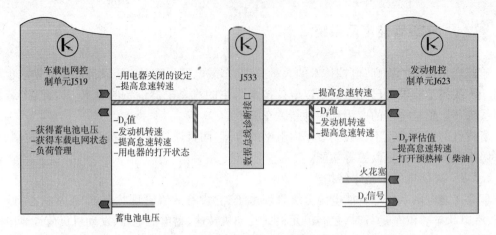

图 2-40 奥迪 A6 车型蓄电池电压监控

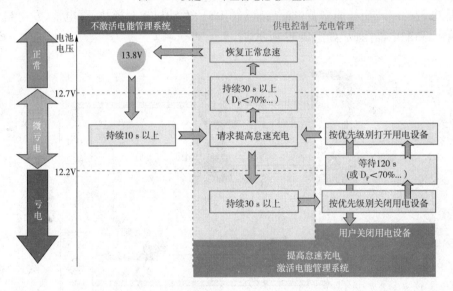

图 2-41 大众高尔夫车型蓄电池智能管理

电网智能管理系统的主要元件是智能型蓄电池传感器(IBS),它时刻监控蓄电池的状态,负责蓄电池有足够的能量保证车辆启动。宝马车型 IBS 具体位置,如图 2-42 所示。

蓄电池状态表示的是蓄电池的工作能力,这个能力是根据蓄电池充电状态和起动能力估算出来的。显示蓄电池状态的优点是可以根据蓄电池状态直接设定断开值。在组合仪表的中央多功能显示屏上总是显示蓄电池的实际状态。蓄电池稳定放电曲线,如图 2-43 所示。

2. 用电负荷的动态控制

当蓄电池充满电时,蓄电池状态显示为 100%,下次关闭发动机时不设定断开值。当断开值 1 被接通后,仪表显示屏上的(蓄电池状态)值就降到 90%,此后逐步降至 60%。如果在 90% 时设定了断开值 1、2 或 5,那么组合仪表的中央显示屏上会短时显示"省电模式已激活",如图 2-44 所示。另外,在用电器切断的整个过程中,组合仪表上的蓄电池符号一直在显示"省电模式"。舒适功能的电器将在保证技术安全的前提下,依照重要等级进行关闭。其次序为:后窗加热、后视镜加热、座椅、空调,减少蓄电池电量的消耗,并适当提高发动机转速,提高发电量。

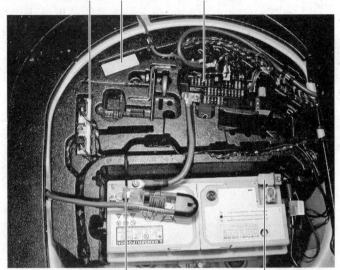

图 2-42 宝马 5 系车型智能型蓄电池传感器（IBS）位置

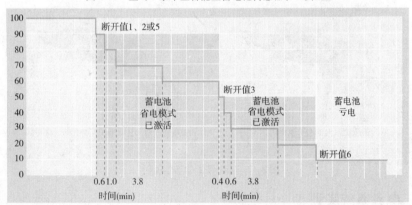

图 2-43 奥迪 A6 蓄电池稳定放电曲线图

如果蓄电池状态值降至 10%，那么断开值 6 就被激活（见图 2-43），这时在接通点火开关后，组合仪表的中央多功能显示屏会显示"蓄电池亏电"，如图 2-45 所示。

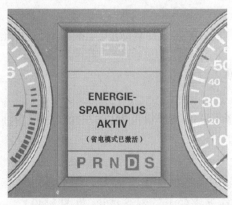

图 2-44 行车电脑的省电显示

图 2-45 行车电脑的亏电显示

2.2.3 电源自动切断装置

在宝马车型的蓄电池正极端子上，装有安全蓄电池端子，如图 2-46 所示。用于紧急情况（剧烈撞车和燃油泄漏可能导致的爆炸）。在正常情况下，蓄电池导线与正极端子正常连接，当发生紧急情况时，控制单元向蓄电池端子内部的推进剂点火，产生爆炸，炸开安全蓄电池端子，使蓄电池导线与端子分离开，避免引起火灾与爆炸，如图2-47所示。

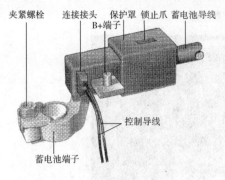

图 2-46 安全蓄电池端子

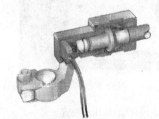

a)安全蓄电池端子处于初始状态

b)受控制单元触发，推进剂点火

c)安全蓄电池端子被断开

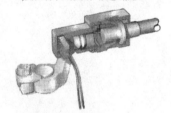

d)蓄电池导线与正极端子保持在断开状态

图 2-47 安全端子的工作过程

2.3 电源系统实训

实训工作的操作一定要按维修手册的操作规范操作，在诊断的过程中，要根据要求随时写出相关问题的答案，每项工作完成后，练习者经过教师检查签字认定后，才可进行下一项工作。

2.3.1 蓄电池的检查

训练目标：此项工作完成后，练习者将熟练掌握蓄电池的液面高度、电解液密度及充电检验的检查工作（见图 2-48）。

工具设备：普通铅蓄电池，免维护蓄电池，便携式密度计

技术资料：维修手册，课本，工作单

项目说明：本项工作的实际操作一定要按维修手册的操作规范操作，在操作过程中注意不要把电解液洒在手或身上，避免灼伤。

1. 检查电解液液面

蓄电池的液量直接影响蓄电池的工作状态，是车辆维护的重点内容。如果蓄电池壳为半透明状，可在壳壁上观察，电解液液面高度应保持在外壳的上下刻线之间（见图 2-49）。

如果蓄电池壳不透明，可拧开蓄电池盖检查，液面应高出极板 10～15mm。如果液面较

低,应加注蒸馏水到规定高度处。在拧开蓄电池盖时,应注意清洁。用一玻璃棒从加注口测量,液面应高于极板 10～15mm(见图 2-50),否则加蒸馏水。

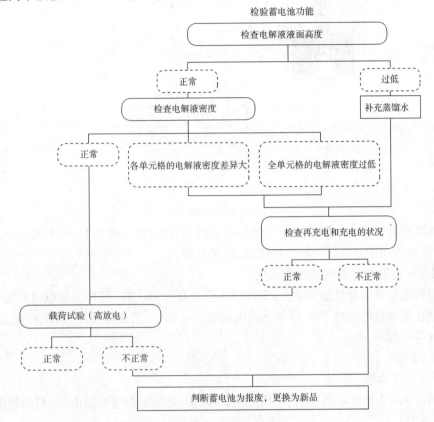

图 2-48 蓄电池的检验过程

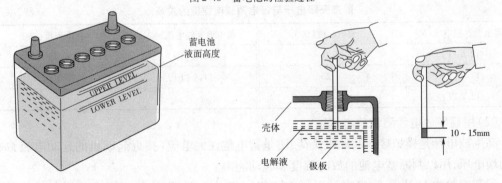

图 2-49 蓄电池液面高度　　　图 2-50 用透明塑料/玻璃管检查液面高度

2. 检查电解液密度

(1) 使用浮子密度计检查电解液密度

拧下蓄电池的各加液口盖,用密度计从加液口吸出电解液至密度计的浮子浮起来为止。观测读数时,应把密度计提至与眼睛视线平齐的位置,并使浮子处于玻璃的中心位置而不与管壁接触,以免影响读数的准确性,如图 2-51 所示。

(2) 使用光学密度计检查电解液密度

①校对"0"刻线。滴一滴蒸馏水在密度计镜片上,压下玻璃盖,从观察孔观察,看蓝白相间的分色线是否与"0"刻度线重合,若重合,进行电解液密度检查;若不重合,用专用工具正反

旋转镜片后方的调整螺栓,直到重合。

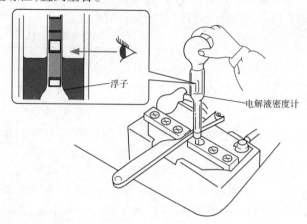

图2-51 检查电解液密度

②电解液密度检查。用吸管吸取少量的电解液,滴在密度计镜片上,压下玻璃盖。从观察孔观察,看蓝白相间的分色线在刻度的位置,读出数值。

(3)根据密度值判断蓄电池是否亏电。

电解液密度与放电程度的关系是:密度每下降 $0.01\text{g}/\text{cm}^3$ 的,相当于蓄电池放电6%。当判定蓄电池在夏季放电超过50%或冬季放电超过25%时,不宜继续使用,应及时充电,否则会导致蓄电池早期损坏。

3. 蓄电池检测

(1)开路电压检测

开前照灯30s去掉蓄电池虚电后,用万用表检测蓄电池的静态开路电压,判断蓄电池的放电程度,见表2-4。

静态开路电压与蓄电池放电程度的关系　　　　　表2-4

蓄电池开路电压(V)	放电程度(%)	蓄电池开路电压(V)	放电程度(%)
12.6 以上	0	12.0 以上	75
12.4 以上	25	11.9 以上	100
12.2 以上	50		

(2)用高率放电计测量放电程度

高率放电计是模拟接入起动机负荷,测量蓄电池在大电流(接近起动机的起动电流)放电时的端电压,用以判断蓄电池的放电程度和起动能力。

用高率放电计测量单格电池放电程度时,将放电叉紧压在单格电池的正负极柱上(红-正,黑-负),时间不超过5s。若单格电池电压在1.5V以上,并在5s内保持稳定,说明此单格电池良好。如果5s内电压迅速下降或某一单格的电压低于其他单格电池0.1V以上,说明此单格电池有故障。测量多格蓄电池放电程度时,先将黑色夹子夹住蓄电池的负极,再将红电叉压紧在正极柱上,根据屏幕上指针位置来判断蓄电池的放电情况,时间不超过5s。

2.3.2　蓄电池的充电

训练目标:此项工作完成后,练习者将熟练掌握蓄电池的充电方法。

工具设备:普通铅蓄电池,硅整流充电机

技术资料:维修手册,课本,工作单

项目说明：本项工作的实际操作一定要按维修手册的操作规范操作，在操作过程中注意不要产生火花，以免发生危险。

1. 充电方法

蓄电池充电方法有定流充电、定压充电和脉冲快速充电。

(1) 定流充电

将同容量的蓄电池串联起来接入充电电源（见图2-52），在充电过程中，充电电流保持不变，随着蓄电池电动势的逐步增加，逐步提高充电电压的方法称为定流充电。

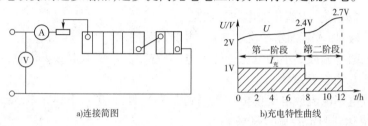

a) 连接简图　　　　b) 充电特性曲线

图2-52　定电流充电

这种充电方法具有较大适用性，可任意选择和调整电流，适合各种不同条件下的蓄电池充电，缺点是充电时间长，需经常调节充电电流。它可以适用以下种类的充电：

① 初充电。初充电的目的是还原普通极板在存放期间被氧化的活性物质，它适用于新蓄电池或更换极板的蓄电池在使用前的首次充电。

初充电前，经先按规定加注电解液（电解液加入前温度不要超过30℃）静置6~8h，再将液面调高到高于极板10~15mm，电解液温度低于25℃时才能进行充电（注意：加液孔盖要全部打开）。接通充电电路，为避免过热，第一阶段应选 $Q_e/15$ 的电流（Q_e 是额定容量），充电到电解液开始冒气泡，电压上升到14.4V（单格2.4V）为止；第二阶段将充电电流减半，继续充电到电解液沸腾，电压达到16.2V（单格2.7V），相对密度和单格电压连续2~3h稳定不变为止，全部充电时间为60~70h。

充电过程中，要经常检查电解液的温度，若温度上升到40℃，应将电流减小一半，如继续上升到45℃，应立即停止充电，并采用人工冷却，等冷至35℃以下再充电。充电过程中，若减小电流，则适当延长充电时间。

初充电接近完毕时，应测量电解液相对密度。如不符规定，应用蒸馏水或相对密度为1.4的电解液进行调整，调整后要再充2h。若相对密度仍不符合规定，要再调整再充电，直至符合要求为止。然后盖上加液孔盖，清洁蓄电池表面。

② 补充充电。使用中的蓄电池亏电时，应及时进行补充充电，这对提高蓄电池的寿命是很重要的。蓄电池存电不足的特征是：

◇ 电解液密度低于 $1.20g/cm^3$；

◇ 冬季放电超过 $25\%Q_e$，夏季放电超过 $50\%Q_e$；

◇ 车辆灯光暗淡，扬声器沙哑，起动无力或不能起动；

补充充电方法与初充电相同，充电第一阶段以 $Q_e/10$ 的电流充到冒气泡，单格电压到达2.4V为止；第二阶段将电流减半，充到液体沸腾，单格电压达到2.7V，电压、相对密度上升到最高值，且2~3h不变，即充电结束。平均充电时间为13~17h。

③ 间歇过充电。这是避免使用中蓄电池极板硫化的一种预防性充电。一般每隔3个月进行一次，充电方法是先按补充充电方法充足电，停1h后，再以减半的充电电流进行过充电，直

至充足电为止。

④循环锻炼充电。蓄电池在使用中常处于部分放电状态,并不是所有的活性物质都能参加化学反应,为迫使它们都能参与反应,防止活性物质因长期不参与化学反应而收缩,每隔一段时间(如3个月)应对蓄电池进行一次循环锻炼充电,即按补充充电的方法将蓄电池充足电,然后以20h放电率放完电,再按补充充电的方法充足。

⑤去硫化充电。当蓄电池出现充电时温升很快、时间不长即现出充足电的表征,而使用后很快又没电时,即表示它出现了硫化故障。硫化严重时,蓄电池只能报废,轻度硫化可以用去硫化充电法消除硫化。去硫化充电的方法是:

◇ 倒出电解液,加入蒸馏水冲洗两次后,再加入蒸馏水。

◇ 用初充电的电流或更小的电流进行充电,当密度上升到 1.15g/cm^3 时,倒出电解液,再加蒸馏水继续充电,直至密度不再上升。

◇ 以20h放电率电流放电至单格电压降到 1.75V 时,再进行上述充电。反复进行上述过程,直至输出容量达到额定容量的 80%。

(2)定压充电

在充电过程中,加在蓄电池两端的充电电压保持恒定不变的充电方法,称为定压充电。汽车上的发电机对蓄电池的充电就是定压充电。

用充电机给多个蓄电池进行定压充电时,如图2-53所示,要把它们都并联起来,各并联支路的单格电压总数相等,但各蓄电池的型号、容量及放电程度可不同。还要注意的是,并联蓄电池的数目必须由充电设备的最大输出电流来决定。充电电压一般调在蓄电池支路总单格数乘以 2.5V 为宜。

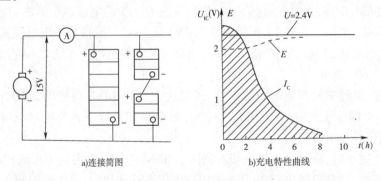

a)连接简图　　b)充电特性曲线

图2-53　定电压充电

定压充电的特点是充电开始时,充电电流很大,随着蓄电池电动势的提高,充电电流逐渐减小,充电终了,充电电流自动减小为零,因而不需照管。而且它充电速度快,只需 4~5h,蓄电池就可获得额定容量的 90% 以上。但它的缺点是不能调整充电电流,因而不能保证蓄电池彻底充足电,还有就是初期充电时电流过大,易使蓄电池极板弯曲,造成电池报废,不适合初充电和去硫化充电。

(3)脉冲快速充电

快速充电,也就是分段充电法,一次初充电只需5h左右,补充充电只需1h。这种充电方法还能增加蓄电池容量,使极板去硫化明显。但充电过程产生大量气泡,对极板活性物质冲刷力强,易使活性物质脱落,对蓄电池寿命有一定影响。

如图2-54所示,脉冲快速充电的过程为:

◇ 正脉冲充电。先以大电流恒流充电 $I_c = (0.8 \sim 1) C_{20}$,至单格电压升到 2.4V。

◇ 停充。然后停充 15~25ms。

◇ 瞬间负脉冲充电。反向脉冲充电 $I_c=(1.5~2.0)C_{20}$,时间为 150~1000μs。

◇ 再停充。后停充 25~40ms,如此循环,直至充足电。

注意: 电解液液面高度不正确、密度不均匀、混浊并带褐色、极板硫化及未使用过的新蓄电池都不可进行快速脉冲充电。

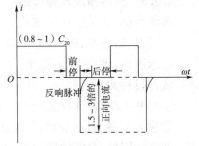

图 2-54 脉冲快速充电电流波形

为了减小快速充电对蓄电池寿命的影响,目前一种智能快速充电逐渐得到了应用。它是利用单片机的智能功能,控制充电电流按照最佳充电电流变化而实现快速充电的。但是,快速充电只是迅速把电池表面激活,提高了充电容量,并未充足电,若想充足电。需用小电流或正常充电电流进行最后的充电。

2. 充电注意事项

在给蓄电池充电前,一定要先认真阅读充电机的说明书,按照要求规范操作。

① 先拆下蓄电池的负极接线和正极接线。

② 蓄电池有加液孔盖的,要先拧下。

③ 调整好蓄电池的电解液液面高度。

④ 将蓄电池正、负极与充电机正、负极相连接。

⑤ 接上充电机的电源插头,打开电源开关,进行相应挡位选择(以实际需求选择适当充电方法,具体步骤:定流充电按上文所述,快速充电以充电机说明书为准)。

⑥ 若多个蓄电池串联定流充电,其电流调整的高低以额定容量最小的蓄电池为准,充电机的电压则调整为这几个蓄电池电压之和。若多个蓄电池并联定压充电,电压调整为每个并联支路的额定电压,充电电流调整的高低,要根据并联蓄电池的总容量来确定。

⑦ 充电过程中,要注意保证通风良好,避免明火,还要注意蓄电池的温度变化(能自动控温的除外)。

⑧ 充电结束,要先关闭充电机电源开关,再拆接线。

3. 充电实操练习

① 把充电机的充电电压调至 12V,充电电流调至 0,电源开关关闭。

② 拧下 6 个蓄电池电解液加注口盖,若电解液液面低于标准值,添加蒸馏水。

③ 将充电机的正负电线夹与蓄电池正负极柱相连,注意正负极不可颠倒,连接要可靠。此时充电机电压表显示蓄电池电压值。

④ 将充电机与 220V 交流电源相连,打开充电机电源开关。此时充电机电流表显示 0A,无充电电流。

⑤ 顺时针旋转充电电流挡位开关,如果需要长时间充电,电流可调小一些,如 5~6A,如果需要短时间充电,电流可调大一些,如 10A 左右。

⑥ 充电期间保持室内通风,不可有明火。

⑦ 蓄电池出现沸腾状态,充电完毕。

⑧ 拆卸充电机时一定要按安装步骤相反的顺序进行,以免发生危险。

⑨ 对充完电的蓄电池应放置半小时以上,不可直接使用。

⑩ 整理工具,收拾场地。

2.3.3 充电系统故障诊断

训练目标:此项工作完成后,练习者将熟练掌握电源系统故障诊断。
工具设备:整车,解码器,示波器
技术资料:维修手册,课本,工作单
练习过程如下:

① 驾驶人反映"车辆运行过程中,充电指示灯一直点亮"。
② 进入车辆,启动发动机,确认客户的口述,了解故障现象。
③ 查阅资料,分析故障原因。
④ 检查充电系统所有插头的连接情况,如果有松动或脱落,连接牢固。
⑤ 检查发电机驱动皮带是否磨损过度或松动。若松动,紧固皮带;若磨损过度,更换皮带。
⑥ 连接解码器,进入发动机系统的读取数据流菜单,输入通道号,看怠速时解码器显示的蓄电池电压,加大节气门开度,当发动机转速达到2000r/min时,再看蓄电池电压,是否在14V左右。
⑦ 连接示波器,打开负载,例如灯光、后窗除雾器等。在发动机转速大约在2000r/min的条件下进行测试电压波形,确定发电机以及二极管的状况。

◇ 正常波形。如图2-55所示为处于良好工作状态的发电机产生的波形,直流输出有一个小的波动,微小附加波动是由点火电路的干扰造成的。
◇ 正极二极管开路,波形如图2-56所示。

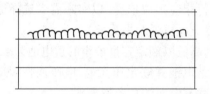

图2-55 正常波形

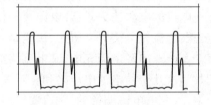

图2-56 正极二极管开路波形

◇ 负极二极管开路,波形如图2-57所示。
◇ 正极二极管短路,波形如图2-58所示。

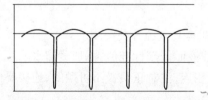

图2-57 负极二极管开路波形

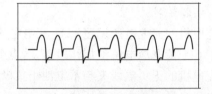

图2-58 正二极管短路波形

◇ 负极二极管短路,波形如图2-59所示。
◇ 绕组故障。如果一个绕组损坏或两个绕组相互短路,波形如图2-60所示。

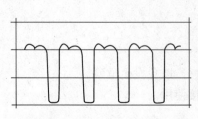

图2-59 负极二极管短路波形

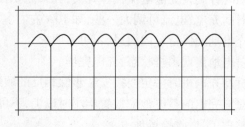

图2-60 绕组损坏波形

⑧将所测量的电压波形与以上各图进行比较,分析结果。
⑨整理工具,清洁场地。

2.3.4 发电机维护

训练目标:此项工作完成后,练习者将熟练掌握发电机的拆装与检测。
工具设备:发电机,常用工具,万用表
技术资料:维修手册,课本,工作单
练习过程如下:
①拆卸发电机后防尘盖固定螺栓,取下防尘盖。
②拆下电压调节器和电刷总成。检查电刷磨损程度,判断是否可以继续使用。
③拆卸发电机前后端盖的固定螺栓,手固定住定子铁芯,用手锤敲打前端盖,直到转子总成与定子总成脱开。
④分解转子总成与前端盖。拆下发电机皮带轮锁紧螺母,取下皮带轮和风扇叶(单独形式风扇叶),在转子总成上取下前端盖。检查轴承是否良好。用万用表检查转子线圈是否有短路和断路,写出判断转子线圈是否有短路和断路的诊断过程和步骤,得出结论。
⑤分解定子总成与整流器。拆卸三相绕组接线与整流器的固定螺母,若是焊接的,用电烙铁烫开三相绕组接线与整流器,分别取下整流器总成与定子总成。
⑥组装时按与拆卸相反的顺序进行。
⑦整理工具,清洁场地。

2.4 模块小结

1. 小结

①传统电源系统由蓄电池、发电机及调节器、充电警告灯等组成。
②普通铅蓄电池主要由极板、隔板、电解液、外壳及极柱组成。
③蓄电池的日常维护包括检查蓄电池外壳与极柱是否有裂纹和电解液泄漏;检查蓄电池本身安装是否牢固,防止震动损坏;检查极柱接线是否牢固,防止电量损失或产生火花;检查电解液密度和液面高度。
④汽车交流发电机由三相同步发电机和硅二极管整流器两大部分组成。交流发电机又由定子总成和转子总成构成。定子总成的作用是产生和输出三相交流电;转子总成的作用是产生磁场;整流器的作用是把交流发电机产生的交流电转变成直流电输出。
⑤交流发电机是由发动机带动发电的,发动机转速随车辆行驶状况不同而变化,发电机的转速也不断变化,因此导致发电机发电量的变化,影响全车用电设备。调节器可以保证发电机电压不受转速变化而变化,保持其稳定。
⑥智能电网的组成由智能型蓄电池传感器(IBS)、发动机控制模块、蓄电池、发电机、车载电网控制单元和配电器组成。车载电网控制单元主要控制外车灯、充电指示灯、负荷管理、火线端子、燃油泵的继电器、车窗玻璃刮水器、可加热的后窗玻璃、信号喇叭和内车灯等。
⑦在蓄电池正极端子上,装有安全蓄电池端子,用于紧急(剧烈撞车和燃油泄漏可能导致的爆炸)情况。在正常情况下,蓄电池导线与正极端子正常连接,当发生紧急情况时,控制单元向蓄电池端子内部的推进剂点火,产生爆炸,炸开蓄电池端子,使蓄电池导线与端子分离开,避免引起火灾与爆炸。

⑧车载电网控制单元通过对所获得的车载电网电压与所允许的车载电网电压最低值进行比较。通过蓄电池电压、DF信号(发电机负荷)以及有关接通时间较短的高电流消耗元件的信息来获得车载电压。在发动机运转时,某些情况下发动机控制单元会通过CAN总线要求提高怠速转速。如果还是无法达到所需的车载电网状态,部分用电器将被关闭。在点火开关打开和发动机关闭的情况下,根据相同的顺序关闭用电器。该系统时刻监控蓄电池的状态,负责蓄电池有足够的能量保证车辆启动。

2. 专业术语

蓄电池　发动机　极板　电解液　蓄电池额定容量　发电机定子　发动机转子　整流器　车载　智能电网

模块三　车载网络系统

学习目标

1. 了解车载网络的发展及应用背景,掌握车载网络的基础知识;
2. 熟悉 CAN 总线、LIN 总线和 MOST 总线以及蓝牙系统的特点及应用;
3. 能够进行 CAN 总线、LIN 总线和 MOST 总线的检测与简单维修工作。

学习重点

1. 车载网络的基础知识;
2. CAN 总线、LIN 总线和 MOST 总线的特点及应用;
3. CAN 总线、LIN 总线和 MOST 总线的检测。

学习难点

1. CAN 总线、LIN 总线和 MOST 总线的特点及应用;
2. CAN 总线、LIN 总线和 MOST 总线的检测。

3.1　概述

随着电子技术在汽车上的不断普及,汽车维修技术已从传统的机械维修转变为现代电子诊断技术与机械维修相结合的修理方式。对于汽车维修技术人员来说,若想掌握现代汽车的维修技术,其关键是必须掌握车载网络的维修技能。

3.1.1　车载网络发展简介

汽车电子技术发展迅速,现代汽车上使用了大量的电子控制装置,许多中高档汽车上采用了十几个甚至几十个电控单元(见图 3-1)。如果每一个电控系统都独立配置一整套相应的传感器、执行器,势必造成导线、插接件的数量不断增多,使得在有限的汽车空间内布线越来越困难,既增加了汽车的装配难度,又限制了功能的扩展;而线束和插接件的增加也使得汽车维修人员对故障车辆进行诊断和维修的难度加大;同时导线数量的增多会导致油耗增加,影响燃油经济性。

图 3-1　奥迪 A6 的电控单元分布

为了简化线路,提高各电控单元之间的通信速度,降低故障频率,以往用于工业控制的计算机通信的高速通信总线技术被应用到汽车上,车载网络传输系统由此而生,如图 3-2 所示。

车载网络成为汽车电子领域的热点技术。

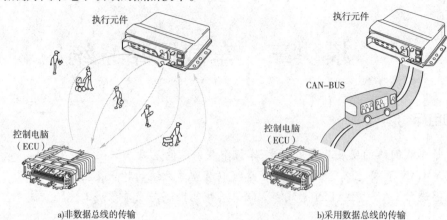

图 3-2 单线制与总线制的区别

1. 车载网络的应用背景

(1) 汽车传统线路的弊端

①电气设备的增加会使整个汽车的布线十分复杂，显得凌乱，一根线束包裹着几十根导线的现象很普遍。

②传统线路占用空间较大，使得在有限的汽车空间内布线越来越困难，限制了功能的扩展。

③增加的复杂电路也降低了汽车的可靠性，另外，一般情况下线束都装在车身纵梁下等看不到的地方，一旦线束中出了问题，查找相当麻烦，增加了维修的难度。

④新增的电控单元并不是仅仅与负载设备简单地连接，更多的是与外围设备及其他电控单元进行网络信息交流，并经过复杂的运算，发出控制指令。如果按传统的连接方式，线束成本较高。

(2) 车载网络的优势

鉴于传统线路的弊端，汽车制造商和相关研发机构开始考虑设计传感器信息和执行器资源共享的控制系统。他们重新设计和组织控制单元，使控制单元的功能更加集成化。例如：发动机集成管理系统可以包括喷油控制、点火控制、怠速控制、尾气排放控制、进气增压控制、冷却管理和故障自诊断等功能；车辆电子稳定性控制系统更是集合了防抱死制动、防滑驱动控制、电控悬架、动力转向等诸多功能。现有主流汽车电气系统已成为一个复杂的系统，并且都集中在驾驶室控制，激化了汽车新技术的发展应用与汽车线束根数及线径急剧增加的矛盾。为解决以上问题，现代汽车普遍采用车载网络（也称数据传输总线），使汽车性能得到了极大的提升。

2. 车载网络的数据传输总线

所谓数据传输总线，就是指在一条数据线上传递的信号可以被多个系统共享，从而最大限度地提高系统整体效率，充分利用有限的资源。例如：常见的电脑键盘有 104 个按键，可以发出 100 多个不同的指令，但键盘与主机之间的数据连接线却只有 7 根，键盘正是依靠这 7 根数据连接线上不同的数字电压信号组合（编码信号）来传递键盘信息的。如果把这种方式应用在汽车电气系统上，就可以大大简化汽车电路，通过不同的编码信号来表示不同的开关动作。这种信号被解码后，执行器根据指令接通或断开对应的用电设备。这样就能将过去一线一用的专线制改为一线多用制,以减少汽车上电线使用的数目,从而缩小线束的直径,在一定程度上也加速了汽车智能化的发展。自动变速器与ECU的连接,如图3-3所示。

(1)总线传输的需求

采用总线的系统上并联有多个系统元件,要求整个系统满足以下要求:

①可靠性高。传输故障(无论是由内部还是外部引起的)应能准确识别出来。

②使用方便。如果某一控制单元出现故障,其余系统应尽可能保持原有功能,以便进行信息交换。

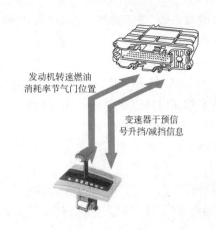

图3-3 传统信号传递方式

③数据密度大。所有控制单元在任一瞬时的信息状态均相同,这样两控制单元之间不会有数据偏差。如果系统某一处有故障,那么总线上所有连接的元件都会收到通知。

(2)总线传输的优点

采用总线传输(多路传输)的优点如下:

①简化线束。线束的简化,可以减少质量,降低成本,减少线束尺寸,减少连接器的数量。例如:同一款车同等配置下,可以看出采用车载网络可以大大简化汽车线束(见图3-4)。

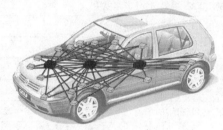

a)未采用总线技术　　　　　　　　　b)采用总线技术

图3-4 采用总线技术的大众高尔夫汽车线路比较

②可以进行设备之间的通信,丰富了功能。

③通过信息共享减少传感器信号的重复数量。

3. 车载网络的发展

(1)车载网络的发展历程

在1968年,美国的艾塞库斯提出了利用单线多路传输信号的构想。

从1980年起,汽车内开始试验装用车载网络。

在1983年,丰田公司在其生产的世纪牌汽车上采用了应用光缆的车门控制系统。

从1986年起,各大汽车厂商开始在车身系统上装用了铜线传输媒介的网络,例如:日产和通用公司在汽车控制系统中的应用。

20世纪80年代末,博世公司和英特尔公司研制了专门用于汽车电气系统的总线——控制器局域网(Controller Area Network)规范,简称CAN。随后美国汽车工程师学会(SAE)提出了J1850通信协议规范。

20世纪90年代,由于集成电路技术和电子器件制造技术的迅速发展,用廉价的单片机作为总线的接口端,采用总线技术布线的价格也逐渐进入了实用化阶段。

随着汽车电子技术的发展,欧洲提出了控制系统的新协议 TTP(Time Triggered Protocol)。随着汽车信息系统对网络传输信息量的要求不断提高,先后提出了 DDB 协议和 MOST 协议。

2000 年后,随着车载网络的进一步细分,用于低端设备的 LIN 网络产生。目前,多路总线传输技术在国内外已成功地运用到世界上几乎所有的品牌汽车上。

(2)车载电控系统的变迁

车载电控系统经历了中央电脑集中控制、多电脑分散控制和网络控制三个阶段,如图 3-5 所示。

部分汽车大生产厂家和配件公司还对汽车多路总线传输制定了标准,各大公司还在不断推出新的总线形式及相关标准,具体如表 3-1 所示。几种网络的成本比例及通信速度如图 3-6 所示。

主要车载网络的基本情况　　　　　　　　　　　　　　表 3-1

车载网络的名称	概　要	通信速度
CAN(Controller Area Network)	车身/动力传动系统控制用 LAN 协议,应用广泛,有可能成为世界标准	1Mbps
VAN(Vehicle Area Network)	车身系统控制用 LAN 协议,以法国为中心	1Mbps
J850	车身系统控制用 LAN 协议,以美国为中心	41.6kbps
LIN(Local Interconnect Network)	车身系统控制用 LAN 协议,低端子系统专用	20kbps
TTP/C(Time Triggered Protocolby CAN)	按用途分类的控制用 LAN 协议,时分多路复用	25Mbps
TTCAN(Time Triggered CAN)	按用途分类的控制用 LAN 协议,时间同步的 CAN	1Mbps
Byteflight	按用途分类的控制用 LAN 协议,通用时分多路复用	10Mbps
FlexRay	按用途分类的控制用 LAN 协议	5Mbps
DDB(Domestic DigitalBus)/Optical	音频系统通信协议,将 DDB 作为音频系统总线采用光通信	5.6Mbps
MOST(Media Oriented System Transport)	信息系统通信协议,以欧洲为中心	22.5Mbps
IEEE1394	信息系统通信协议	100Mbps

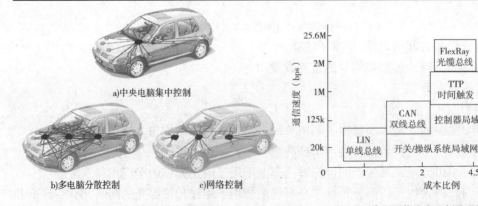

图 3-5　车载电控系统的发展　　　　　　图 3-6　常用网络成本比例及通信速率

3.1.2　车载网络常用术语

1. 多路传输

多路传输是指在一条通道或线路上同时传输多条信息(见图 3-7)。事实上,数据信息是依次传输的,但速度非常快,似乎就是同时传输的。对人来说,0.1 秒非常快,对运算速度较快的计算机来说,0.1秒是很慢的。如果将0.1秒分成若干段,许多单个的数据都能被传输。每一段时间传输一个数据,这就叫做分时多路传输。汽车上用的是单线或双线分时多路传输系统。

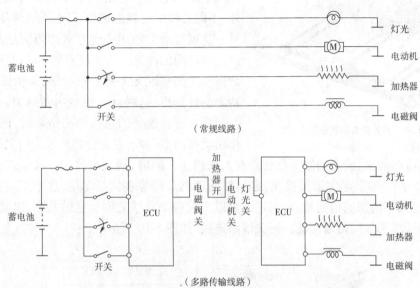

图3-7 常规电路与多路传输对比

2. 局域网

在一个有限区域内连接的计算机网络,简称局域网(见图3-8)。一般情况下,这个区域具有特定的功能,通过该网络实现对系统内的资源共享和信息通信。连接到网络上的节点可以是计算机或基于微处理器的应用系统或控制装置。局域网一般的数据传输速度在105kbps范围内,传输距离在250m范围内,误码率低。汽车上的总线传输系统(车载网络)是一种局域网结构。

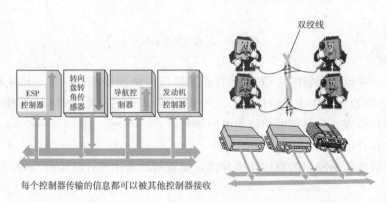

图3-8 汽车总线传输(局域网)

3. 数据总线

数据总线是指模块间运行数据的通道,即所谓的信息高速公路,如图3-9所示。如果模块可以发送和接收数据,则这样的数据总线就称为双向数据总线。汽车上的信息高速公路实际上就是一条或两条导线。为了抗电子干扰,双线制数据总线的两条线是绞在一起的。各汽车制造商一直在设计各自的数据总线,如果不兼容,就称为专用数据总线。

57

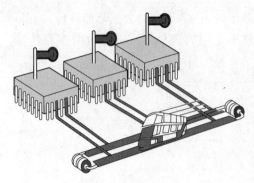

图3-9 高速传输的数据总线

4. 网关

汽车上往往不只使用一种总线和网络,因不同总线电压和电阻的配置不同,所以不可直接连接;另外,不同总线的传输速率也不同,无法使用相同的信号。这就要求必须用一种方法达到信息共享,而不产生协议间的冲突。为了使采用不同协议及速度的数据总线间实现无差错数据传输,需借助一种特殊功能的计算机,这种计算机就叫做网关。对不兼容但却需要互相通信的总线和网络来说,网关所起的作用就和门卫一样,在他让客人进大门之前,需询问客人是否是应邀前来,或者通知某位住户有人来访了。同时,网关也像一个火车站,两条不同运行路线的列车,如果乘客需要换车,必须使两辆列车停靠在同一车站,这个车站就是网关。总之,网关是汽车内部通信的核心,通过它可以实现各条总线之间信息的共享,以及实现汽车内部的网络管理和故障诊断功能。网关线路连接,如图3-10所示。

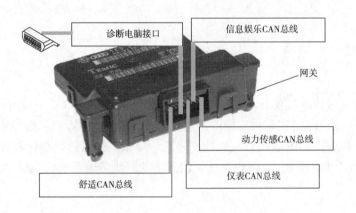

图3-10 车载数据网的网关

5. 模块/节点

模块是对一种电子装置的称谓,在计算机多路传输系统中的控制单元模块称为节点。一般来说,普通传感器不能作为多路传输系统的节点,如果传感器要想成为一个模块/节点,则该传感器必须是具备支持多路传输功能的电控单元。

6. 局域网拓扑结构

所谓拓扑结构就是网络的物理连接方式。局域网的常用拓扑结构有三种:星型、环型及总线型。

(1)星型网络拓扑结构

星型网络即以一台称之为中央处理器的电控单元为主组成的网络,各入网计算机均与该中央处理器直接相连。因此,所有的网上传输信息均需通过该主机转发,其结构如图3-11所示。

(2)环型网络拓扑结构

环形网络通过转发器将每台计算机串联成环形接入网络,如图3-12所示。这种网络的缺点是一台计算机损坏,所有数据均无法传递。

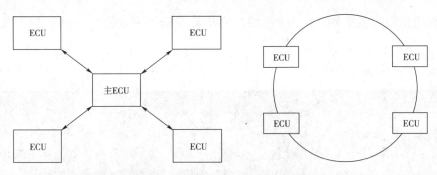

图3-11　星型网络拓扑结构　　　　图3-12　环型网络拓扑结构

（3）总线型网络拓扑结构

总线型网络是把所有入网计算机通过分接头接到一条数据传输线上，如图3-13所示。其特点是数据利用率高，因此，目前车辆均采用这种连接方式。

7. 链路（传输媒体）

链路是指网络信息传输的媒体，分为有线和无线两种类型，目前车上使用的大多数都是有线网络，通常用于局域网的传输媒体有双绞线、光纤和同轴电缆等。

（1）双绞线

双绞线是局域网中最普通的传输媒体（见图3-14），一般用于低速传输，最大传输速率可达1Mbps；双绞线成本较低，传输距离较近，非常适合汽车网络的情况，也是汽车网络使用最多的传输媒体。

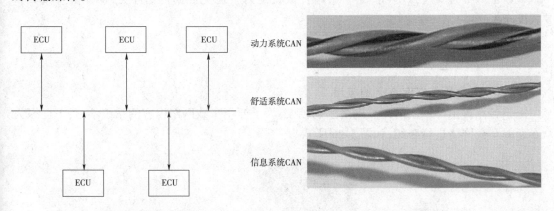

图3-13　总线型形网络拓扑结构　　　　图3-14　双绞线

（2）光纤

光纤在电磁兼容性等方面有独特的优点，其数据传输速度高、传输距离远。在车载网络上，特别在一些要求传输速度高的车载网络（如车上信息与多媒体网络）上，光纤有很好的应用前景。但受到成本和技术的限制，现在使用得并不多。最常用的光纤是塑料光纤和玻璃纤维光纤，在汽车上多用塑料光纤，如图3-15所示。

与玻璃纤维光缆相比，塑料光缆具有以下优点：

①光纤横断面较大。因为光纤横断面较大，所以生产时光纤的定位没有太大的技术问题。

②对灰尘不是很敏感。即使非常小心，灰尘也可能落到光纤表面上并由此改变光束的入射/发射功率。对于塑料光纤，微小的污物不一定会导致传输故障。

8. 数据帧

为了可靠地传输数据，通常将原始数据分割成一定长度的数据单元，该数据单元即称为数据帧。一帧数据内应包括同步信号（起始与终止）、错误控制、流量控制、控制信息、数据信息等。

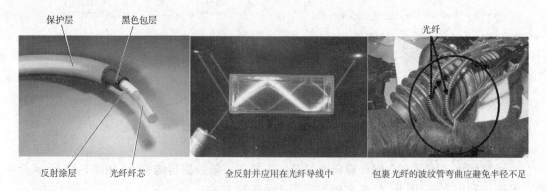

图 3-15　光纤结构

9. 传输协议

传输协议也称为通信协议，是控制通信实体间有效完成信息交换的一组约定和规则。换句话说，要想交流成功，通信双方必须"说同样的语言"。

10. 传输仲裁

当出现数个使用者同时申请利用总线发送信息时，会发生数据传输的冲突，好比同时有两个或者多个人都想要过独木桥一样。传输仲裁就是为了避免数据传输冲突，保证信息按其重要程度来发送。

3.2　车载网络的应用与分类

3.2.1　车载网络在汽车上的应用

由于各汽车生产厂家的车载网络区别较大，为了便于车载网络内容的系统学习，下面以大众车型的车载网络进行介绍，如图 3-16 所示。

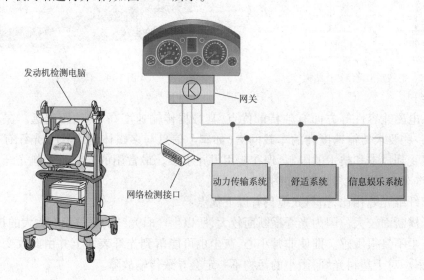

图 3-16　大众车型车载网络

1. 主流车型的总线技术

国际上众多知名汽车公司早在 20 世纪 80 年代就积极致力于汽车网络技术的研究及应用,由于总线传输技术发展较快,尚未制定出规范的国际标准,各生产厂家的总线协议标准多种多样,比较主流的 CAN、LIN、MOST 等网络传输协议,现已成为主流车型网络传输的关键技术。车载网络按其应用范围,可分为动力传输系统、舒适系统、信息娱乐系统。

(1) CAN 总线

CAN 总线具有实用性强、传输距离较远、抗电磁干扰能力强等优点,在汽车动力传输系统和舒适系统中获得广泛应用,CAN 的传输速率可达到 1Mbps。

随着汽车电器设备和电子控制系统装备的不断扩充,CAN 总线已不能满足厂家基于成本和技术等方面的要求,因此,车载网络得到了进一步细分。出现了面向低端系统的传输网络(如 LIN 总线)和面向媒体信息传输的网络标准(如 MOST 总线)等其他传输协议。

(2) LIN 总线

LIN 是一种将开关、显示器、传感器及执行器等简单控制设备连接起来的串行通信网络,主要用于实现汽车中的数据吞吐量少的低端分布式电子系统控制。LIN 总线为现有汽车网络(如 CAN 总线)提供辅助功能。

(3) MOST 总线

MOST 总线是采用塑料光缆的网络协议,数据传输速率达到 24.8Mbps。MOST 网络将音响装置、电视、全球定位系统及电话等设备相互连接起来,给用户带来了极大的便利。

从以上内容可以看出,车载网络正在被广泛地应用到汽车中,车载网络系统出现故障可以导致汽车电控单元不能相互通信,从而引发故障。汽车车载网络系统故障有其自身的特点,网络线路隐藏在汽车的隐蔽位置,线路不易损坏,一旦系统工作不良就得借助诊断仪进行诊断,给故障排除带来了不便。

2. 动力传输系统

在动力传输系统内,利用网络将发动机舱内设置的模块连接起来,再将汽车操控的主要因素如加速、停止与转向这些功能用网络连接起来集中控制时,就需要借助高速网络。

动力 CAN 数据总线一般连接发动机、自动变速器电脑(动力 CAN 数据总线也可以连接安全气囊、四轮驱动与组合仪表等电脑)及 ABS 等,如图 3-17 所示。数据总线以 500kbps 速率传

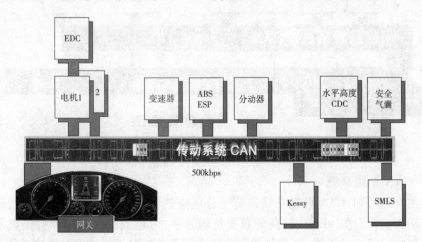

图 3-17 动力总线在汽车上的应用

递数据,其顺序为 ABS 电控单元、发动机电控单元、自动变速器电控单元等。

在动力传输系统中,数据传递应尽可能快速,以便及时利用数据。所以需要一个高性能的发送器,例如:高速发送器会加快点火系统间的数据传递,这样使接收到的数据立即应用到下一个点火脉冲中去。CAN 数据总线连接点通常置于控制单元外部的线束中,在特殊情况下,连接点也可能设在发动机电控单元内部。

3. 舒适系统

与动力传输系统相比,汽车上各处都配置有车身伺服系统的部件。连接这些伺服系统的线束较长,容易受到干扰,因此,应尽量降低通信速度。由于舒适系统中的数据可以用较低的速率传递,所以其发送器性能比动力传动系统的性能低,如图 3-18 所示。

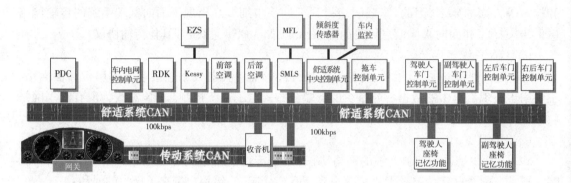

图 3-18 舒适总线在汽车上的应用

4. 信息娱乐系统

对信息娱乐系统通信总线的要求是容量大、通信速度非常高,它一般连接 CD 机、收音机、导航系统、车载电话、刮水器等系统,如图 3-19 所示。

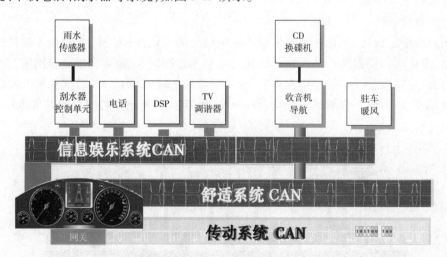

图 3-19 信息娱乐总线在汽车上的应用

3.2.2 CAN 总线系统

由前面的介绍可知,CAN 数据总线具有十分优越的特点:低成本,极高的总线利用率,较远的数据传输距离(可达 10km),较高的数据传输速率,可靠的错误处理和检错机制,发送的信息遭到破坏之后可自动重发,各控制单元在错误严重的情况下能够自动退出总线系统,存储故障码。

CAN 总线最常用的物理介质是双绞线,信号使用差分电压传送,两条信号线被称为 CAN-H 和 CAN-L,即 CAN 的高位数据线和低位数据线。静态时,两线电压均约为 2.5V,此时状态表示为逻辑"1",也叫做"隐性"位;工作时,CAN-H 比 CAN-L 高,表示逻辑"0",称为"显性"位。不管信息量的大小,系统内所有的信息都通过这两条数据线传输。

1. CAN 总线系统的结构

CAN 数据总线系统由控制器、收发器、两个数据传输终端和两条数据传输线组成,如图 3-20 所示。

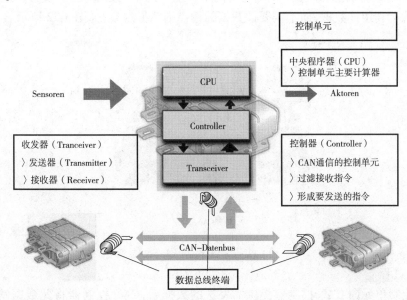

图 3-20　CAN 数据总线组成

(1)控制单元

控制单元即网络的一个节点。控制单元接收来自传感器的信号,将其处理后再控制执行元件动作,同时该控制单元还根据需要将传感器信息通过 CAN 总线发送给其他控制单元。控制单元主要构件有 CPU、CAN 控制器和 CAN 收发器,另外带有输入/输出存储器和程序存储器等。

(2)控制器和收发器

每一个 CAN 节点上都接有一个控制单元,每一控制单元中均设有一个 CAN 控制器和一个 CAN 收发器。产生数据单元被称为数据发送器,此单元保持作为数据发送器直到总线产生出现空闲。如果有一个单元不作为数据的发送器并且总线也不空闲,这一单元就称为数据接收器。CAN 控制器主要用来接收微处理器传来的信息,对这些信息进行处理并传给 CAN 收发器,同时 CAN 控制器也接收由 CAN 收发器传来的数据,对这些数据进行处理,并传给控制单元中的微处理器。

(3)数据传输总线

汽车上 CAN 数据传输线普遍采用双绞线,分为 CAN 高位数据线和低位数据线。数据使用差分电压传送,差分的电压使 CAN 数据总线系统即使在一条数据线断开或者在噪声极大的环境中也能正常工作。车辆在使用过程中,电火花、电磁线圈开关、移动电话等发出的电磁波都会影响或破坏 CAN 的数据传送。为了防止数据在传送时受到干扰,两条数据传输线缠绕在一起,如图3-21所示。这样也可以防止数据线所产生的辐射噪声。这两条线的电位相反,如果一根数据线上的电压约为0V,那么,另一根线上的电压就约为5V,这样,两根线的总电压保持为一个常数,而且所产生的电磁效应也会因极性相反而相互抵消。

图3-21 控制单元与数据总线连接

2. CAN总线的传输原理

数据总线中的数据传递就像一个电话会议,一个电话用户(控制单元)将信息发送到网络中,其他用户通过网络"接听"这个数据,对这个数据感兴趣的用户就会利用该数据,而不需要此数据的用户则选择忽略,如图3-22所示。

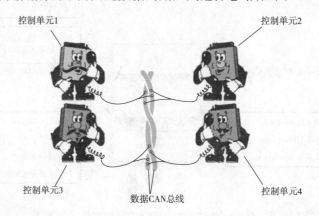

图3-22 CAN总线的电话会议

(1)发送过程

当某一控制单元向CAN控制器提供需发送的数据后,CAN控制器将此数据发送给CAN收发器,CAN收发器接收CAN控制器传来的数据,并将其转化为电信号,通过数据传输线发出。此时,CAN数据总线系统中其他控制单元转化为接收器接收此信号,并检查判断所接收的信号是否为所需要的信号。如果接收的数据重要,它将被接受并进行处理,否则该数据将被忽略。

(2)接收过程

信息是通过接收线(Rx)到达数据传输总线构件各自的接收区。接收器接收发动机的所有信息,并且在相应的监控层检查这些信息是否正确。这样就可以识别出在某种情况下某一控制单元上出现的局部故障。所有连接的装置都接收此控制单元发送的信息,通过监控层来确定是否有传递错误。若有错误或不需要该信息,该信息就被拒收;若需要该信息,该信息被接受处理。

(3)传输仲裁

如果多个控制单元同时发送信息,那么数据总线上就必然会发生数据冲突,为了避免发生这种情况,数据传输总线的每个控制单元在发送信息时通过发送标识符来识别,用标识符中位于前部的"0"的个数代表信息的重要程度。每个发射器将传送线(Tx)和接收线(Rx)的状态逐位进行比较,所有的控制单元都通过各自的接收线来监控总线并获知总线的状态,保证按重要程度的顺序来发送信息。

3. CAN总线的应用实例

本文以大众速腾汽车为例,在该车型上安装的CAN总线网络控制包含4个子系统,包括动力系统CAN总线、舒适系统CAN总线、信息娱乐系统CAN总线、仪表及诊断CAN总线,如

图 3-23 所示。

网关与各总线均相连,控制各 CAN 总线之间的信息交换。当舒适和信息娱乐总线处于空闲状态时,控制单元发送出睡眠命令。当网关监控到所有总线都有睡眠的要求时,也进入睡眠模式。此时总线电压:低位线 12V,高位线 0V。如果动力总线仍处于信息传递过程中,舒适和娱乐信息总线是不允许进入睡眠状态的;当舒适总线处于信息传递的过程中,娱乐和信息总线也不允许进入睡眠模式;当某一个信息激活相应的总线后,控制单元会激活其他的总线系统。

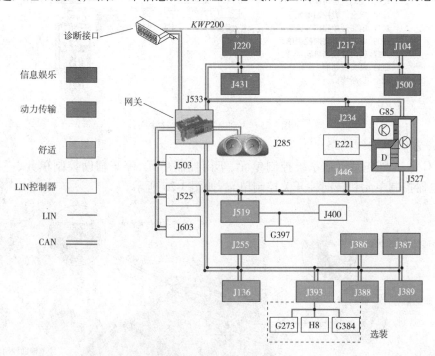

图 3-23 大众速腾总线结构

(1) 动力 CAN 总线网络

动力 CAN 总线系统包括发动机控制单元、ABS 控制单元、变速器控制单元、转向柱控制单元、安全气囊控制单元和前照灯调节控制单元,如图 3-24 所示。

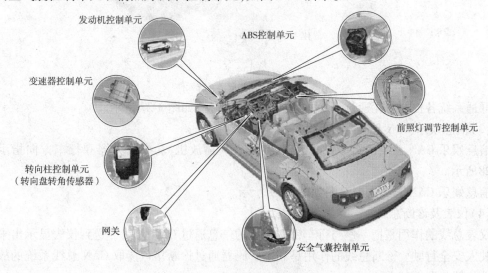

图 3-24 大众速腾动力系统元件

各控制单元通过CAN总线连接起来,并与网关相连,所有信息都通过CAN总线传递,如图3-25所示。

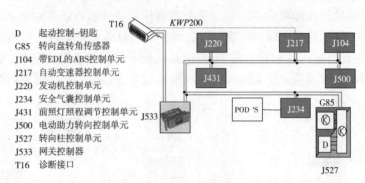

图3-25 大众速腾动力总线结构

(2)舒适CAN总线网络

舒适CAN总线包括舒适系统控制单元、车门控制单元、停车辅助控制单元、空调控制单元、中央电器控制单元和转向柱开关控制单元,如图3-26所示。

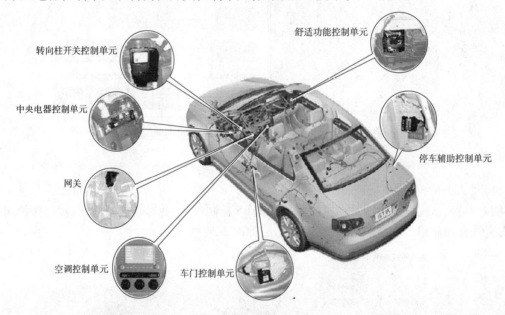

图3-26 大众速腾舒适系统元件

舒适系统各控制单元通过CAN总线也与网关连接,如图3-27所示。

(3)信息娱乐CAN总线

信息娱乐CAN总线包括车载电话、收音机、CD播放机、功率放大器和行车方向指示,如图3-28所示。

信息娱乐CAN总线的电路图如图3-29所示。

(4)仪表及诊断总线

仪表总线的作用是把一些与行车密切相关的信息通过CAN总线传送到仪表显示出来,辅助驾驶人安全行驶。诊断总线的作用是利用解码器通过诊断接口读取CAN总线系统的故障。各元件位置如图3-30所示。

D	起动控制-钥匙
E221	多功能转向盘（MFL）
G273	内部监控传感器
G384	车辆倾斜传感器
G397	雨滴+光强传感器
H8	报警喇叭
J136	座椅位置记忆控制单元
J255	空调控制单元
J386、J387、J388、J389	车门控制单元
J393	舒适系统控制单元
J400	刮水器电机控制单元
J446	停车辅助控制单元
J519	中央电器系统控制单元
J527	转向柱开关控制单元
J533	网关

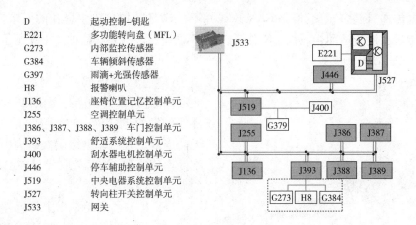

图 3-27 大众速腾舒适总线结构

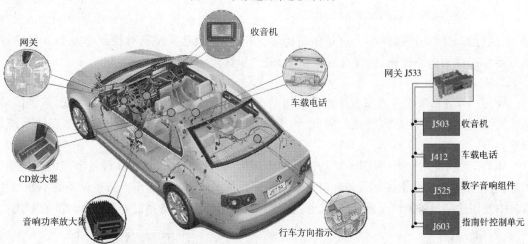

图 3-28 大众速腾信息娱乐系统元件　　图 3-29 大众速腾信息娱乐总线结构

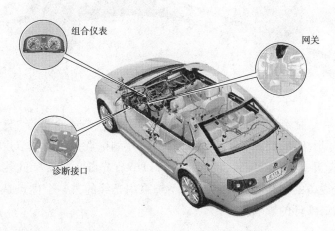

图 3-30 大众速腾仪表及诊断系统元件

仪表及诊断总线的电路图如图 3-31 所示。

3.2.3 其他总线网络系统

随着人们对车辆舒适性和操控性要求的提高，车上使用的电子部件越来越多，各控制单元之间的数据传递日趋多元化,但是 CAN 总线并不能满足数据传输多样化的要求。因此,一些新型网络传输系统应运而生,如:LIN 总线、MOST 总线、蓝牙系统等,如图 1-6 所示。

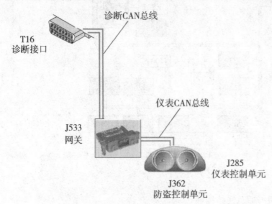

图 3-31 大众速腾仪表及诊断总线结构

1. LIN 总线

LIN 总线即局域互连网络,它是一个汽车底层网络协议,其功能是提供出一个价格低廉、性能可靠的低速网。LIN 总线是单线式总线,无需屏蔽。在汽车网络层次结构中作为低端网络的通用协议,并逐渐取代目前其他各种各样的低端总线系统。

LIN 典型的应用是车上传感器和执行器的连网。随着 CAN 的应用,现代汽车电子系统实现了多路传输,尽管 CAN 系统的电控单元间的连接已经最优化了,但一个电控单元和它的传感器、执行器之间的连接并不一定是多路传输,LIN 的使用几乎使所有控制单元和其传感器、执行器都实现了多路传输,构建起二级网络,进一步优化了车辆线束。

2. MOST 总线

MOST 网络非常适应汽车媒体设备应用的需要,而且其具有性能可靠、成本低、系统简单、结构灵活、数据兼容性好等特点。因此,汽车行业已经把 MOST 技术作为车载多媒体系统的标准。

MOST 系统使用光纤(见图 3-32),这种结构可为将来随时加入新媒体设备节点的结构奠定了基础,特别适合于车上媒体设备和信息设备的声控技术应用。随着车上信息设备的不断增加,驾驶中使用这些设备的情况越来越多,通过声控系统访问这些设备是最安全和最经济的方式。

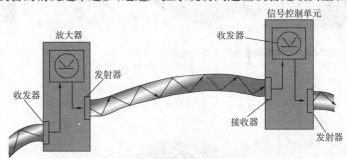

图 3-32 光纤内的光波信号传送

MOST 系统利用一根光纤,一个局域网上,最多可以连接 64 个节点(装置)。从拓扑方式来看,基本为一个环形拓扑,如图 3-33 所示。这种拓扑的优点是在增加节点时,不需要手柄及开关,而且光纤没有集中在某特定装置的附近,可以节省光纤。从实际的装车情况来看,光纤正对着连接各电子设备的网络。此外,MOST 系统采用光纤的另一个优点是:光纤网络不会受到电磁辐射干扰与搭铁环的影响。

3. 蓝牙系统

蓝牙技术是一种无线数据与语音通信的开放性标准,它以近距离无线连接为基础,为固定与移动设备通信环境建立一个特别连接,其最大有效传输距离为 10m。蓝牙技术在汽车上的应用如下:

①当汽车进入服务站时,它的蓝牙站和服务站主计算机建立连接,它和汽车计算机通过蜂窝电话系统交换信息。

②服务站主计算机提醒服务人员分配任务,同时他的 PC 和汽车建立连接,并下载一些需要的信息。

③服务人员在其 PC 上获得必要的工作指示,当为汽车服务时,他可通过 PC 控制和调节一些功能,如车灯、车窗、空气、发动机参数等,也可为任何电子控制单元下载最新版本的软件。在奥迪车型上使用的蓝牙技术(见图3-34),就是将该车的电话和控制单元通过蓝牙技术进行无线联系的。

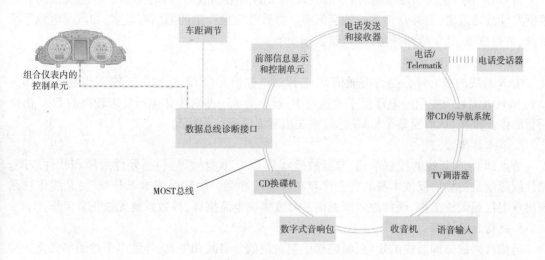

图 3-33 MOST 网络在汽车上的应用

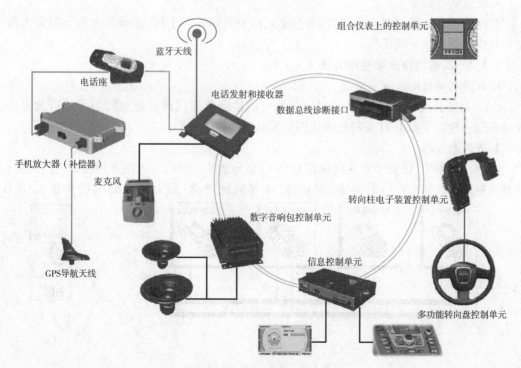

图 3-34 奥迪车型车载网络中的蓝牙系统

车载蓝牙系统的短距离无线电收发器(发射器和接收器)直接安装在所选用的移动装置内或集成在适配器(如 PC 卡、USB 等)内。蓝牙系统使用 2.45GHz 的波段来进行无线通信,该波段在全世界范围内都是免费的。由于该频率的波长非常短,因此可将天线、控制装置和编码器、整个发送和接收系统等装置集成到蓝牙模块上。

3.3 车载网络系统的检修

3.3.1 车载网络故障类型

当 CAN 总线系统出现故障时,一般表现出来的为个别故障,有时车辆上的总线系统会呈现群发性故障现象,有时众多系统均会瘫痪。导致此现象产生的原因有很多,如汽车电源系统故障、节点故障、通信线路故障、发送错误指令等。

1. 汽车电源系统故障

CAN 总线的核心部分是含有通信 IC 芯片的电控单元(ECU),ECU 正常工作电压是 10～15V,如果电源系统提供的电压低于该值范围,就会造成一些对工作电压要求较高的 ECU 出现短暂的停止工作,从而使整个 CAN 总线系统出现无法通信的状况。

2. 节点故障

节点即 CAN 系统的控制单元,节点故障就是 ECU 本身故障,包括硬件故障和软件故障。软件故障就是传输协议或本身软件程序存在缺陷或冲突。如软件版本未升级,使总线传输系统出现混乱而无法工作;硬件故障即通信芯片或集成电路损坏,导致系统无法正常工作。

3. 通信线路故障

通信线路故障即总线的短路、断路等引起通信信号衰减和失真,导致多个控制单元无法接受准确信号而不工作或错误工作,引起系统混乱或瘫痪。

4. 发送错误指令

在网络覆盖的控制单元内,某些电控单元由于受到外界干扰,错误地向执行器发出指令,使一些执行器无法正确工作。

3.3.2 车载网络故障检测方法

1. 故障代码检测

CAN 系统具有自诊断功能,通过解码器可以检测故障代码并据故障提示进行故障排除,大众车型一般以字母 U 打头的故障代码为车载网路故障代码。

2. 万用表检测

在同一网络中,任意节点之间同位 CAN 线是导通的,因此,可以用万用表蜂鸣挡测量 CAN 线是否断路(见图 3-35):若导通,则正常,不导通则断路;用万用表蜂鸣挡测量 CAN-H 和

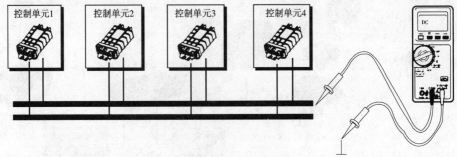

图 3-35　用万用表检测 CAN 总线

CAN-L 分别与搭铁和蓄电池正极,若导通,则有短路,不导通则正常;用万用表合适的电阻挡测量 CAN-H 和 CAN-L 之间的电阻,应有一个规定阻值,阻值大小根据车型而定。

3. 波形检测

CAN 总线的故障可用示波器通过波形分析确定故障点,例如对奥迪 A6 发动机的检测。

(1)状态正常时的标准波形

①发动机处于低转速时的 CAN 波形(图 3-36)。

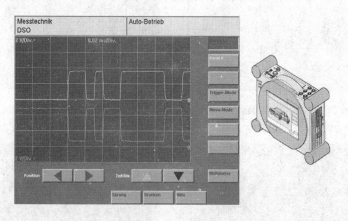

图 3-36　发动机处于低转速时的 CAN 标准波形

②发动机处于高转速时的 CAN 波形(图 3-37)。

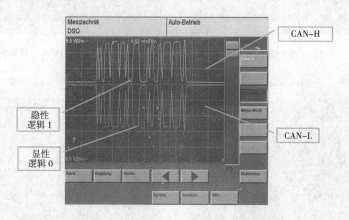

图 3-37　发动机处于高转速时的 CAN 波形

(2)出现故障时的波形

①CAN-L 对正极短路的波形(见图 3-38);②CAN-L 搭铁短路的波形(见图 3-39);③CAN-H 搭铁短路的波形(见图 3-40);④CAN-H 对正极短路(见图 3-41);⑤CAN-L 断路的波形(见图 3-42)。

4. 网络导线与光纤的维修

在车辆检修中,对于 CAN 双绞线和 MOST 光纤的维修有别于传统线路,必须依据其传输原理,按照维修规范操作,否则会形成人为故障,破坏总线的传输性能。

(1)CAN 线束的维修

由前面的介绍可知,CAN 总线的数据导线使用的是没有屏蔽层的双绞线,其线径和绞距都有严格的规定。例如:大众车型的 CAN 总线双绞线为 $\phi 0.35 \sim 0.50$mm,绞距为 20mm。

在接续破损或折断的双绞线时,双绞线不能平行连接,绞距不得大于50mm,相邻两处接续点的距离不能小于100mm,如图3-43所示。

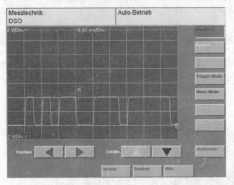

图3-38 CAN-L对正极短路的波形　　　　图3-39 CAN-L搭铁短路的波形

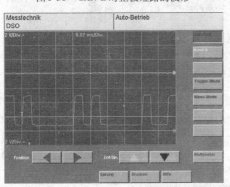
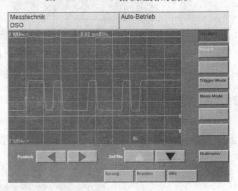

图3-40 CAN-H搭铁短路的波形　　　　图3-41 CAN-H对正极短路

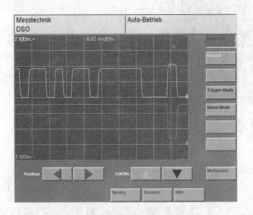
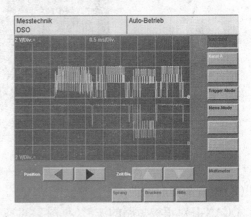

图3-42 CAN-L断路的波形

(2)光纤的维护

光纤是利用光信号在其内部全反射实现传输功能的(见图3-44),因此,光纤在安装时曲率过大、外壳破损、端面污损、接头角度不正等原因均会导致信号衰减过大或传输失败。

在安装固定光纤时,要注意光纤的波纹管弯曲应避免半径不足,当该弯曲半径在20~10mm会影响传输功能;当弯曲半径小于5mm时,光纤将被损坏。因此,该最小弯曲半径应在25mm以上,如图3-45所示。

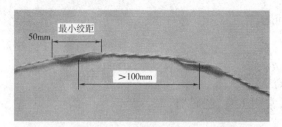

图 3-43　双绞线接续要求

a)全反射并应用在光纤导线中　b)从光纤中透出光线造成光的损失

图 3-44　光纤传输原理

图 3-45　光纤波纹管的安置

3.4　汽车网络实训

3.4.1　CAN 总线检测

培训目标：此项工作完成后，练习者将熟知 CAN 总线的检测方法。

工具设备：带 CAN 总线的车辆，万用表，常用工具，解码器。

技术资料：维修手册，教材。

练习过程：

（1）回答下列问题：

①从以下选项中选择 CAN 通信线中噪声的产生原因。

　　A. 运行了刮水器

　　B. 电压的突然改变

　　C. 强烈的外界无线电电波

　　D. 运行了起动机

②就所检测的汽车而言哪些系统是受 CAN 控制的？

③写出线束维修的两个要点。

（2）断开蓄电池电线的负极，测量 DDL2 接头的 CAN-H 和 CAN-L 之间的电阻是否正常？

①如果正常，可以判断以下线路图 3-46 中的哪些电线是正常的？

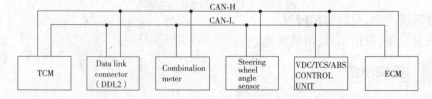

图 3-46　CAN 总线拓扑

②如果异常，下一步应做什么？

（3）连接解码器，进入 CAN 系统。利用解码器打印每个系统的自诊断结果以及数据监控的结果，将它们粘贴在系统检查单上，将不正常的检查结果画上记号。

(4)分析故障产生原因,查阅资料解决问题。

(5)恢复设备,收拾工具,清洁场地。

3.4.2 CAN 总线故障诊断

培训目标:熟知 CAN 总线故障的诊断方法。

工具设备:带 CAN 总线的车辆,万用表,常用工具,解码器。

技术资料:维修手册,教材。

练习过程:

(1)客户反馈"车辆行驶过程中,转速表指示突然降到 0,然后挡位指示灯熄灭"。

(2)试驾车辆,确认客户的口述,了解故障现象。

(3)查阅资料,分析故障原因,见图 3-47。

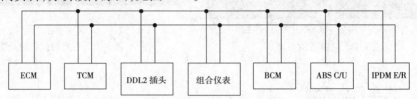

图 3-47 CAN 总线连接模块

(4)根据下面的输入/输出信号表,选择发动机转速信号和挡位信号的发送/接收单元。

	发送单元	接收单元
发动机转速信号	_____	_____
挡位信号	_____	_____

(5)图 3-48 是 CAN 总线的总体连接结构,哪个地方的插接器损坏才能导致以上的故障呢?

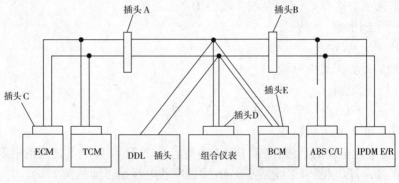

图 3-48 CAN 总线的总体连接结构

(6)故障解决后,写好实训报告。

(7)恢复设备,收拾工具,清洁场地。

3.5 模块小结

1. 小结

(1)国际上众多知名汽车公司早在 20 世纪 80 年代就积极致力于汽车网络技术的研究及应用,迄今为止,已有多种网络标准。目前存在的多种汽车网络标准,其侧重的功能有所不同。按照系统的信息量、响应速度、可靠性等要求应用较广的有 CAN、LIN、MOST 等总线协议。

(2)CAN 总线具有十分优越的特点:低成本,极高的总线利用率,较远的数据传输距离(可达10km),较高的数据传输速率,可靠的容错处理和检错机制,发送的信息遭到破坏之后可自动重发,各控制单元在错误严重的情况下能够自动退出总线系统,储存故障码。

CAN总线最常用的物理介质是双绞线,信号使用差分电压传送,两条信号线被称为CAN-H和CAN-L,即CAN总线的高位数据线和低位数据线。静态时,两线电压均约为2.5V,此时状态表示为逻辑"1",也叫做"隐性"位;工作时,CAN-H比CAN-L高,表示逻辑"0",称为"显性"位。不管信息量的大小,系统内所有的信息都通过这两条数据线传输。CAN数据总线系统由控制模块、控制器与收发器、两个数据传输终端和两条数据传输线组成。

(3)大众速腾汽车安装的CAN总线网络控制包含4个子系统,包括动力系统CAN总线、舒适系统CAN总线、信息娱乐系统CAN总线、仪表及诊断CAN总线。网关与各总线均相连,控制各CAN总线之间的信息交换。当舒适和信息娱乐总线处于空闲状态时,控制单元发送出睡眠命令,当网关监控到所有总线都有睡眠的要求时,进入睡眠模式。此时总线电压:低位线12V,高位线0V。如果动力总线仍处于信息传递过程中,舒适和娱乐信息总线是不允许进入睡眠状态,当舒适总线处于信息传递的过程中,娱乐和信息总线也不允许进入睡眠模式。当某一个信息激活相应的总线后,控制单元会激活其他的总线系统。

(4)MOST网络非常适应汽车媒体设备应用的需要,而且其性能可靠、成本低、系统简单、结构灵活、数据兼容性好,因此汽车行业已经把MOST技术作为汽车多媒体系统的标准。

LIN总线即局域互连网络,它是一个汽车底层网络协议,其目的是给出一个价格低廉、性能可靠的低速网,在汽车网络层次结构中作为低端网络的通用协议,并逐渐取代目前各种各样的低端总线系统。LIN总线是单线式总线,底色为紫色,有标志色,无需屏蔽。

蓝牙技术是一种无线数据与语音通信的开放性标准,它以近距离无线连接为基础,为固定与移动设备通信环境建立一个特别连接,其有效传输距离是10m。

(5)总线的检测方法:

①故障代码检测。CAN系统具有自诊断功能,通过解码器可以检测故障代码并据故障提示进行故障排除,一般以字母U打头的故障代码为车载网路故障代码。

②万用表检测。在同一网络中,任意节点之间同位CAN线是导通的,因此可以用万用表蜂鸣挡测量CAN线是否存在断路:若导通,则正常,不导通则有断路;用万用表蜂鸣挡测量CAN-H和CAN-L分别与搭铁和蓄电池正极,若导通,则有短路,不导通则正常;用万用表合适的电阻挡测量CAN-H和CAN-L之间的电阻,应有一规定阻值,阻值大小根据车型而定。

③波形检测。CAN总线的故障可用示波器通过波形分析确定故障点。

2. 专业术语

总线 CAN LIN MOST 网关 控制单元 执行单元 双绞线 传动系统CAN 舒适系统 信息娱乐系统 蓝牙系统

模块四　起动系统

学习目标

1. 了解熟悉起动机的基本结构和工作原理；
2. 了解无钥匙起动系统的结构与工作原理；
3. 掌握起动系统的维修与常见故障的判断与排除技能。

学习重点

1. 起动机的基本结构和工作原理；
2. 起动系统常见故障的判断与排除技能。

学习难点

1. 无钥匙起动系统的结构与工作原理；
2. 起动机的测试。

4.1　起动系概述

发动机起动的方法很多，汽车发动机普遍采用电动机（起动机）起动方式。起动系的作用是将蓄电池的电能转变为电动机的机械能，带动发动机起动。当将起动机轴上的齿轮与发动机飞轮周缘的齿圈啮合时，起动机转动，动力就传到飞轮和曲轴，使之旋转，如图4-1所示。

4.1.1　起动系统的基本结构

按起动系统的结构可分为普通起动系统和无钥匙起动系统两种结构，二者间的技术含量差别较大。一般来说，中低档车辆多采用普通起动系统，而中高档车型则越来越多地采用无钥匙起动系统。

1. 普通起动系统

普通起动系统主要由蓄电池、起动机、起动开关和起动电路等组成。起动控制电路包括起动按钮或开关、起动继电器等，如图4-2所示。

2. 无钥匙起动系统

近年来随着电子技术的快速发展，智能无钥匙起动系统开始普及。无钥匙起动系统采用无线射频识别（RFID）技术，通过车主随身携带的智能卡内的芯片感应自动开关门锁，也就是说当车主走近车辆一定距离时，门锁会自动打开并解除防盗；当车主离开车辆时，门锁会自动锁上并进入防盗状态（见图4-3）。

模块四　起动系统

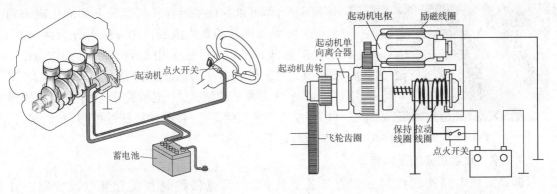

图 4-1　起动系统的结构示意图

图 4-2　起动系统的基本结构

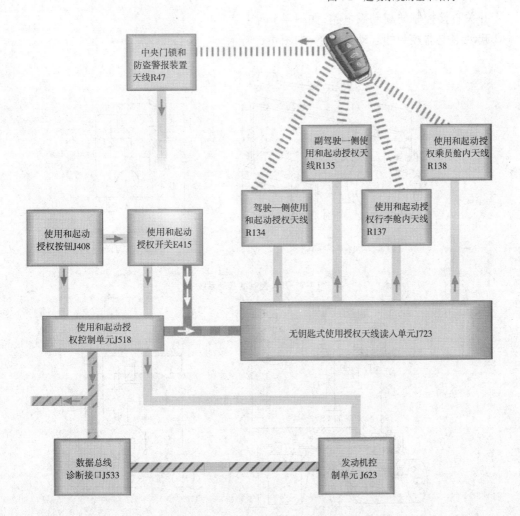

图 4-3　无钥匙起动系统网络拓扑图

一般装有无钥匙进入系统的车辆,其车门把手上设有感应按钮,同时也有钥匙孔(是以防智能卡损坏或没电时,车主仍可用普通方式开启车门)。当车主进入车内时,车内的检测系统会马上识别车主钥匙的智能卡,经过确认后,车内的电脑才会进入工作状态,这时车主只需轻轻按动车内的起动按钮(或者是旋钮),就可以正常起动车辆了。也就是说该系统无论在车内

77

图 4-4 丰田皇冠车型无钥匙起动按钮

还是车外,都可以保证系统在任何情况下都能正确识别驾驶人。无钥匙起动系统按照使用方法可分为两类:一类是按钮式,点火按钮位于中控台伸手可及之处(见图4-4)。因此,也称"一键起动",例如:宝马、奔驰、丰田皇冠等;另一类是旋钮式,一般就位于原始的钥匙插口处,但是无需插车钥匙,直接拧动旋钮即可起动,例如:日产、马自达等。

4.1.2 起动系统的基本电路

起动系统电路按其控制方式有开关直接控制、继电器控制和复合继电器控制三种类型。

① 开关直接控制的起动系电路,如图4-5所示。

② 起动继电器控制的起动系电路,如图4-6所示。

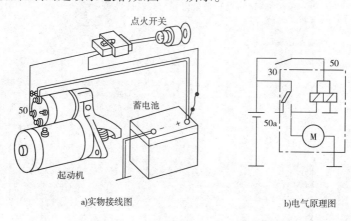

a)实物接线图　　　　　　　　b)电气原理图

图 4-5 开关控制的起动系统

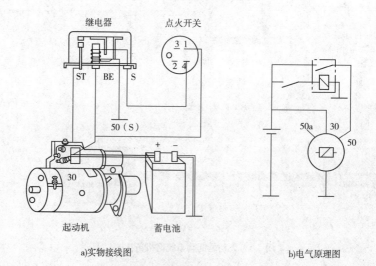

a)实物接线图　　　　　　　　b)电气原理图

图 4-6 继电器控制的起动系统

③ 起动复合继电器控制起动系电路,如图4-7所示。

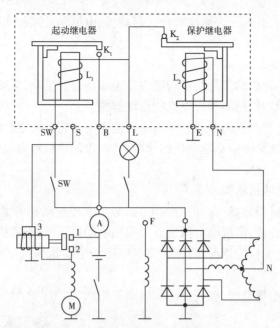

图 4-7 复合继电器控制的起动电路

4.2 起动机的构造与工作原理

起动机总成一般由直流串励电动机、传动机构和控制装置三部分组成。

4.2.1 概述

1. 起动机的分类（见图 4-8）

①按控制装置的操纵方式分为机械操纵起动机和电磁操纵起动机。

②按直流电动机磁场产生的方式分为永磁起动机和激磁起动机。

③按传动机构有无减速装置分为减速起动机和非减速起动机(普通起动机)。

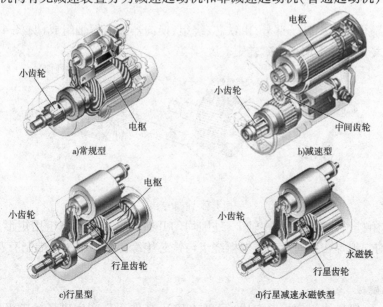

图 4-8 常用起动机类型

④按驱动齿轮的啮入方式分为惯性啮合式起动机、电枢移动式起动机、齿轮移动式起动机和强制啮合式起动机。

2. 对起动机的基本要求

①起动时应平顺,起动机的齿轮与发动机飞轮齿圈啮合要平顺,无冲击现象。

②发动机起动后,起动机的驱动齿轮应能自动解脱。

③发动机在运转时,起动机的驱动齿轮不能再进入与飞轮齿圈啮合的状态,防止损坏齿轮或起动机。曲轴的高速旋转会带动起动机超速旋转,超出起动机转速设计的极限,会导致起动机损坏。

4.2.2 直流电动机的基本构造

起动机的直流电动机按磁场产生的方式不同,分为永磁电动机和激磁电动机。根据磁场绕组和电枢绕组的连接方式,激磁电动机又分为串励电动机、并励电动机和复励电动机。在汽车起动机中,由于串励电动机应用最多,下面主要以串励电动机为例,介绍起动机用直流电动机的构造。

直流电动机主要由电枢总成、磁极、外壳、电刷等组成,如图4-9所示。

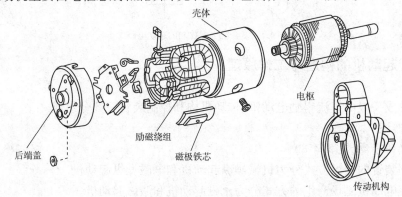

图4-9 起动机直流电机的结构

1. 电枢

电枢是直流电动机的转子部分,由铁芯、绕组、换向器和电枢轴组成(见图4-10)、图4-11)。其作用是在磁场的作用下产生电磁转矩。

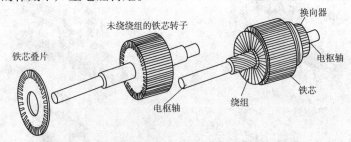

图4-10 电枢结构

电枢铁芯由硅钢片叠成固定在轴上,外围均匀开有线槽。电枢绕组用矩形截面的铜带绕成,绕组端头均匀地焊在换向片上。电枢绕组与铁芯绝缘。电枢轴驱动端制有花键,用以套装单向离合器。

2. 起动机磁极

由磁极铁芯、励磁绕组和机壳组成(见图4-12),其作用是产生磁场。磁极铁芯用低碳钢制成,用埋头螺栓紧固在机壳上。

励磁绕组的矩形截面扁铜带绕制,一般为 6~10 匝,铜带之间、铜带和铁芯之间绝缘(见图 4-13)。励磁绕组的连接有如下 2 种方式:

①将所有磁场绕组的所有线圈串联在一起,然后再与电枢绕组串联。

②将磁场绕组的线圈分成两组,每组线圈相互串联,然后两组再并联起来与电枢绕组串联。

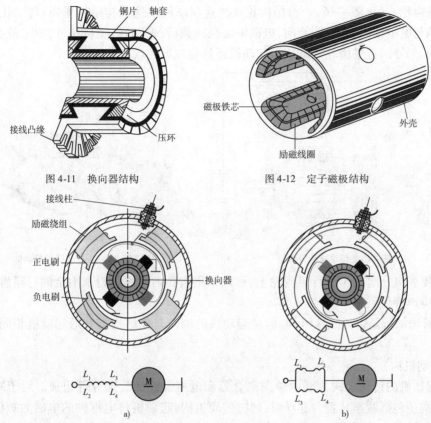

图 4-11 换向器结构　　图 4-12 定子磁极结构

图 4-13 磁极绕组结构

上述 2 种中的后一种可以在绕组铜带截面尺寸相同条件下,增大起动电流,从而增大起动转矩。其磁场与磁路的变化为:两对磁极相对交错安装,定子与转子铁芯形成的磁力线回路如图 4-14 所示。

起动机壳体由低碳钢制成,是磁路的一部分。起动机电刷由铜与石墨粉压制而成,其中含铜 80%~90%,石墨 10%~20% 以减小电阻,增加耐磨性及提高机械强度。为了尽量减小电刷与换向器之间的接触电阻,并延长电刷使用寿命,电刷与换向器有较大的接触面积,并且电刷靠电刷弹簧压紧在换向器的外圆表面。一般起动机电刷个数等于磁极个数,有的大功率起动机电刷个数是磁极个数的 2 倍。

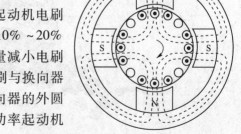

图 4-14 起动机磁力线示意图

3. 起动机的传动减速机构

起动机的传动机构是起动机的传动机构的主要部件,它由减速机构、离合器两部分组成,如图 4-15 所示。

(1)传动减速装置的类型

为了降低对蓄电池和起动系统主电路的要求,增大起动机的输出转矩、改善起动性能,许多汽车采用了减速型起动机。减速型起动机的减速机构有外啮合式、内啮合式及行星齿轮式三种方式。

①外啮合式。外啮合式适用于功率较小的起动机,输出功率较大的起动机采用内啮合式和行星齿轮式。

②行星齿轮式(见图4-16)。行星齿轮式减速起动机减速机构结构紧凑、传动比大、效率高。输出轴与电枢轴同轴线、同旋向,电枢轴无径向载荷,振动轻,整机尺寸减小,故在乘用车上广泛采用。另外,行星齿轮式减速型起动机还具有如下优点:

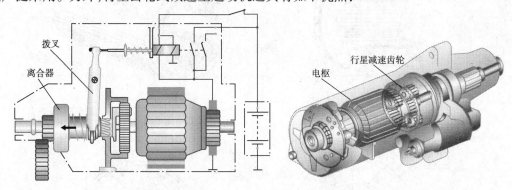

图4-15　传动减速机构　　　　　　图4-16　大众行星减速型起动机

◇ 负载平均分配在3个行星齿轮上,可以采用塑料内齿圈和粉末冶金的行星齿轮,使其质量减小、噪声降低;

◇ 尽管增加行星齿轮减速机构,但是起动机的轴向其他结构与普通起动机相同,配件可以通用。

(2)传动机构

一般起动机的传动机构主要由单向离合器和电枢轴的螺旋部分等组成。对于减速起动机,传动机构还包括减速装置。起动时,通过传动机构,起动机将电枢轴的电磁力矩传给发动机飞轮,使发动机起动;起动后,发动机转速提高,传动机构自动退出与飞轮的啮合或打滑,保护起动机电枢不致因转速过高而飞散。

起动机传动机构由拨叉、单向离合器组成,其结构如图4-17所示。

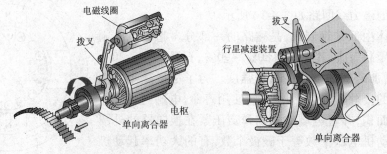

图4-17　起动机传动机构

单向离合器是利用滚柱在两个零件之间的楔形槽内的楔紧和放松作用,通过滚柱实现扭矩传递和打滑的(见图4-18)。

发动机起动时:单向离合器在传动拨叉的作用下沿电枢轴花键轴向移动,使驱动齿轮啮入飞轮齿圈,然后起动机通电,电枢轴通过花键套筒带动十字块一同旋转,这时十字块转速高,外壳转速低,滚柱在摩擦力作用下滚入楔形槽的窄端而越楔越紧,很快使外壳与十字块同步运转。于是电枢承受的电磁转矩由花键套筒和十字块经过滚柱传给外壳和驱动齿轮,带动飞轮转动,起动发动机,如图4-19所示。

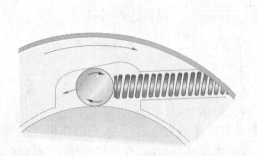

图4-18 单向离合器的构造　　　　图4-19 单向离合器的工作原理

发动机起动后:曲轴转速升高,飞轮变成主动件,带动驱动齿轮和外壳旋转,使外壳转速较高,十字块转速较低,滚柱在摩擦力作用下滚入楔形槽的宽端而失去传递转矩的作用即打滑,这样发动机的转矩就不能从驱动齿轮传递给电枢,从而防止电枢超速飞散。

4.控制装置

起动机的控制装置通常由主开关、拨叉、操纵元件和复位弹簧等组成。控制装置的作用是接通和切断起动机与蓄电池之间的电路。工作中通过电磁开关与拨叉的联合动作,利用电磁感应控制蓄电池和起动机的电路通断。

(1)控制原则

为了充分发挥起动机和蓄电池的性能,起动机控制装置应遵循如下基本原则:

①"先啮合后接通"的原则。即首先使驱动齿轮进入啮合,然后使主开关接通,以免驱动齿轮在高速旋转过程中进行啮合,引起打齿并且啮合困难。

②"高起动转速"原则。即起动机控制装置应尽量减少甚至不消耗蓄电池电能,以便使蓄电池的电能尽可能多地用于起动电机,提高起动转速。

③切断主电路后,驱动齿轮能迅速脱离啮合。

(2)控制装置的结构和原理

根据操纵装置及其工作方式的不同,使起动机的控制装置分为机械式和电磁式两种形式。

机械式控制装置检修方便,并且机械操纵不消耗电能,有利于提高起动转速;但是驾驶人劳动强度大、不宜远距离操纵,故目前应用较少。

电磁式控制装置操纵方便,工作可靠,并适合远距离操纵,故目前被广泛应用。

①机械式控制装置的结构由主接线柱、主接触盘、辅助接线柱、辅助接触盘、外壳、推杆、拨叉、顶压螺栓等构成,如图4-20所示。

起动发动机时:驾驶人踩下起动踏板(或拉紧起动拉杆),通过杆系推动拨叉,拨叉一方面推动单向离合器沿电枢轴移动,使驱动齿轮与飞轮齿圈啮合,同时拨叉上的顶压螺钉顶着推杆向左移动,使两接触盘先后将辅助接线柱和主接线柱接通,辅助接线柱被接通时;主接线柱(主开关)接通时,起动机通电带动发动机运转。

发动机起动后:放松起动踏板或拉杆,在复位弹簧的作用下,拨叉推动单向离合器复位,驱动齿轮退出啮合;同时,顶压螺栓离开推杆,两接触盘在复位弹簧的推动下与主辅接线柱脱开,主开关断开,起动机主电路被切断,起动机停止运转。

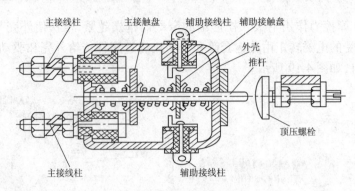

图 4-20　起动机机械控制装置

②电磁式控制装置。电磁控制装置在起动机上被称为电磁开关,它的作用是控制驱动齿轮与飞轮齿圈的啮合与分离,并控制电动机电路的接通与切断,在现代汽车上,起动机均采用电磁式控制电路,电磁式控制装置是利用电磁开关的电磁力操纵拨叉,使驱动齿轮与飞轮啮合或分离。主要由吸引线圈、保持线圈、复位弹簧、活动铁芯、接触片等组成,其中,端子 C 接点火开关,通过点火开关再接电源,端子 30 直接接电源。其结构如图 4-21 所示。

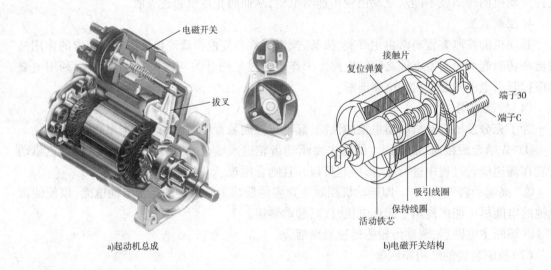

图 4-21　操纵起动机的电磁开关

主要的工作过程见图 4-22。当起动电路接通后,保持线圈的电流经起动机端子 50 进入,经线圈后直接搭铁,吸引线圈的电流也经起动机端子 50 进入,但通过线圈后未直接搭铁,而是进入电动机的励磁线圈和电枢后再搭铁。两线圈通电后产生较强的电磁力,克服复位弹簧弹力使活动铁芯移动,一方面通过拨叉带动驱动齿轮移向飞轮齿圈并与之啮合,另一方面推动接触片移向端子 50 和端子 C 的触点,在驱动齿轮与飞轮齿圈进入啮合后,接触片将两个主触点接通,使电动机通电运转。在驱动齿轮进入啮合之前,由于经过吸引线圈的电流经过电动机,所以电动机在这个电流的作用下会产生缓慢旋转,以便于驱动齿轮与飞轮齿圈进入啮合。

在两个主接线柱触点接通之后,蓄电池的电流直接通过主触点和接触片进入电动机,使电动机进入正常运转,此时通过吸引线圈的电路被短路。因此,吸引线圈中无电流通过,主触点接通的位置靠保持线圈来保持。发动机起动后,切断起动电路,保持线圈断电,在弹簧的作用下,活动铁芯复位,切断了电动机的电路,同时也使驱动齿轮与飞轮齿圈脱离啮合。

(3) 直接控制式电磁开关的电路

电磁控制强制啮合式起动机采用直接控制式电磁开关电路(见图4-22)。

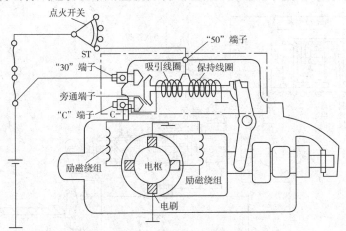

图4-22 起动机的电磁开关线路

起动时,点火开关钥匙转到起动(ST)位,电流由蓄电池正极→"50"端子→吸拉线圈→导电片→"C"端子→起动机励磁绕组→电枢绕组→搭铁→蓄电池负极,起动机慢慢转动,同时电流由电磁开关"50"端子经保持线圈,回到蓄电池负极。吸拉线圈与保持线圈产生同方向的电磁力,在电磁力作用下,铁芯压缩复位弹簧,向左移动,带动拨叉,使驱动小齿轮与发动机飞轮齿圈啮合,电磁开关内的接触盘此时将"C"与"30"端子、旁通接柱相继接通,电流由蓄电池正极→"30"端子→接触盘→"C"端子→起动机励磁绕组→电枢绕组→搭铁→蓄电池负极,起动机主电路接通,起动机电枢产生电磁转矩,此时吸引线圈短路,保持线圈的电磁力使驱动小齿轮与飞轮齿圈保持啮合,保证起动机起动发动机。起动后,发动机飞轮转速超过起动机电枢时,单向离合器切断飞轮与小齿轮间的动力传递,保护起动机。松开点火开关钥匙,"50"端子断电,由于机械惯性,短时间内接触盘仍将"30"端子与"C"端子接通,蓄电池电流经接触盘→吸拉线圈→保持线圈→搭铁→蓄电池负极,吸拉线圈与保持线圈产生相反方向的电磁力,接触盘接触不牢,在复位弹簧的作用下,铁芯迅速复位,接触盘与"C"端子、"30"端子分开,起动主电路被断开,起动过程完毕。

(4) 带继电器的电磁开关

为减小通过点火开关的电流,防止点火开关烧损,利用起动继电器控制电磁开关,能减小通过点火开关起动触点的电流,避免烧蚀触点,延长使用寿命。现代汽车起动机多装有起动继电器。组合继电器一般由起动继电器和保护继电器组成。

①带起动继电器的电磁开关。QD124型起动机采用带起动继电器控制的电磁开关,其控制电路接线图如图4-23所示。

发动机起动时,将点火开关钥匙旋至起动挡位,起动继电器通电后,吸下活动臂使触点闭合,接通了电磁开关线圈电路,起动机投入工作。发动机起动后,松开点火开关钥匙,点火开关自动转回到点火工作挡位,起动继电器线圈断电触点打开,电磁开关也随即断开,起动机停止工作。

②带组合继电器的电磁开关。如图4-24所示为组合继电器电磁开关控制电路。组合继电器由起动继电器和保护继电器组成。起动继电器的作用是保护点火开关,避免供给起动机电磁开关的大电流流经点火开关,损坏点火开关。起动继电器由触点K_1、线圈L_1及铁芯组

成。保护继电器的作用是防止发动机运行期间驾驶人误操作把点火开关放到起动挡使起动机工作，在发动机运行期间对起动机起到自锁的作用，主要由触点 K_2、线圈 L_2、铁芯组成。

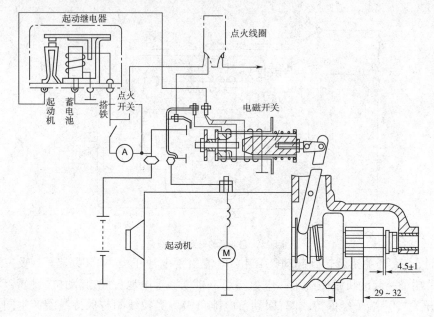

图 4-23　带起动继电器控制式电磁开关电路

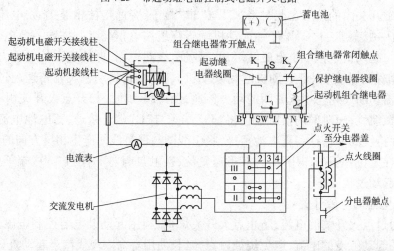

图 4-24　起动组合继电器电路

当点火开关处于2挡时，起动继电器的线圈通电，起动系统工作电路为蓄电池的正极→电磁开关接线柱→电流表→点火开关→组合继电器的 SW 接线柱→起动机继电器线圈 L_1→触点 K_2→接线柱 E→搭铁→蓄电池负极。触点 K_1 吸合，起动机的吸拉线圈、保持线圈获得电流，产生吸力，使起动机小齿轮与飞轮齿圈啮合，同时将主电路触点接通，起动机工作。

发动机点火工作后，交流发电机的中性点的对地电压（约为发电机调节电压的1/2）向起动机保护继电器线圈 L_2 供电，使触点 K_2 断开，同时也切断了起动继电器线圈 L_1 的搭铁电路，当发动机正常工作时，即使误将点火开关扳到2挡，起动机也不能获得电流，起动机的驱动齿轮也不会与飞轮齿圈啮合，避免打坏飞轮齿圈与起动机的小齿轮，起到了保护起动机的作用。

4.2.3 起动机的工作原理

1.起动机的工作特性

（1）转矩特性——起动转矩大

在串励电动机中，磁场未饱和时，磁场磁通与电枢电流近似成正比，电动机的电磁力矩与电枢电流的二次方成正比；当磁场达到饱和时，电动机的电磁力矩与电枢电流呈线性关系。电动机输出转矩变化规律与电磁转矩变化规律基本相同，如图4-25中的曲线 M 所示。

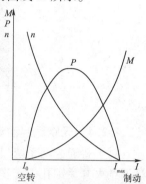

（2）转速特性——轻载转速高，重载转速低

由于串励电动机磁场未饱和时，磁场磁通与电枢电流近似成正比，即电枢电流越大，磁场磁通越大，所以，串激电动机在电枢电流较小时，电动机的转速随着电枢电流的减小急剧升高；随着电枢电流的增大，迅速减小，如图4-25中曲线 n 所示。

（3）功率特性——具有短时间内输出最大功率的能力

功率曲线呈抛物线形状，在电枢电流为制动电流的一半时，电动机输出功率达到最大值；在完全制动时，输出转矩 M 虽然最大，但是转速 $n=0$；在空载时，转速 n 虽然很高，输出转矩 $M=0$，所以，电动机的输出功率为零。由于摩擦阻力矩的存在，负载越小差异越大，所以空载时，电枢电流不为零，如图4-25中曲线 P 所示。

图4-25 起动机的工作特性曲线

2.起动机的工作过程

下面以电磁操纵式起动机为例介绍起动机的工作过程。

（1）起动发动机时（见图4-26）

当点火开关旋到"开始"（ACC）位置，电流流进吸拉线圈和保持线圈。那么起动机小齿轮滑动并和飞轮齿圈啮合。同时，流过励磁线圈的电流使起动机电机旋转，这种旋转运动传递给小齿轮、飞轮齿圈和曲轴以使发动机曲轴转动。

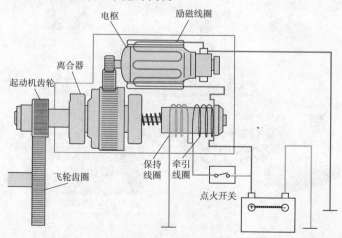

图4-26 发动机起动时的电路

提示： 当发动机起动时，飞轮齿圈将驱动起动机电枢高速旋转。为预防起动机被发动机带动而旋转，起动机附带了单向离合器，可防止电枢因高速转动受到损坏。

（2）发动机起动后（见图4-27）

当点火开关从"开始"位置释放时，流进牵引线圈的电流方向改变，并且小齿轮返回到原始位置。当电流停止流入励磁线圈时，则起动机则停止旋转。

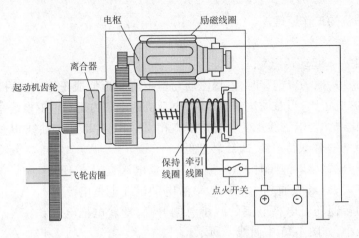

图 4-27 发动机起动后的电路

4.2.4 无钥匙起动认证系统

对于普通起动系统,起动时将点火钥匙插入车门锁,打开车门坐进车内,将钥匙插入转向盘下点火开关锁孔内,轻轻转动,即可起动发动机。对于安装防盗锁的车辆,开门时只需按下防盗遥控钥匙的开锁键,就可以打开车门锁,进入车内。

对于很多新车型,钥匙可放在驾驶人的衣袋里,当靠近车辆一定距离时,车门锁便会自动解锁;当驾驶人进入车内后,只需按动起动按钮(或旋钮),发动机就能点火起动了。这种不用点火钥匙进行起动操作的装置,就是当今快速普及的无钥匙起动认证系统。

常见的无钥匙起动认证系统,或称智能钥匙系统。一般是由智能钥匙(电子和机械钥匙)、发射器、遥控中央锁控制模块、驾驶授权系统控制模块三个接收器及相关电路等部分组成的控制系统,如图 4-28 所示。遥控器和发射器集成在车钥匙上,车辆可根据智能钥匙发来的信号,进入锁止或不锁止状态,甚至可自动关闭车窗和天窗。

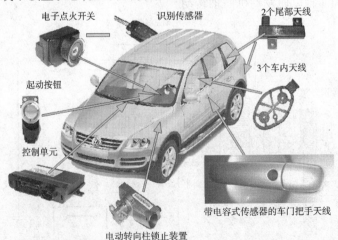

图 4-28 大众途锐车型无钥匙进入和起动系统

1. 无钥匙起动认证系统的功能

无钥匙起动认证系统包含自动解锁、智能点火和识别车主三个基本功能。部分品牌车型还具备锁车后自动关闭车窗的功能。

(1)自动解锁

该系统能通过驾驶人随身携带的智能卡内的芯片感应自动开关门锁。当驾驶人靠近汽车时,钥匙和汽车便开始通过无线方式交换已设定好的指令信息。随即汽车的关闭系统、安全系统以及发动机的控制系统全部被激活。也就是说当驾驶人走近车辆一定距离时(一般是1m)门锁会自动打开并解除防盗;当驾驶人离开车辆时,门锁会自动锁上并进入防盗状态。

(2)智能点火

通常,驾驶人需要将钥匙插入汽车点火钥匙孔来起动发动机。而智能钥匙的无钥匙起动方式将这一切变得极为简便。该系统自动识别操作者是否为有效驾驶人,并进入随时起动前的待机状态。当需要起动发动机时,只要智能钥匙在可以被检测到的区域内,驾驶人即可按下起动按钮或者扭动旋转按钮起动发动机了。

(3)识别车主

每个智能钥匙都有惟一的ID码与车辆ID码对应。即使他人复制了该钥匙,没有ID码也不能起动车辆。只有当驾驶人进入车内时,车内的检测系统会马上识别该驾驶人携带的智能卡,经过确认后车内的电脑才会进入工作状态。

(4)智能钥匙的防盗作用

智能钥匙系统除了使用方便外,对车辆防盗、安全性也有很大帮助:

①当驾驶人上车起动车辆后,第一脚制动时,所有车门将会自动落锁。城市堵车或夜晚独行时,该系统可有效预防不法分子拎包等意外事件发生。

②当人员进入车辆时,车辆能辨认出智能钥匙,如果智能钥匙不在车内,车辆将无法起动并马上起动报警系统。

③完备的密码身份识别器(电子钥匙)加密系统无法复制。当前车辆多采用第四代的射频识别技术(RFID)的芯片,完全可以达到无法复制的要求,目前市面上已有类似的芯片式防盗器。原车配置芯片防盗器基本上是第二代或第三代芯片,并没有彻底解决被复制的问题。

④整车防盗通过对电路、油路、起动三点锁定,当防盗器被非法拆除,车辆照样无法起动。

⑤不误报警。该系统采用先进的防冲突技术,极大地增强了系统的可靠性。

⑥锁车后自动关闭车窗。当驾驶人下车后,如果忘记关闭车窗,无须重新打开车门逐个关闭车窗,车辆安全系统会自动升起车窗,不会因忘记关闭车窗而且发生淋雨等意外事件。该系统让驾驶人不用每次离开车辆时总是担心忘记锁车门。

⑦该系统还可以根据相应的装备将车辆上锁和开锁,也可以打开和关闭发动机,无需使用带有无线遥控器的点火钥匙。

2. 无钥匙起动认证系统的工作原理

各厂家的无钥匙起动认证系统的结构不尽一致,这里以大众高速无钥匙进入和起动系统为例,介绍其工作原理。

(1)无钥匙起动认证系统的工作过程

无钥匙起动认证系统的总体结构,如图4-29所示。

当驾驶人拿着授权的点火钥匙靠近车辆时,在接触车门外把手的瞬间,无钥匙起动系统控制单元开始通过安装在车门拉手中的车外天线向点火钥匙中的无线收发器发出电感式查询。如果控制单元识别该点火钥匙为有权访问车辆,它将该信息发送到舒适系统的中央控制单元上。舒适系统中央控制单元向被要求打开车门的控制单元发出开锁指令,该车门控制单元将车门解锁。每扇车门都可以用来访问车辆,它根据密码分为单门打开或全部打开。

(2)无钥匙装置的车内外天线

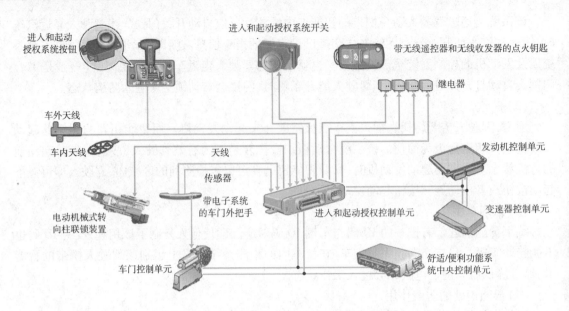

图 4-29　大众辉腾车型无钥匙起动认证系统网络结构

无钥匙系统的车内天线位于车内,在起动过程、行驶和锁止过程中用于探测带有已授权的无线收发器的点火钥匙,如图 4-30 所示。车内天线的探测范围覆盖了整个汽车内部空间。

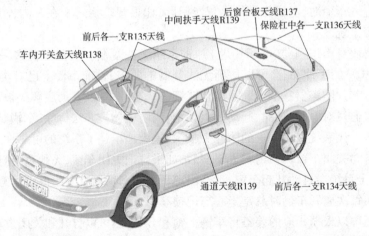

图 4-30　大众辉腾车体上天线的位置

车外天线用于在开锁和关锁过程中探测带有已授权的无线收发器的点火钥匙。带有已授权的无线收发器的点火钥匙的位置只被区分为驾驶人侧、副驾驶人侧或尾门处。

车外天线的探测范围约在各个操作位置(车门和尾门)周围 1.50m 内,探测高度在 0.1~1.8m。车外天线的探测范围,如图 4-31 所示。

(3) 带电子系统的车门外把手

在豪华装备的车辆上,天线、传感器和上锁按钮都位于车门外把手内,无须主动操纵,带已授权的无线遥控器的点火钥匙就可以打开或关闭车门,如图 4-32 所示。

驾驶人侧和副驾驶人侧各有一只用于进入和起

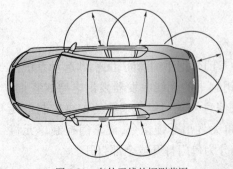

图 4-31　车外天线的探测范围

动授权的天线。每扇车门各一个用于感应接触的传感器,每扇车门各一个中央门锁按钮。

①用于进入和起动授权的驾驶人侧天线和副驾驶人侧天线(见图4-33)。用于进入和起动授权的驾驶人侧天线和副驾驶人侧天线通过安装在带有无线遥控器和已授权的无线收发器的

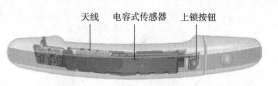

图4-32 带电子感应系统的车门把手

点火钥匙中的天线,将向车门外把手中的天线发送一个密码信号,由此在天线中感应出一个电压。该信息被发送到进入和起动授权系统控制单元进行分析。

②驾驶人侧和副驾驶人侧接触传感器。当驾驶人手部靠近车门外把手时,车门外把手中传感器的电容发生变化,如图4-34所示。进入和起动授权系统控制单元识别到传感器的电容变化,并认为有人靠近车门外把手或者说有上车的意愿。

③驾驶人侧和副驾驶人侧中央门锁按钮。按下"上锁"按钮,进入和起动授权系统控制单元开始查询带无线遥控器和无线收发器的点火钥匙。当点火钥匙被识别为已授权,并且位于车辆外部附近时,将发出解除车辆联锁的指令(见图4-35)。

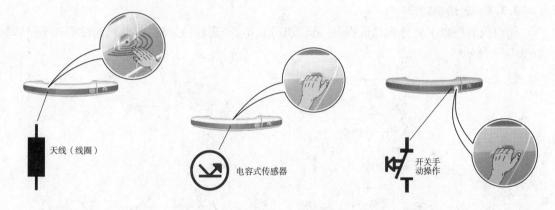

图4-33 驾驶人侧天线和副驾驶人侧天线   图4-34 驾驶人侧和副驾驶人侧接触传感器   图4-35 驾驶人侧和副驾驶人侧中央门锁按钮

(4)无钥匙起动系统的流程

①不用点火钥匙起动发动机。使用该功能时,带有已授权的无线收发器的点火钥匙不必插入起动授权系统开关。但是它必须位于车内,这样,当将起动按钮按到第一个槽中时,就可以通过车内天线开始感应式查询了。点火钥匙发出一个加密的反馈信息给进入和起动授权系统控制单元。如果点火钥匙被识别为已授权,按下进入和起动授权按钮的第一级时,电动机械式转向柱联锁装置将被打开。在正常情况下将按钮按到第一个槽中,点火开关将被接通。

②不用点火钥匙关闭发动机。利用进入和起动授权系统按钮也可以关闭发动机。这时,必须将进入和起动授权系统按钮按到第二个槽中,如图4-36所示。

③不用点火钥匙将车辆上锁。按下车门外把手上的一个上锁按钮,开始在车辆外部查找有效的带有已授权的无线接收器的点火钥匙(见图4-37)。点火钥匙发出一个反馈信息给进入和起动授权系统控制单元。在成功识别点火钥匙后,通过舒适系统的中央控制单元将车门上锁。

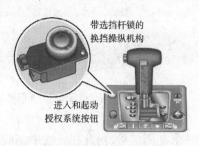
图 4-36 使用起动按钮起动发动机

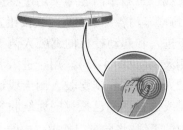
图 4-37 不用点火钥匙将车辆上锁

4.3 起动机的维修

为了预防和及时发现起动系的故障,在使用中起动机发生故障导致起动系不能正常工作时,应及时对起动机进行检测,检查起动机零部件的技术状态。主要检修内容包括电刷和轴承的磨损情况,换向器表面磨损情况,电枢绕组和磁场绕组有无短路、断路和搭铁故障等。最后还要对起动机进行性能测试,以验证起动机的工作状态是否达到维修规范的要求。

4.3.1 起动机检修

起动机的检修主要分为总成拆装、起动机分解检查、起动机装配、起动机测试等四个过程,如图 4-38 所示。

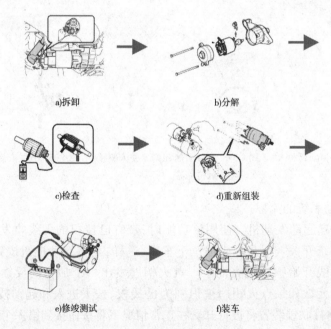

图 4-38 起动机维修流程

1. 起动机总成拆装

(1) 从车上拆卸起动机

① 首先拆下蓄电池的负极极柱电缆接头。

② 断开蓄电池的负极电缆之前,对存储在 ECU 等器件内的信息做记录。例如:诊断故障代码、选择收音机频道、座椅位置(带有记忆系统)、转向盘位置(带有记忆系统)等。

(2) 拆卸起动机

从车上拆卸起动机的步骤如下(见图4-39)：

①拆下起动机电缆。拆下防短路盖，拆下起动机电缆定位螺母，断开起动机端子的起动机电缆，如图4-40所示。

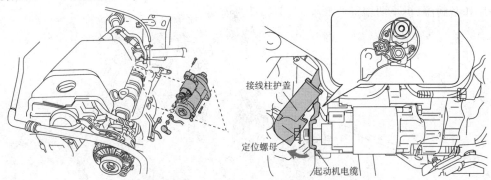

图4-39 从车上拆下起动机　　　　图4-40 拆下起动机电缆

②断开起动机励磁绕组电缆的插头。如图4-41所示，按压插头的卡销，然后握住插头机身断开插头。

③拆卸起动机螺栓，取下起动机(见图4-42)。

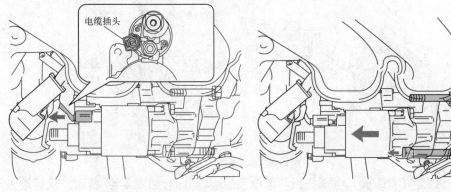

图4-41 断开起动机励磁电缆的插头　　　　图4-42 拆下起动机螺栓

(3)分解起动机

起动机解体步骤如下：

①拆下电磁开关(见图4-43)；

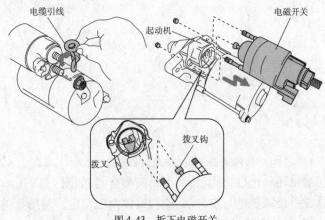

图4-43 拆下电磁开关

首先拆下定位螺母并断开电缆引线;然后拆下固定螺母并将电磁起动机开关拉到后侧;最后向上拉电磁起动机开关的顶端,从驱动杆中取出拨叉钩,摘下电磁开关。

②分解起动机电机部分,如图4-44所示。拆下起动机前盖外侧轴承盖,取下锁止垫圈、调整垫片和密封圈;拆下两根穿心螺栓,取下起动机前端盖。

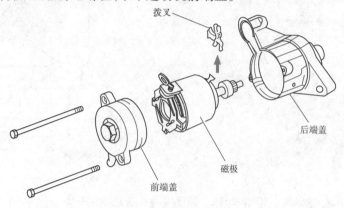

图4-44 分解起动机电机部分

③从电刷托板上取下电刷架、电刷,如图4-45所示。

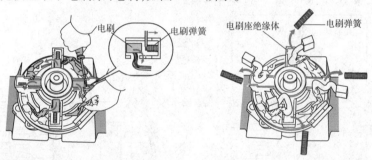

图4-45 拆下电刷

④使电动机壳体(含磁极)、电刷托板与电枢及后端盖分离,如图4-46所示。从后端盖上取出拨叉、电枢和单向离合器。

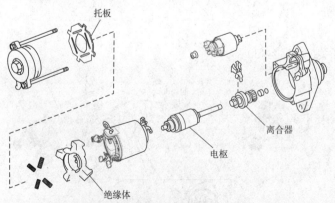

图4-46 分解电动机壳体(含磁极)、电刷托板、电枢及后端盖

⑤拆下电枢轴前端锁环和止推垫圈后,取下单向离合器,如图4-47所示。

分解下来的各总成是否需要进一步分解,应视具体情况而定。对所有的绝缘零部件,只能用干净布沾少量汽油擦拭;其余机械零件应用汽油或柴油洗刷干净。

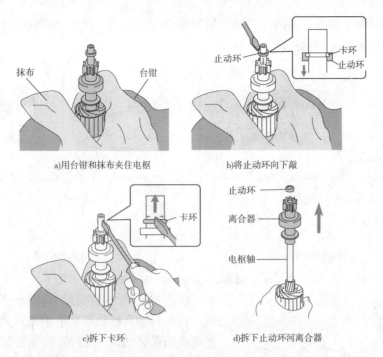

图 4-47 拆下单向离合器

2. 起动机分解检查

起动机解体后,应对各部分进行仔细检查,必要时进行维修或更换。

(1) 检查起动机电枢总成

①目测检查电枢及换向器。

检查电枢线圈和换向器变脏的程度及是否烧坏(见图 4-48)。起动机在转动过程中,电枢线圈和换向器由电刷接触连接,接通电路。大电流的通过,起动机的换向器很容易变脏和烧坏。换向器变脏和烧坏之后会增大电阻并妨碍起动机的正常运转。换向器表面烧蚀、脏污。脏污或轻微烧蚀用 00 号砂纸打磨,严重时应进行车削。

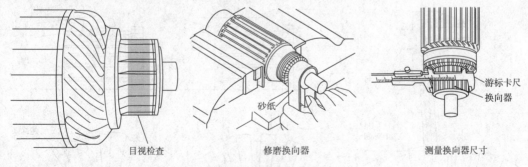

图 4-48 目测检查电枢总成

②起动机电枢及换向器绝缘和导通检查。

用万用表检查换向器和电枢铁芯之间的绝缘情况,如图 4-49a)所示。正常情况下,电枢铁芯和电枢线圈之间的状态为绝缘,换向器与电枢线圈相连。如果零部件正常,换向器和电枢铁芯之间的状态为绝缘。

用万用表检查换向器片之间的导通情况,如图 4-49b)所示。由电枢结构可知,每个换向器片通过电枢线圈连接。如果零部件正常,换向器片之间的状态为导通。

③换向器圆跳动检查。换向器的跳动量如果变大,换向器与电刷的接触将减弱。因此,可能会出现起动机无法运转的故障。

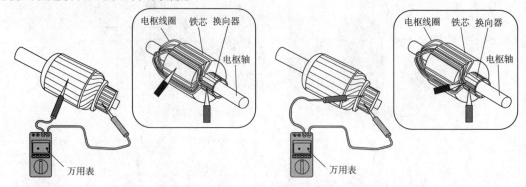

a)检查电枢线圈　　b)检查换向器

图 4-49　检查起动机电枢及换向器绝缘和导通

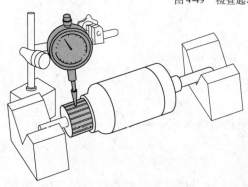

图 4-50　换向器径向圆跳动的检查

用百分表检查换向器的跳动水平,如图 4-50 所示。将电枢轴两端轴颈把电枢架在两块 V 形铁上,使电枢轴的轴线水平放置,转动电枢轴,用百分表测量换向器径向圆跳动应不超过 0.05mm,否则,应进行车削修整。

换向片间切槽深度应为 0.7～0.9mm,槽深小于规定值,可用锯条刮削。换向片厚度应不小于 2mm,或换向器外径不小于出厂规定的极限值,否则,应更换换向器(见图 4-51)。

(2)磁场绕组的检查

磁场绕组的断路和搭铁故障,可以用万用表测量的欧姆挡进行检查。若磁场绕组电阻无穷大,说明磁场绕组断路;若磁场绕组与壳体间的电阻不是无穷大,说明磁场绕组搭铁。

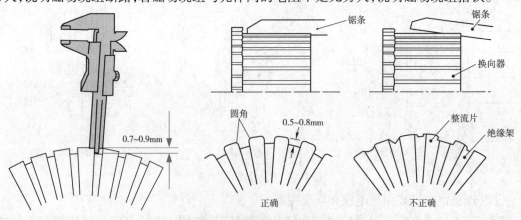

图 4-51　检查维修换向器切槽

检查励磁线圈时,用万用表检查电刷引线(A 组)和引线之间的导通情况,如图 4-52 所示。

◇ 电刷引线共 2 组。一组与引线相连(A 组),另一组与起动机磁极相连(B 组)。

◇ 检查引线和所有电刷引线之间的导通情况。A 组的 2 根电刷引线导通,B 组的两根电刷引线则不导通。

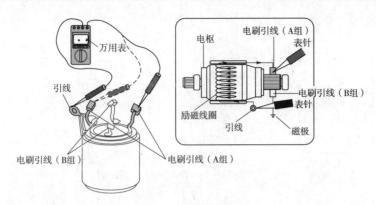

图 4-52 检查励磁绕组

◇ 检查电刷引线和引线之间的导通情况,有助于确定励磁线圈中是否发生开路现象。

◇ 检查电刷引线和起动机磁极之间的绝缘情况,有助于确定励磁线圈中是否发生短路现象。

◇ 检查电刷引线(A组)和起动机磁轭之间的绝缘情况,如图 4-53 所示。

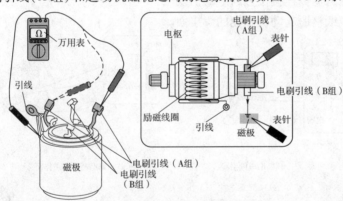

图 4-53 检查励磁线圈与磁极绝缘情况

磁场绕组的短路故障一般通过目测检查,检查绕组的绝缘层是否烧焦或损坏。磁场绕组的断路和搭铁故障也可以直接目测检查,检查绕组与引线之间及绕组之间有无开焊,绕组端部有无与壳体接触的痕迹(往往伴有烧蚀麻点)等。

磁场绕组的断路大多发生在线圈与引线的焊接处,只要重新将引线焊牢即可。磁场绕组的搭铁短路也只限于线圈的表面,只要拆下磁极线圈,找出破损点,包上绝缘带并涂漆,漆晾干后即可装复使用。磁场绕组的短路一般都是因线圈过热,将绝缘层烧焦所致。维修时先剥下包扎在外面的绝缘布,然后再检查夹在铜带之间的绝缘层,若某段绝缘层已烧焦,此处即为短路点。如果绝缘层仅在局部烧焦,可将其刮除,插入绝缘纸,如果烧焦面积大,可将线圈放在水中加热后,刮除烧焦的绝缘层,重新绕制。

(3)电刷、电刷弹簧及刷架

电刷在刷架中应活动自如,不应有卡滞现象,否则应调整或更换。电刷与换向器的接触面积不应低于 75%,否则应研配或更换。电刷长度应不低于新电刷高度的 2/3(见图 4-54),最小一般不应小于 6~10mm,否则应更换。

电刷弹簧张力可用弹簧秤测量,如图 4-55 所示,测量结果应符合标准值,张力过弱应更换。电刷架无歪斜、松旷现象,否则应更换。

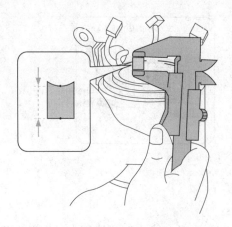
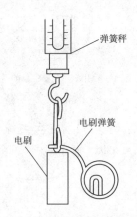

图 4-54 测量电刷长度　　　　图 4-55 检查电刷弹簧张力

（4）更换电刷

电刷更换过程，如图 4-56 所示。

①切断起动机磁轭侧连接位置的电刷引线。

②用锉或者砂纸整形起动机磁轭的焊接面。

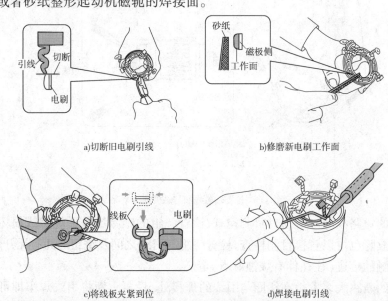

a) 切断旧电刷引线　　　　b) 修磨新电刷工作面

c) 将线板夹紧到位　　　　d) 焊接电刷引线

图 4-56 更换电刷

③将带板的新电刷安装到起动机磁轭上，稍稍用力压一下，使其互相连接。

④将新电刷焊接在连接部位。焊接时请使用适量的焊料，注意不要接触到目标区域以外的地方。

（5）单向离合器的检查

用游标卡尺或齿轮量具测量驱动齿轮，齿厚度和齿长应符合规定值，如果不符或有缺损、裂痕，应更换。

检查起动机离合器，如图 4-57 所示。一手握住单向离合器花键套筒，另一只手转动驱动齿轮，齿轮应在一个方向可以自由转动，另一个方向不能转动，如果两个方向都能转动，表明单向离合器损坏，应更换。

（6）电磁开关的检查

①检查电磁起动机开关,如图4-58所示。用手指按住铁芯的推杆,松开手指之后,看铁芯推杆是否很顺畅地返回其原来位置。如果推杆无法顺畅地返回其原始位置,电磁开关的接触压力将变弱,因此无法正常打开、关闭起动机。如果推杆运行不正常,应更换电磁开关总成。

②主接线柱和接触盘接触面应清洁,无烧损。若接触面脏污或轻微烧损可用细砂纸打磨,严重时接触盘可换面使用,主接线柱可锉修。维修后主接线柱端部厚度应相等,保证接触盘与主接线柱有足够大的接触面积。

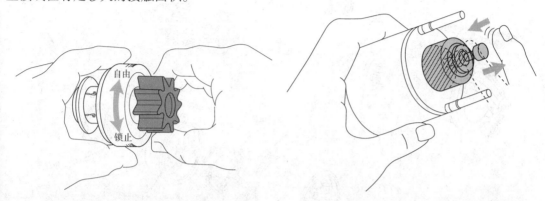

图4-57 检查离合器锁止情况　　　　图4-58 检查推杆复位情况

吸拉线圈和保持线圈的常见故障是短路、断路及搭铁。断路故障可通过测量线圈电阻进行判断(见图4-59)。搭铁故障可通过测量线圈与外壳之间的绝缘电阻进行判断。吸拉线圈和保持线圈也可以通过检查电磁力是否足够进行判断。吸拉线圈和保持线圈发生短路故障或内部发生断路或搭铁故障时,一般应予更换。

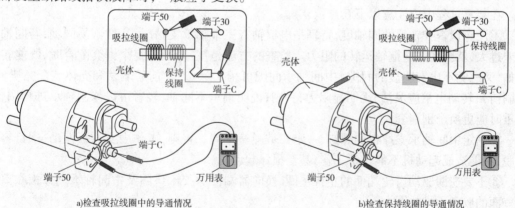

a) 检查吸拉线圈中的导通情况　　　　b) 检查保持线圈的导通情况

图4-59 测量电磁开关线圈

电磁开关复位弹簧应能保证驱动齿轮及时迅速退回,否则应予更换。

(7) 检查轴承配合情况

测量电枢轴轴颈外径与衬套内径之间的配合间隙标准为0.04~0.08mm,允许最大间隙0.15~0.20mm。如果衬套磨损严重,间隙超过规定值,应更换衬套,并重新铰配。

3. 起动机装配与调整

(1) 起动机的装配顺序

装配前,在电枢轴与支承衬套及花键等配合和摩擦部位涂少量润滑脂。

装复的一般步骤是:先将离合器和移动拨叉装入后端盖内,再装中间轴承支撑板,将电枢轴插入后端盖内，装上电动机外壳和前端盖，并用穿心螺栓将它们紧固好，然后装电刷、防尘罩、起动机开关等，如图4-60所示。

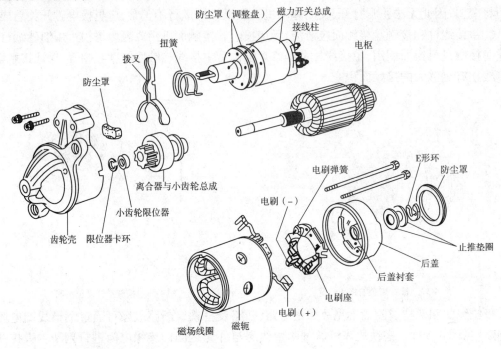

图4-60 起动机的零件关系

(2) 起动机的装配要求

在装复过程中应注意以下6点：

①注意检查各轴承的同轴度，特别是电枢轴有三个轴承支撑时，往往不易同轴，若同轴度误差过大，就会增加电枢轴运转的阻力。检查的方法是：各轴颈与每个铜套配合时，既能转动自如，又感觉不出有明显的间隙（中间轴承间隙可稍大一点）。前后端盖和壳体装配完毕（装电刷前），转动电枢应灵活，无明显阻力，否则，说明轴承不同轴，轻者可以修刮轴承进行调整，严重时应更换个别铜套。

②固定中间轴承支撑板的螺钉，一定要带弹簧垫圈。否则，工作中支撑板振动，螺钉容易松脱，可能造成起动机不能正常工作，甚至损坏起动机。

③不要遗漏驱动齿轮端面的止推垫圈、换向器端面的胶木垫圈及中间轴承支撑板靠离合器一面的胶木承推垫圈。

④磁极与电枢铁心间应有0.8~1.8mm的间隙，间隙过小起动机容易发生扫膛现象；间隙过大，起动机电磁转矩和功率严重下降。

⑤电枢轴轴向间隙不宜过大，一般应为0.2~0.7mm，不合适时，可在轴的前端或后端改变垫圈的厚度进行调整。

⑥起动机壳体与端盖和电磁开关之间以及起动机主接线柱和连接导线之间的紧固件要按规定力矩拧紧。

(3) 装配调整

起动机装复完毕，应进行必要的调整，主要调整内容如下：

①驱动齿轮与限位环之间的间隙。为了既保证起动机"先啮合、后接通"，又保证起动机驱动齿轮与飞轮牙齿可靠啮合，要求接触盘将主电路接通时，驱动齿轮与限位环之间应有一定

的间隙,例如:QD124 起动机该间隙为 4.5mm±1mm,间隙不当时,先脱开连接片与调节螺钉之间的连接,然后旋入或旋出调整螺钉进行调整,如图 4-61 所示。

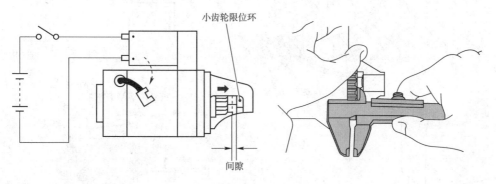

图 4-61　检查轴向间隙

②起动机驱动齿轮端面与端盖凸缘间的距离。一方面防止单向离合器复位时冲击电枢线圈(或中间支撑板);另一方面使起动机在自由状态时,驱动齿轮与飞轮不会相碰。因此,驱动齿轮端面与端盖凸缘间规定有一定的距离,例如:QD124 起动机该间隙为 29~32mm,间隙不当时,旋入或旋出定位螺钉进行调整。

4. 起动机测试

起动机装复后,应进行空载和制动性能试验(见图 4-62),试验结果应符合相应的技术条件,以保证起动机处于良好的技术状态。

检查起动机操作时,可直接用蓄电池供电,然后检查起动机的各项功能。检查内容有:吸拉测试、保持测试、检查小齿轮间隙、小齿轮返回测试和无负荷测试等。

试验时注意:用蓄电池给起动机长时间供电会烧坏线圈,因此每次检查的时间限定为 3~5s。上述测试应连续进行,因为这些测试旨

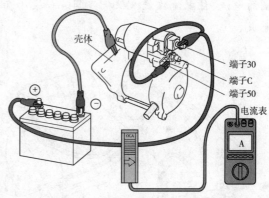

图 4-62　起动机性能试验接线图

在检查起动机的连续操作。开始检查之前,请先熟悉每一步的操作步骤。

(1)牵引测试

该试验目的在于检查电磁起动机开关是否正常,如图 4-63 所示。

试验步骤如下:

①为防止起动机转动,从端子 C 断开励磁线圈引线。

②蓄电池正极(+)端子连接到端子 50 上。

③将蓄电池负极(-)端子连接到起动机体和端子 C(测试引线 A)上,检查小齿轮是否露出。

提示:扳动点火开关使其处于"起动"位置。然后让电流流入牵引线圈和保持线圈,检查小齿轮是否伸出。如果小齿轮没有伸出,更换电磁起动机开关总成。

(2)保持测试

检查保持线圈是否正常,试验连线如图 4-64 所示。

①牵引测试之后,当小齿轮伸出时,从端子 C 断开测试引线 A。

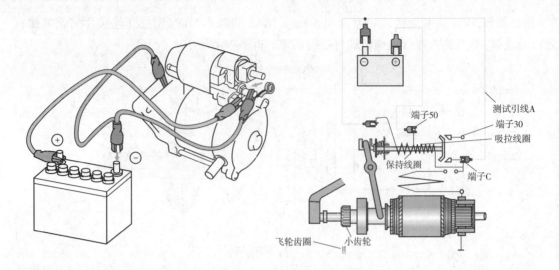

图 4-63　牵引试验接线

②检查小齿轮是否保持伸出状态。

提示：断开测试引线 A（该引线连接蓄电池负极端子和端子 C），从端子 C 断开流入牵引线圈的电流，让电流仅流入保持线圈。如果小齿轮无法保持伸出状态，请更换电磁起动机开关总成。

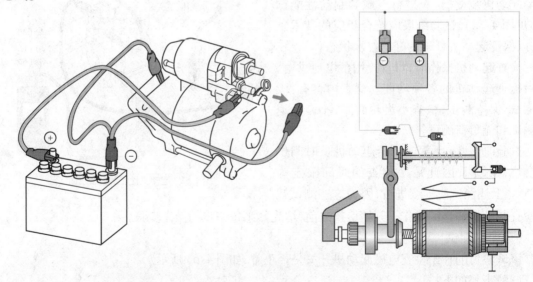

图 4-64　保持试验接线

（3）空载测试

检查电磁起动机开关的接触点以及换向器和电刷之间的接触。

①用台钳固定住夹在铝板或者布之间的起动机。

②将拆下的励磁线圈引线连接到端子 C。

③将蓄电池正极（＋）端子连接到端子 30 和端子 50 上（见图 4-65）。

④将万用表连接在蓄电池正极（＋）端子和端子 30 之间。

⑤将蓄电池负极（－）端子连接到起动机体上，然后转动起动机。

⑥测量流入起动机的电流，如图 4-66 所示。

注意：用蓄电池向起动机长时间供电会烧坏线圈，因此测试时间限定为3~5s。在无负荷测试中，电流会随起动机电机的不同而略有不同，有时甚至会达到300A的电流。预先查阅维修手册，务必使用容量足够大的电流表和导线。

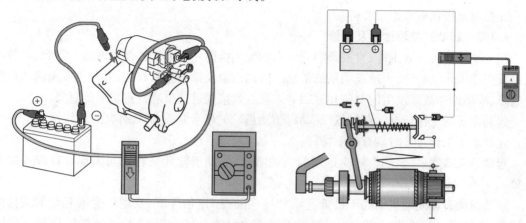

图4-65 空载试验接线情况

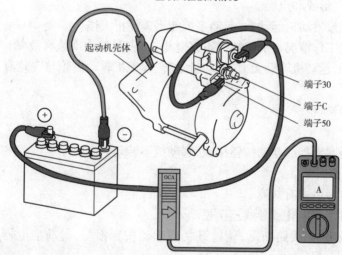

图4-66 检测起动机空载试验电流

（4）小齿轮返回检测

按图4-67所示连接线路，检查起动机齿轮动作情况，检验小齿轮返回情况。

5. 装复起动机

起动机经过性能试验，一切正常后，就可以重新安装到发动机上。安装时注意：

①起动机防尘罩、密封垫等密封元件要装好，防止尘土大量进入起动机内部，加速换向器和其他零件的脏污。

②正确分析有关导线和起动机各个接线柱的来龙去脉，将有关导线和起动机各个接线柱正确、可靠地连接起来。

③起动机和发动机的接触部位要清洁，无油漆、油

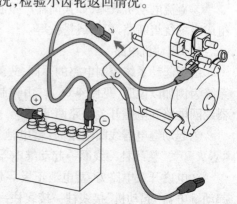

图4-67 起动机小齿轮返回试验

污等导电不良物质。减小起动机与发动机之间的接触电阻。

④起动机与发动机之间的连接螺钉要按规定力矩拧紧,保证起动机安装牢固、壳体可靠搭铁。

⑤蓄电池搭铁电缆连接要可靠。

4.3.2 起动系故障诊断及维修

起动系统能否正常工作,直接影响到汽车的使用性能和蓄电池的使用寿命。因此,明确起动系统正常工作的特征、了解起动系统常见故障的现象及诊断排除方法,对及时发现起动系统的故障、准确诊断故障发生的部位和原因并采取有效措施迅速排除具有重要的意义。

起动系统的工作情况,可以通过起动时驱动齿轮的啮合情况和发动机的运转情况进行检查。起动系统工作正常时具有如下特征:

起动开关接通后,驱动齿轮应迅速与飞轮啮合,驱动齿轮和飞轮之间无连续打齿或撞击现象;

起动机能带动发动机以高于最低起动转速(指在一定条件下,发动机能够起动的最低曲轴转速,汽油机一般为 50~70r/min、柴油机一般为 100~150r/min)的转速持续运转一定时间,便于可燃混合气形成和点燃。

起动开关断开或发动机起动后,起动系统能迅速停止工作。

如果起动系统工作情况与上述特征不完全相符,表明起动系统有故障。起动系统常见故障有起动机不转动、起动机转动无力、起动机空转、起动机驱动齿轮与飞轮有打齿(或撞击)现象等。

1.起动机不转动

(1)故障现象

钥匙开关旋至起动挡或起动按钮接通,起动机不转动。

(2)常见故障原因

①蓄电池严重亏电或有故障。

②蓄电池极柱严重氧化或导线连接松动。

③控制线路故障,如线路断路,钥匙开关或起动按钮损坏,起动继电器或组合继电器故障等。

④电磁开关故障,如吸拉线圈或保持线圈短路、断路、搭铁,接触盘和主接线柱严重烧蚀等。

⑤直流电动机故障,如换向器严重脏污或烧蚀,电刷磨损严重或在电刷架内卡死,电枢绕组或磁场绕组断路、短路或搭铁等。

(3)起动机电路

由于起动系统控制电路的不同,故障诊断的方法也有差异,下面以起动继电器控制的起动系统为例加以说明(见图4-68)。由控制电路和主电路两部分组成,控制电路又包括起动继电器线圈电路和电磁开关电路两部分。

①起动继电器线圈电路为:蓄电池正极→主接线柱→电流表→点火开关→起动继电器"点火开关"接线柱→线圈→起动继电器"搭铁"接线柱→搭铁→蓄电池负极。

②电磁开关电路为:蓄电池正极→起动机主接线柱→起动继电器"电池"接线柱→触点→起动继电器"起动机"接线柱→接线柱→(吸拉线圈→导电片→主接线柱→电动机)/(保持线圈)→搭铁→蓄电池负极。

③起动机主电路为:蓄电池正极→起动机主接线柱→接触盘→起动机主接线柱→磁场绕组→绝缘电刷→电枢绕组→搭铁电刷→搭铁→蓄电池负极。

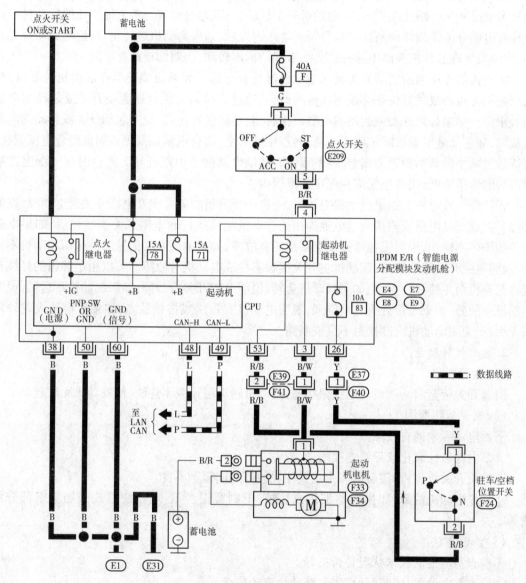

图4-68 日产天籁起动机系统线路

(4)诊断排除方法

发生起动机不转动故障时,可按如下方法诊断:

①检查蓄电池的技术状况。用电压表测量蓄电池带负载前后端电压的变化情况,端电压变化越大,说明蓄电池内阻越大、亏电越严重。正常情况下,开前照灯或按喇叭前后蓄电池端电压变化不大于0.1~0.2V;如果开前照灯或按喇叭前后蓄电池端电压变化大于0.2V,说明蓄电池亏电。

②检查蓄电池极柱和起动机主电路导线连接是否正常。如果蓄电池技术状况良好,但是灯光比平时暗淡或喇叭声音小,说明蓄电池极柱或导线连接不良;或者将起动开关接通数秒后,检查蓄电池极柱、起动机主接线柱等连接处是否明显发热,连接处温度越高,说明此处电阻

越大,接触越差。

③短接与蓄电池连接的起动机主接线柱和电磁开关接线柱,判断起动机是否正常。蓄电池技术状况和主电路连接正常后,起动机仍不转动,可以通过短接与蓄电池连接的起动机主接线柱和电磁开关接线柱判断起动机是否正常。短接后,如果起动机运转正常,说明起动机无故障,故障发生在起动机控制电路;反之,如果起动机不转动,表明起动机有故障。

④短接的方法判断起动开关或起动继电器是否正常。如果故障发生在起动机控制电路,可以先用万用表或试灯检查导线连接情况,然后通过短接的方法判断起动开关或起动继电器是否正常。如果起动开关或起动继电器短接后,起动机运转正常,说明起动开关或起动继电器有故障,如起动继电器线圈短路或断路、触点接触不良、闭合电压偏高等。如果闭合电压偏高,可以通过减小弹簧的预紧力调整,调整后使起动继电器触点由断开转为闭合时起动继电器线圈两端的电压降低,闭合电压应在规定的范围内。

⑤故障处置方法。如果起动机有故障,应进一步分析故障发生在电磁开关或电动机,以便维修。接通起动电路或短接与蓄电池连接的起动机主接线柱和电磁开关接线柱后,如果电磁开关的铁芯不动作,说明吸拉线圈或保持线圈有故障;如果电磁开关的铁芯动作而起动机不转动,说明电磁开关线圈正常,起动机主开关接触不良或电动机有故障。可以用足够粗的导线直接将起动机两主接线柱短接,如果起动机运转,说明电磁开关有故障;如果起动机不运转,说明电动机有故障,如果短接处火花特别强,说明电动机有短路或搭铁故障;如果短接处火花较弱或无火花,说明电动机内部接触不良或断路。

2. 起动机转动无力

(1) 故障现象

钥匙开关旋至起动挡或起动按钮接通,起动机转动缓慢或不连续,使发动机无法起动。

(2) 常见故障原因

①蓄电池亏电或有故障。

②蓄电池极柱氧化或导线连接松动。

③电磁开关故障,如接触盘和主接线柱烧蚀等造成接触不良。

④直流电动机故障,如换向器脏污或烧蚀,电刷磨损严重、电枢绕组或磁场绕组部分短路等。

(3) 诊断方法

①检查蓄电池的技术状况是否良好。

②检查蓄电池极柱和起动机主电路导线连接是否正常。

③如果蓄电池技术状况和主电路连接正常,起动机转动无力,表明起动机有故障。接通起动开关并用足够粗的导线直接将起动机两主接线柱短接,如果起动机运转正常,说明主接线柱和接触盘接触不良;如果起动机仍然转动无力,说明电动机有故障。

3. 起动机空转

(1) 故障现象

钥匙开关旋至起动挡或起动按钮接通,起动机高速转动,但发动机转动缓慢或不转动。

(2) 故障原因

①单向离合器打滑。

②驱动齿轮或飞轮齿圈损坏。

③驱动齿轮、飞轮齿圈、电枢轴衬套磨损严重。

④拨叉与电磁开关或单向离合器脱开、拨叉折断等。
(3)诊断方法
将曲轴转动一定角度后重新接通起动开关,若起动正常,说明飞轮齿圈少数轮齿损坏,需更换齿圈。若起动机仍然空转,应拆检起动机。
4. 起动机驱动齿轮与飞轮有打齿(或撞击)现象
(1)故障现象
钥匙开关旋至起动挡或起动按钮接通,起动机驱动齿轮与飞轮经常有打齿(或撞击)现象。
(2)常见原因
①蓄电池亏电或有故障。
②蓄电池极柱氧化或导线连接松动。
③保持线圈有故障。
④起动继电器断开电压偏高。
⑤驱动齿轮与限位环之间的间隙过大。
⑥驱动齿轮、飞轮齿圈、电枢轴衬套磨损严重。
⑦单向离合器缓冲弹簧太软或折断、拨叉脱出等。
(3)诊断方法
诊断此类故障时,应首先辨别起动机驱动齿轮与飞轮之间的打齿是由于啮合不牢造成,还是由于啮合时间不对引起。如果是啮合不牢造成的,起动时发动机转速较低或不连续,发动机不能起动,并发出间断或连续的轮齿撞击声;如果是啮合时间不对引起的,由于驱动齿轮进入啮合前已经高速转动,啮合时,便与飞轮齿圈发生撞击,发出连续的轮齿撞击声,驱动齿轮与飞轮啮合后,轮齿撞击声消失,起动机运转正常。

根据轮齿撞击声音是否连续,对啮合不牢造成的打齿故障应采取不同的诊断方法。如果轮齿撞击声音是连续的,说明打齿故障可能是由驱动齿轮、飞轮齿圈、电枢轴衬套磨损严重,或单向离合器缓冲弹簧折断、拨叉脱出等引起的;如果轮齿撞击声音是间断的,说明打齿故障是由蓄电池、线路连接、起动继电器、起动机等引起的,可按如下方法诊断:
①检查蓄电池的技术状况是否良好。
②检查蓄电池极柱和起动机主电路导线连接是否正常。
③若蓄电池技术状况和主电路连接正常,将起动继电器的"蓄电池"接线柱和"起动机"接线柱短接后,如果起动机运转正常,说明起动继电器断开电压偏高,需要调整,调整方法是适当调整起动继电器固定触点的高度,使起动继电器触点由闭合转为断开时,起动继电器线圈两端的电压降低,(注意:调整断开电压前,必须首先检调闭合电压,因为调整闭合电压时,断开电压也会发生改变);如果仍然有打齿现象,说明起动机保持线圈有故障。

由于啮合时间不对引起的打齿故障,主要是由于驱动齿轮与限位环之间间隙过大或驱动齿轮、飞轮齿圈齿端磨损严重或单向离合器缓冲弹簧太软造成的,可按如下方法诊断:
首先将驱动齿轮与限位环之间间隙调到最小,如果打齿现象消失,说明打齿故障是驱动齿轮与限位环之间间隙过大或驱动齿轮、飞轮齿圈齿端磨损严重引起的,以后再出现同样的打齿故障时,需更换驱动齿轮或飞轮齿圈;反之,说明打齿故障是单向离合器缓冲弹簧太软引起的,应更换单向离合器缓冲弹簧。

4.4 起动系实训

4.4.1 起动机的拆装

训练目标:通过拆装掌握起动机的结构,熟练拆装技巧,基本掌握起动机的调整方法。仪器与工具:起动机、拆装工具(一字旋具、十字旋具、钳子、扳手等)。

1. 分解

①从电磁开关接线柱上拆开起动电机与电磁开关之间的连接导线。

②松开电磁开关总成的2个固定螺母。取下电磁开关总成。

注意:在取出电磁开关总成时,应将其头部向上抬,使柱塞铁芯端头的扁方与拨杆脱开后取出。

③拆下换向器的2个螺栓,取下换向端盖。

④拆下电刷架及定子总成。

⑤将起动机电枢总成及小齿轮拨叉一起从起动机机壳上拉出来。

⑥从电枢轴上拆下电枢止推挡圈的右半环、卡环、电枢止推挡圈左半环,拆下单向离合器总成。

2. 组装

起动机的组装程序与分解相反,但要注意:在组装起动机前,应将起动机的轴承和滑动部位涂抹润滑脂。

4.4.2 起动机的检测

训练目标:了解起动机各部件的性能参数,掌握起动机的检测方法。

仪器与工具:已分解的起动机部件、蓄电池、游标卡尺、导线、锉刀、砂纸、万用表等。

1. 电枢的检查

①电枢线圈对搭铁短路的检查。

②换向器铜条与轴之间的绝缘检查。

③换向器铜条之间的断路试验。

④电枢轴跳动的检查。

⑤换向器最小直径的检查。

⑥换向器跳动的检查。

⑦换向器绝缘云母片的检查。

2. 电刷与电刷弹簧的检查

3. 磁场线圈的检查

①磁场线圈断路的检查。

②磁场线圈对搭铁短路的检查。

4. 电磁开关线圈断路的检查

5. 小齿轮及单向离合器的检查

6. 检查电枢轴与衬套的磨损情况

4.4.3 起动系电路检测

训练目标:学会汽车电路图的读识技巧,掌握在汽车上检测起动系电路的方法,了解起动机的电流走向。

仪器与工具:试验车一台、万用表、旋具、起动线路试验台(或相关零部件)
①根据汽车电路图分析起动系电路。
②检查起动机控制线路,主要检测线路的通断情况。
③检查起动机供电线路,重点检测线路各节点的电压降情况,各节点连接处的电压降不得大于0.2V。
④连接起动系电路。

4.4.4 起动系故障检测

训练目标:了解起动机不工作故障的易发部位;掌握起动机的结构和工作原理;能够熟练排除起动机不工作的故障。

仪器与工具:汽车一台;汽车电器万能试验台;万用表一个;常用工具一套。

①起动发动机的同时,接通前照灯或喇叭,观察灯光亮度和喇叭声响是否正常,如变弱,则检查蓄电池是否亏电和线路连接是否松动。
②短接起动机电磁开关与蓄电池正极接柱,观察起动机运转情况,如运转正常,则检查点火开关。
③短接起动机开关接柱,观察起动机运转情况,如运转正常,则检查起动机电磁开关。
④从车上拆下起动机,然后拆下起动机电刷,检查起动机电刷和换向器表面状况,换向器表面应无烧蚀现象,电刷在电刷架内应活动自如,无卡滞现象,电刷与换向器的接触面积不应小于4/5,电刷长度不应小于新电刷的2/3。
⑤以上检测都正常,若起动机不转,则故障为励磁线圈断路。
⑥若起动机转动无力,则故障为励磁线圈短路。
⑦若外部电路接触火花很大,则故障为励磁线圈或电刷架搭铁。
⑧若有运转不均匀的现象,则故障为励磁线圈和电枢线圈短路。
⑨若输出转矩小,则故障还可能为电刷接地不良。
⑩确认并排除故障后,将起动机装回发动机。
⑪再次起动发动机,发动机能正常起动,确认系统正常无故障。

4.5 模块小结

1. 小结

①起动机的作用就是起动发动机。发动机的起动方式有人力起动、辅助汽油机起动和电力起动机起动,目前常用起动机起动。
②起动系统的功用是将蓄电池的电能转变成为用来起动发动机的机械能。
③起动机由串励直流电动机、传动机构和控制装置三部分组成。
④串励直流电动机主要由电枢、磁极、电刷与电刷架、轴承等部件构成。
⑤每当导体中有电流通过时,导体周围就会产生磁场。
⑥当自身周围产生磁场的导体被放到另一个磁场中时,不同部位磁场的加强和削弱引起导体的运动。
⑦换向器用来为电流进入N极和S极之间的电枢绕组提供了正确的通路,保证电枢产生的电磁转矩方向不变。
⑧起动机有4个绕组或磁极。

⑨起动机励磁线圈被绕制在起动机内的固定磁极铁芯上。
⑩电枢由许多绕在软铁叠层铁芯上的线圈组成。叠层铁芯能够减少涡流。
⑪起动机上的电刷用来将电流引入到转动的电枢绕组上。
⑫起动机的传动机构有多种形式，包括惯性式传动机构、单向离合器式传动机构。起动机按操纵机构分为直接操纵式起动机和电磁操纵式起动机两种。
⑬电动机离合器的作用是将电动机的电磁转矩传递给发动机使之起动，同时又能在发动机起动后自动打滑，保护起动机不致飞散损坏。离合器分为滚柱式离合器、摩擦片式离合器和弹簧式离合器。
⑭两种传动机构的功用都是用来使驱动齿轮与飞轮齿圈进入啮合，并在发动机开始靠自身动力运转时脱离啮合。
⑮电磁开关中的吸拉线圈和保持线圈用来正确地操纵衔铁。

2. 专业术语

直流电机　换向器　电刷　起动信号　叠层铁芯　单向离合器　传动机构　驱动齿轮　磁极　电磁开关

模块五　点火系统

学习目标

1. 了解点火系统的组成、结构、工作原理和发展过程;
2. 熟悉电控点火系统的组成与工作原理;
3. 掌握点火系统主要部件的结构及维修方法。

学习重点

1. 电控系统的工作原理;
2. 电控系统中信号发生器的工作原理;
3. 电控点火系统的闭环控制;
4. 电控点火系统的维修。

学习难点

1. 点火提前角;
2. 火花塞点火机理与影响因素;
3. 电控系统中信号发生器的工作原理。

5.1　点火系概述

由四冲程汽油发动机工作原理可知,发动机正常工作必须具备三要素,即:比例适中的可燃混合气,较高的压缩压力,在正确点火正时刻提供强烈的电火花。这个"强烈的电火花"就是来自点火系统。

5.1.1　点火系的功用与分类

点火系统用点火线圈产生的高电压来产生火花,点燃已经被压缩的可燃混合气。可燃混合气在汽缸内被压缩和点燃,混合气燃烧产生发动机的动力。汽油发动机主流点火系网络结构,如图5-1所示。

1. 点火系的功用

点火系的作用是将蓄电池或发电机提供的低压电变为高压电,按照发动机的工作顺序,适时、准确地将高压电分配给各缸火花塞,使之跳火,点燃可燃混合气。点火系应用在汽油机和其他气体燃料的发动机上。

(1)点火系的功能

点火系能在规定的时刻,按发动机的点火顺序供给火花塞以足够能量的高压电流,使其两电极间产生电火花,点燃可燃混合气,使发动机做功。

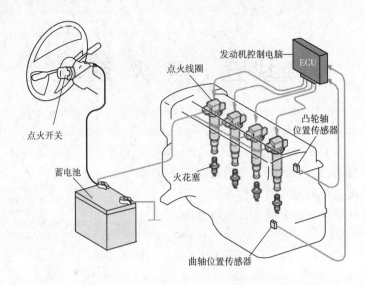

图 5-1　汽油发动机主流点火系网络结构

（2）点火过程

在火花塞的两个电极之间加上高压直流电压时，电极之间的气体便发生电离现象。随着电极间的电压的升高，气体电离的程度不断增强。当电压增大到一定值时，火花塞两电极间的空气间隙被击穿而产生电火花，击穿电压一般在 15～20kV。

2. 点火系的要求

（1）能产生足以击穿火花塞电极间隙的高电压

火花塞电极之间产生火花的电压称为击穿电压。为了保证可靠的点火，在点火系统中所提供的强烈电火花产生于火花塞电极之间，以便于点燃可燃混合气。因为空气具有一定的电阻值，这个电阻值随空气密度压缩程度而增大，所以点火系统必须能产生数万伏的高电压以保证产生强烈电火花去点燃可燃混合气。

（2）火花塞产生的电火花应具有足够的能量

仅有高电压也不能保证可靠点火。要使混合气可靠地被点燃，一般要求电火花的点火能量为 50～80MJ，起动时应大于 100MJ。

（3）点火时间要适当

首先，点火系应按照发动机的工作顺序依次为各个汽缸点火。其次，对于每一个汽缸而言，必须在最有利的时刻点火，以保证产生有效的最大爆发力，油耗最低，排放污染最小。

点火时刻用点火提前角来表示。点火提前角是指从火花塞跳火开始到活塞压缩行程上止点为止的一段时间内发动机曲轴所转过的角度。通常把发动机发出功率最大和油耗最低的点火提前角称为最佳点火提前角。点火提前角过大（点火过早），不仅使发动机功率下降、燃料消耗增加，还会引起爆震，加速机件的损坏。点火提前角过小（点火过迟），会导致燃烧压力降低，发动机功率下降，引起发动机过热，油耗增加。因此，点火系统必须始终根据发动机的转速和载荷的变化提供适时正确的点火提前角。

（4）持久的耐用性

点火系统必须具备足够的可靠性，以适应发动机产生的振动和所处的高温环境。

5.1.2　点火提前角

在汽油机中，当可燃混合气在上止点开始被点燃后，其最大爆发力发生在上止点后约 10°

位置(见图5-2),这时可燃混合气燃烧的热能才能最有效地转化为爆发力。而可燃混合气点燃时,并不能立刻产生最大爆发力,而存在一个固定时长的燃烧过程。由于发动机转速及负荷均为变化值,为保证汽缸做功的最大爆发力,始终保持在上止点后10°位置,点火正时应该根据发动机转速及负荷情况进行适时调整。

点火正时用点火提前角来表示。为了使发动机具有较好的性能,点火不能在压缩终了时进行,而必须有一定的提前量。

1. 控制点火正时的必要性

点火正时的适时调整,可使发动机随时根据工况保持在上止点后10°的位置产生最大的爆发力。因此,点火系统必须能够根据发动机工况在正确时刻点燃可燃混合气,使发动机始终能够产生有效的爆发力。

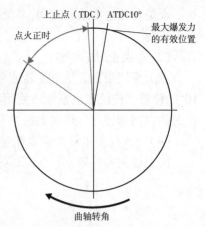

图5-2 点火正时的意义

(1)滞燃期

汽缸点火后,可燃混合气不会立即燃烧。而是从火花附近的小范围(火焰中心)首先开始燃烧,然后扩展到周围区域。从可燃混合气被点火那一刻到混合气燃烧这段时间,被称为滞燃期(见图5-3中 AB 之间)。

实际上,这个滞燃期是恒定的,它不受发动机工况变化的影响。因此,点火正时的提前量则需要根据发动机转速进行调整。

(2)火焰传播期

火焰中心形成后,火焰逐渐向外扩展,其扩展速度称为火焰传播速度,其周期称为火焰传播期(见图5-4中 BCD)。进气量大时,单位容积内的混合气变多,可燃混合气中微粒之间的距离减小,从而加速了火焰的传播。此时进入汽缸混合气的涡流越强,火焰传播的速度越快。

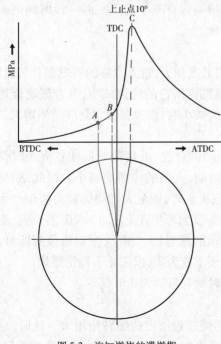

图5-3 汽缸燃烧的滞燃期

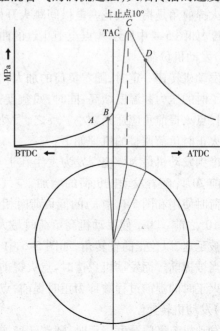

图5-4 火焰传播期

火焰传播速度快的时候,必须减小点火正时的提前量。因此,必须根据发动机的工况控制点火正时。

(3)点火正时的调整

点火系统根据发动机的转速和负荷调整点火正时,以使最大燃烧爆发力发生在上止点后10°的位置。传统点火系统中使用机械装置的离心式点火提前和真空点火提前装置,调整点火正时的提前和延迟。现在电控发动机中普遍采用电控点火提前调整方式。

(4)点火提前角对发动机性能的影响

由上述内容可知,当汽油机保持节气门开度、转速以及混合气浓度一定时,汽油机功率和耗油率随点火提前角的改变而变化。对应于发动机每一工况都存在一个"最佳"的点火提前角,对于现代汽车而言,最佳的点火提前角不仅保证发动机的动力性和燃油经济性都达到最佳值,还必须保证排放污染最小。

点火提前角过大(点火过早),则大部分混合气在压缩过程中燃烧,活塞所消耗的压缩功增加,且缸内最高压力升高,末端混合气自燃所需的时间缩短,爆震倾向增大。点火过迟,则燃烧延长到膨胀过程,燃烧最高压力和温度下降,传热损失增多,排气温度升高,功率、热效率降低,但爆震倾向减小,NO_x排放量降低。实验证明,最佳的点火提前角,应使发动机汽缸内的最高压力出现在上止点后10°。如图5-5所示,适当的点火提

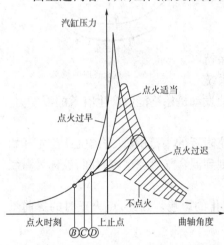

图5-5 点火提前角对发动机性能的影响

前角,可使发动机每循环所做的机械功最多(C曲线下阴影部分)。

2.影响点火提前角的因素

点火提前角是指从火花塞电极间跳火开始,到活塞运行至上始点时的一段时间内曲轴转过的角度,如图5-4中所示A点至上止点的曲轴转角。

(1)发动机负荷

当发动机转速一定时,随着负荷的加大,节气门开度加大,进入汽缸的可燃混合气量增多,压缩终了时的压力和温度增高,同时,残余废气在汽缸内所占的比例减小,混合气燃烧速度加快,这时,点火提前角应适当减小。反之,发动机负荷减小时,点火提前角则应适当增大。

点火正时负荷调整的机理如下:

考虑到发动机最大燃烧爆发力发生在上止点后10°位置,低负荷时最佳点火正时设定在上止点前20°。随着发动机负荷的增加,空气密度增加,火焰的传播期减小。因此,如果发动机高负荷时使用和图5-6中a)的低负荷时相同的点火正时,则最大燃烧爆发力将会产生在上止点后10°之前。为了使发动机高负荷时最大燃烧爆发力产生在上止点后10°的位置,点火正时必须被延迟,以校正曲轴转角,如图5-6中b)所示的延迟量。相反,发动机负荷低时,点火正时应当被提前。而发动机怠速时,点火提前量必须小或为零,以防止不稳定燃烧。

点火正时的提前过程被称为正时提前,点火正时的延迟称为正时延迟。

(2)发动机转速

当发动机节气门开度一定时,随着转速增高,燃烧过程所占曲轴转角增大。这时,应适当加大点火提前角。因此,点火提前角应随转速增高适当加大。点火正时转速调整的机理如下:

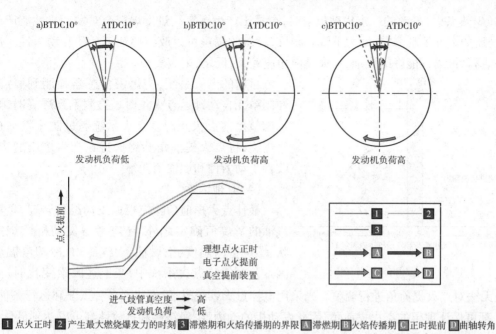

1 点火正时 2 产生最大燃烧爆发力的时刻 3 滞燃期和火焰传播期的界限 A 滞燃期 B 火焰传播期 C 正时提前 D 曲轴转角

图 5-6 发动机点火正时负荷调整

假设发动机的转速提高到 2000r/min。而实际上点火延迟时间不因发动机的转速的变化而固定不变。这时燃烧所占的曲轴转角比 1000r/min 时增加了,如果在 2000r/min 时使用和图 5-7 中 a)相同的点火正时,则发动机的最大燃烧爆发力将产生在上止点后 10°之后。因此,为了在 2000r/min 时使最大燃烧爆发力产生于上止点后 10°的位置,点火正时必须进一步提前,以校正最大爆发力时曲轴转角的延迟,见图 5-7b)中所示。

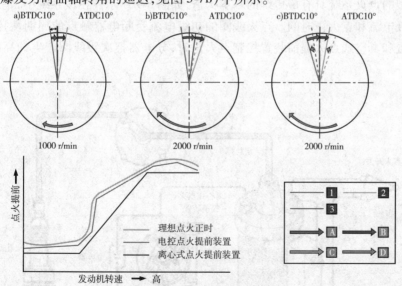

1 点火正时 2 产生最大燃烧爆发力的时刻 3 滞燃期和火焰传播期的界限 A 滞燃期 B 火焰传播期 C 正时提前 D 曲轴转角

图 5-7 点火正时的转速调整

(3)汽油的辛烷值

点火提前角还与汽油的抗爆性能有关(见图 5-8)。爆震是由燃烧室中的空气燃油混合气自燃(炽热点火)导致的。点火被提前时,更易于产生爆震。过度爆震会对发动机性能产生负影响,比如燃油消耗率差,动力下降。相反,轻微的爆震可以改善燃油消耗率和动力性。使用辛烷值高,抗爆性能好的汽油,点火提前角应较大;反之,则应较小。

目前的点火系统,当爆震传感器检测到爆震时,控制单元自动延迟点火正时。检测不到爆震时,则自动调整提前点火正时。点火系统通过防止发动机产生爆震,将点火提前角始终保持在产生爆震的边际,改善了动力性和燃油消耗率。

(4)其他因素

最佳点火提前角除应根据发动机的转速、负荷和汽油的辛烷值确定之外,还应考虑发动机燃烧室形状、燃烧室内温度、空燃比、大气压力、冷却液温度等因素。在传统点火系统中,当上述因素变化时,点火

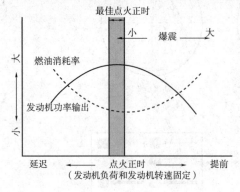

图5-8 点火正时的爆震控制

系统无法对点火提前角进行调整。当采用电控点火系统时,发动机在各种工况和运行条件下,ECU都可保证理想的点火提前角,因此发动机的动力性、经济性和排放性都可以达到最佳。

5.1.3 点火系的进化

点火系以蓄电池或发电机为电源,提供12V低压直流电,借点火线圈和断电器将低压电转变为高压电,再经过分电器分配到各缸火花塞,使火花塞两电极之间产生电火花,点燃可燃混合气。按点火控制方式有不同的进化和分类,按其控制方式可分为断电器触点型、晶体管控制型和计算机控制型等。

1. 断电器触点式

这种类型的点火系统具有最传统的基本构造,如图5-9所示。在该系统中,是通过机械控制来控制初级电流和点火正时的。点火线圈的初级电流受断电器触点的周期性控制,离心式点火提前装置和真空式点火提前装置控制点火正时,分电器把次级线圈产生的高压分配到火花塞。

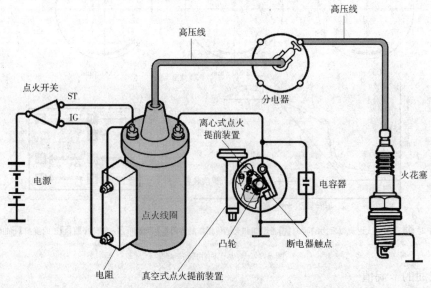

图5-9 断电器触点式点火系统

由于断电器触点式点火系采用机械开关控制装置,控制精度差、高速性能不佳,已被晶体管无触点点火系和计算机电控点火系所取代。

2. 晶体管式点火系统

晶体管控制点火系统通过晶体管(三极管)的开关作用,控制点火线圈中初级绕组电路的通断,使点火线圈产生高压电。在这种点火系统中,晶体管根据信号发生器产生的电信号周期性地控制初级电流的通断。而其点火正时控制装置与断电器触点式相同,如图5-10所示。

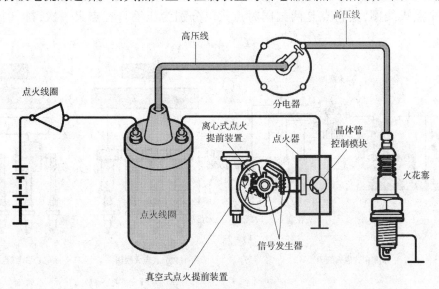

图5-10 晶体管式点火系统

3. 带电控点火提前装置的晶体管式点火系统

在这种点火系统中(见图5-11),离心式点火提前装置和真空式点火提前装置已不再使用。采用了发动机电控单元(ECU)中的电控点火提前(ESA)功能控制着点火正时。

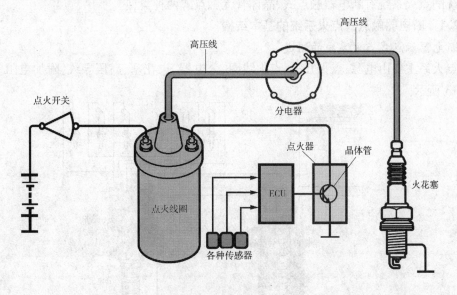

图5-11 带电子控制点火提前的晶体管式点火系统

117

4. 计算机电控点火系统

这种点火系统取消了分电器，由发动机控制单元控制，点火组件直接向火花塞提供高压电。点火正时由发动机电控单元(ECU)中的电子点火提前装置控制。这种点火系统在目前的汽油机中占主导地位，其点火线圈模块有整体式、两缸共用和单缸独立式三种结构方式，如图5-12所示。

图5-12中的a)型采用集中式点火线圈；b)型采用单缸独立的点火线圈；c)型点火系统两缸共用一个点火线圈，其特点是两缸同时点火。分别为压缩行程点火一次，排气行程点火一次。

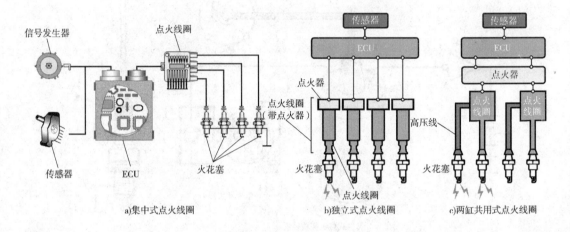

图5-12 计算机电控点火系统

5.2 传统点火系统简介

传统的点火系统有断电器触点式、晶体管无触点式两种类型。

5.2.1 断电器触点式点火系统的基本结构

1. 断电器触点式点火系统的组成

该点火系主要由电源、点火开关、点火线圈、分电器、火花塞、高压导线、附加电阻等组成，如图5-13所示。

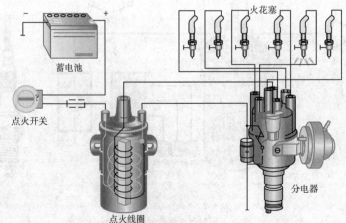

图5-13 传统点火系组成

2. 断电器触点点火系统的电路

断电器触点式点火系统电路，如图 5-14 所示。

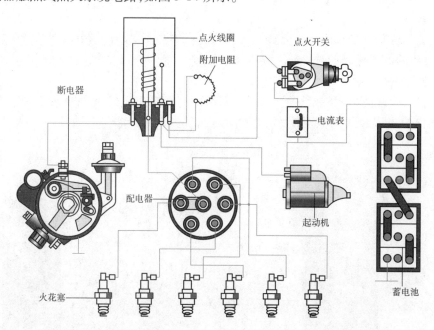

图 5-14 断电器触点式点火系线路

3. 断电器触点点火系统的工作原理

该点火系统由蓄电池供电，其电压为 12V，由点火线圈和断电器共同产生 10kV 以上高压电。其中，点火线圈实际上是一个变压器，主要由初级绕组、次级绕组和铁芯组成。设立在分电器中的断电器是一个凸轮操纵的开关。断电器凸轮由发动机凸轮轴驱动，并以同样的转速旋转，即曲轴每转两圈，凸轮轴转一圈，为了保证曲轴转两圈各缸轮流点火一次，断电器凸轮的凸棱数等于发动机的汽缸数，断电器的触点与点火线圈的初级绕组串联，用来切断或接通初级绕组的电路，如图 5-15 所示。

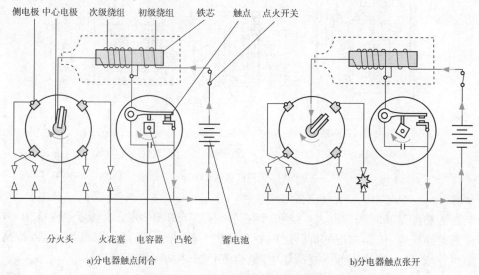

a) 分电器触点闭合　　　　　　　　　　　　　b) 分电器触点张开

图 5-15 断电器触点式点火系的工作原理

5.2.2 断电器触点点火系统主要元件的构造与原理

断电器触点式点火系统主要由点火线圈、分电器、高压线和火花塞等元件组成。

1. 点火线圈

点火线圈功用是把电源的低压电转变成火花塞点火所需要的高压电。按其铁芯结构形式不同,分为开磁路和闭磁路两种。

(1) 开磁路点火线圈

开磁路式点火线圈采用柱形铁芯,其上下两端没有连接在一起,磁力线通过空气形成磁回路。这种结构的点火线圈的磁阻较大,泄漏的磁通量多,磁路损失大,转换效率低,如图5-16所示。

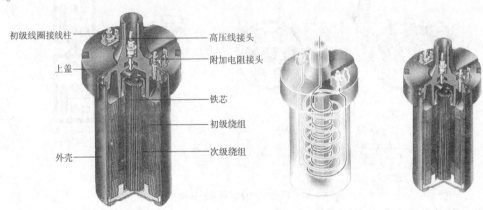

图5-16 开磁路式点火线圈结构

(2) 闭磁路点火线圈

闭磁路点火线圈的铁芯用"口"字形或"日"字形的铁片叠制而成。这种点火线圈的磁路闭合,泄漏的磁通量和磁路损失大大减小,点火线圈的转换效率高,其结构如图5-17所示。

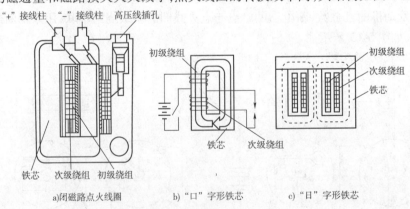

a) 闭磁路点火线圈　　b) "口"字形铁芯　　c) "日"字形铁芯

图5-17 闭磁路式点火线圈

2. 分电器

分电器的功能是实时控制点火系统初级电路的接通与断开,动态调整点火提前角,并将点火线圈传来的高压电,依靠内部的旋转配电装置依次分配出去,经过分缸高压线,再传递到各个汽缸的火花塞,在火花塞头部形成高压电弧,点燃汽缸内的可燃混合气。

分电器由断电器、配电器、电容器、点火提前角调节装置和驱动机构等部分组成,如图5-18所示。

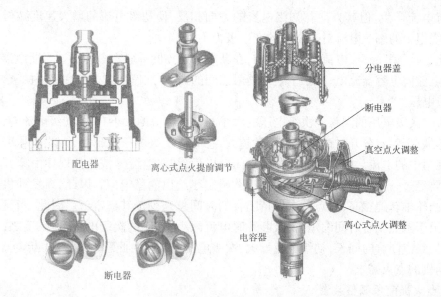

图 5-18 分电器的结构

(1) 分电器的功用
① 接通或断开初级电路。
② 将点火线圈产生的高压电按照发动机点火顺序分配给各缸火花塞。
③ 根据发动机转速和负荷自动调节点火时刻。

(2) 分电器的工作过程
① 当断电器触点闭合时：点火线圈初级绕组的一端经点火开关与蓄电池相连，另一端接断电器的活动触点臂，固定触点通过断电器外壳搭铁，断电器触点间并联有电容器。当断电器触点闭合时，低压的初级电流由蓄电池的正极经点火开关、点火线圈的初级绕组（约 200～300 匝的粗导线）、断电器触点臂、触点、搭铁流回蓄电池的负极（见图 5-14）。由于回路中流过的是低压电流，所以称这条电路为低压电路或初级电路。初级绕组通电时，其周围产生磁场，由于铁芯的作用而加强。

② 当断电器触点断开时：当断电器凸轮顶开触点时，初级电路被切断，初级电流迅速下降到零，铁芯中磁通量随之迅速衰减以至消失，因而在匝数多（1500～23000 匝）、导线细的次级绕组中感应出很高的电压，使火花塞两电极之间的间隙被击穿，产生电火花。初级绕组中电流下降的速率越大，铁芯中磁通量的变化率越大，从而次级绕组中的感应电压也越高。

点火线圈次级绕组中的感应电压称为次级电压，通过的电流称为次级电流。次级电流所流过的电路称为高压电路。

发动机工作时，在断电器触点分开瞬间，次级电路中分火头恰好与分电器盖的侧电极对准。点火线圈次级绕组产生的次级电流，经点火开关、蓄电池、火花塞的侧电极、中心电极、高压导线、分电器流回点火线圈的次级绕组。

③ 电容器的作用。当点火线圈铁芯中磁通量发生变化时，在次级绕组中产生高压电，同时也在初级绕组中已产生感应电压和电流。在触点分开、初级电流下降的瞬间，感应电流与原初级电流方向相同，其电压高达 300V，在触点间产生强烈的火花，这不仅容易使触点迅速烧蚀，影响断电器正常工作，同时使初级电流的变化率下降，导致次级绕组中感应的电压降低，火花塞间隙中的火花变弱，难以点燃混合气。在断电器触点闭合、初级电流增大的过程中，初级绕

组中也有电流产生,但其方向与初级电流的方向相反,使初级电流的增大速度减慢。由此可见,初级绕组中的感应电流对高压电的产生极为不利。

因此,为了消除感应电流的不利影响,在断电器触点间并联有电容器。当断电器触点分开时,感应电流向电容器充电,减小了断电器触点间的火花,加速初级电流和磁通的衰减,从而提高了次级电压。

④影响次级电压的因素。次级电压的大小与初级电流的大小有关,初级电流越大,铁芯中的磁场越强,当触点分开时磁场变化率就越大,感应的次级电压也越高,为此应尽可能增大流过初级绕组中的电流。但是在断电器触点闭合以后,初级电流是按指数规律由零开始逐渐增长,需要经过一定时间以后,才能达到按欧姆定律给出的稳定值。因此,当发动机正常工作时,由于凸轮轴转速很高,触点每次保持闭合的时间总是少于其稳定值。因此,当发动机转速升高时,由于触点闭合时间缩短,初级断开时电流减小,感应的次级电压下降;反之,发动机转速降低时,触点闭合时间长,初级电流增大,次级电压升高。由此看来,触点式断电器无法满足高速发动机的点火需求。

(3) 点火提前角调整装置

①真空点火提前调整装置。触点式分电器的负荷调整,普遍采用真空式点火提前调节装置,该装置可随发动机的负荷自动调整,如图 5-19 所示。

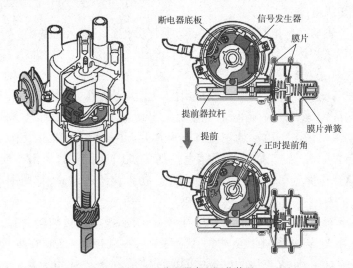

图 5-19 分电器真空调节装置

②转速点火提前调整装置。触点式分电器的转速调整装置采用离心式点火提前调节装置,该装置随发动机转动,能自动调节点火提前角,如图 5-20 所示。

③辛烷值调整。由于化油器式发动机不能自动感应爆震发生的趋势,辛烷值适应范围非常小,因此,当爆震现象严重时,可通过分电器壳与缸体安装位置上设有的手动校正装置进行微调,如图 5-21 所示。

3. 火花塞

火花塞接受由点火线圈生成的高电压,在火花塞的中心电极和搭铁电极(侧电极)间的间隙内产生电火花,点燃汽缸内的可燃混合气。

(1) 火花塞的结构

火花塞由中心电极、侧电极、外壳和瓷绝缘体等组成,如图 5-22 所示。火花塞电极间隙为 0.6~0.8mm。

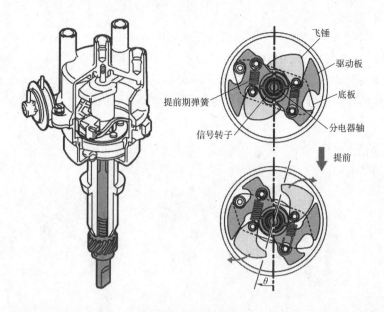

图 5-20　离心式调节装置

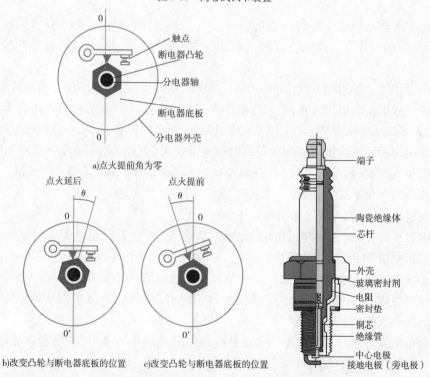

图 5-21　分电器点火提前角手动调整

图 5-22　火花塞结构

（2）火花塞的种类

根据电极材质不同，火花塞可分为以下 3 种：

①电阻型火花塞。由于火花塞的电火花可产生电磁干扰，甚至会使电子设备失灵。这一类型的火花塞装有含有陶瓷电阻器来防止这一现象发生（见图 5-23a））。

②白金（铂）电极火花塞。这一类型的火花塞用白金（铂）作为中心电极和搭铁电极，白金焊在中心电极和搭铁电极的顶端。中心电极的直径比常规火花塞的要小。它在耐用性和点火

性能上表现优越(见图5-23b))。

③铱电极火花塞。这一类型的火花塞用铱合金作为中心电极,用铂金作为搭铁电极。铱(较铂有更高的耐蚀能力)是焊在中心电极顶端的,但焊在搭铁电极上的仍是白金。中心电极的直径比白金火花塞的更小。此类火花塞中有些并未在其接地电极焊上白金而为较厚的镀层。铱金火花塞具有耐用性和高性能的双重优点(见图5-23c))。

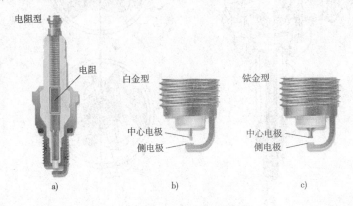

图5-23 不同材质电极的火花塞

普通铜芯火花塞的使用寿命约30000km,而上述采用铂、铱合金的火花塞的使用寿命为100000~240000km,并有较高性能表现。其更换间隔期可随车型、发动机规格和使用范围不同而变化。

由于白金和铱金都耐蚀,所以这些火花塞的中心电极可以制作得很小,仍能具有优良的引燃火花性能。如果发动机运转正常,则两次更换之间不需要调整火花塞间隙和清洗。

注意:为了防止电极遭到意外损坏,不得用金刚砂火花塞清洁器对白金和铱金的火花塞进行清洗。使用这种装置清洗将损坏火花塞电极贵金属层,使火花塞不能发挥正常功能。但是,如果电极积炭或过脏,则可在短时间(最多20s内),在火花塞清洗器中对其清洗。此类火花塞的间隙在使用中也不需要调整。

根据电极形式不同,火花塞可分为以下3种:

①多电极型火花塞。这种类型的火花塞包括多个搭铁电极以便经久耐用、有以下3种类型:二电极、三电极和四电极(见图5-24a))。

②凹槽火花塞。这种类型的火花塞包括搭铁电极或者一个带有U形或V形槽的中心电极。这种槽能使电极外部产生火花,这样就推动了火焰的膨胀。增强了发动机空转、低速和高负载条件下的点火性能(见图5-24b))。

③发射电极火花塞。这种类型的火花塞设有伸进燃烧室的电极,以便增强燃烧。它必须只能用于专门为之设计的发动机中(见图5-24c))。

(3)火花塞的点火机理

火花塞上产生的火花点燃可燃混合气,使其爆发做功,通常称为燃烧。缸内燃烧不会立刻发生,其过程如下所述。

电火花由搭铁电极穿过压缩后的可燃混合气到中心电极。结果,可燃混合气沿着火花的路径被触发,产生化学反应(氧化作用),同时产生热量,形成火焰中心(见图5-25)。火焰中心触发周围的可燃混合气。这样,火焰中心的热量向外扩展并称之为火焰传播,点燃可燃混合气。

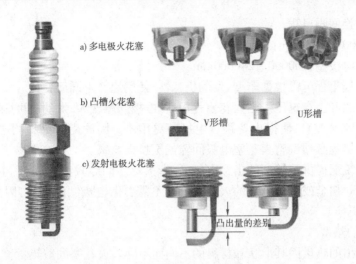

图 5-24 火花塞的电极形式

如果火花塞电极的温度太低或电极的间隙太小,电极将吸收火花产生的热量。结果,火焰中心将被熄灭,导致缺火。这种现象称为"电极猝熄"。如果电极猝熄效应比较明显,则火焰中心将被熄灭。实验表明:电极越小,猝熄作用越小。电极越呈现方形,越容易放电。

某些火花塞为了改善点火性能在搭铁电极上有一个 U 形槽,或在中心电极上有 V 形槽。那些带槽火花塞比电极上不带槽的火花塞具有较小的猝熄作用,以形成较大的火焰中心。同样,还有些火花塞通过较细的电极减小猝熄效应。

(4) 影响火花塞点火的因素

影响火花塞点火性能的有以下因素:

① 电极形状和放电性能。球形电极放电困难,方形或尖形的电极放电较容易。火花塞经过长时间的使用,电极烧蚀成球形之后,导致放电困难。因此,火花塞应定期更换。火花塞的电极越细越尖,越容易产生火花(见图 5-26)。但是,那样的火花塞耗损较快,使用寿命较短。因此,这些火花塞电极上使用带白金或铱金的电极,非常耐耗损,即为日常使用的白金或铱金电极火花塞。

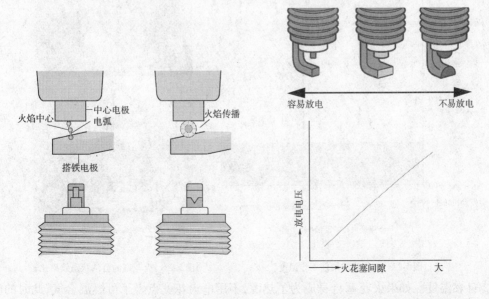

图 5-25 火花塞点火机理　　　　图 5-26 电极形状与放电性能的关系

火花塞的更换间隔里程：

普通型：10000～60000km；

白金或铱金电极型：100000～240000km。

火花塞的更换里程可以根据车型、发动机特性、使用地区不同而变化。

②火花塞间隙和击穿电压。当火花塞耗损后，电极间隙变大，发动机可能会缺火。中心电极和搭铁电极间隙增大后，使得火花跳过电极就更困难。因此需要更高的电压来产生火花。所以每隔一定的里程必须调整火花塞电极间隙或更换火花塞。

如果点火系统能提供足够高的击穿电压，尽管火花塞间隙较大，也能产生强火花，而且更容易点燃混合气。白金或铱金电极的火花塞一般不需要做电极间隙调整，因为它们不容易耗损（它们只需要更换）。

（5）火花塞的热型

由火花塞散出的热量因其形状和材料的不同而不同。火花塞的散热量称为热值。

火花塞能散出较多热量称之为"冷塞"，因为火花塞自身保持较冷。散热量较少的称之为"热塞"，因为自身保持较多的热量。

火花塞体上打印有（刻上）的数字和字母的组合代码，用来说明其构造和性能。代码因生产厂家的不同而稍有不同。通常，热值越大，火花塞越冷，因为它散热好。热值越小，火花塞越热，因为它不容易散热。火花塞的中心电极温度在自洁温度450℃至自燃温度950℃之间时，性能最佳，如图5-27所示。

①自洁温度。当火花塞达到一定温度后，它能烧掉聚集在点火区域内的积炭，以保持点火区域的清洁此温度称为自洁温度。火花塞的自洁作用发生在电极温度450℃以上时。如果尚未达到自洁温度，意味着电极温度低于450℃，积炭会聚集在点火区域，这将导致火花塞缺火（火花塞温度过低状态见图5-28）。

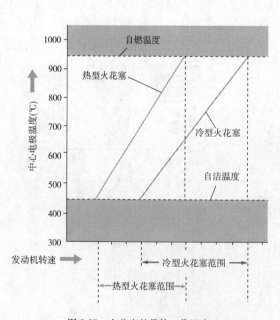

图5-27 火花塞的最佳工作温度

图5-28 火花塞的自洁状态效果比较

②自燃温度。如果火花塞自身成为了热源，不用电火花就点燃了可燃混合气，此时的温度称为自燃温度。当火花塞电极温度超过950℃时就会发生自燃。如果发生这种现象，由于不

正确的点火正时,会导致发动机功率下降,同时火花塞电极或活塞可能会熔化(见图5-29)。

③火花塞的热型。为了使火花塞的温度保持在自洁温度(500~600℃)范围内,不同的发动机设计就必须按要求使用不同类型的火花塞,如图5-30所示。

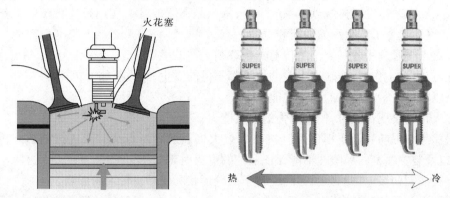

图5-29 火花塞的自燃现象　　　　图5-30 火花塞的热型

火花塞的热型可分为热型、冷型和普通型三种。

热型——绝缘体裙部较长,吸收热量多而散热慢。用于低压缩比且转速比较低的发动机。
冷型——绝缘体裙部较短,吸收热量少而散热快。用于高压缩比且转速比较高的发动机。
普通型——介于热型和冷型之间。

5.2.3 无触点点火系统

1. 无触点点火系的工作原理

无触点点火系由:正时信号发生器、点火控制器、点火线圈、配电器和火花塞等组成,如图5-31所示。

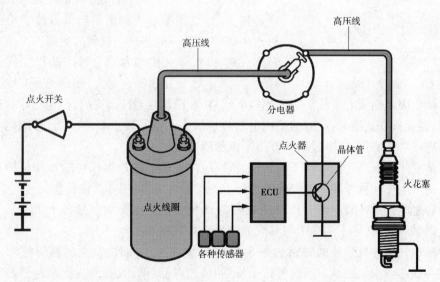

图5-31 无触点点火系统

断电器触点式点火系采用机械触点方式工作,其在发动机高速运转时,低压电路导通时间短,点火能量低,导致高速性能不佳,高速时容易出现缺火现象。另外断电器触点分开时,在触点之间产生电火花,使触点逐渐氧化、烧蚀,导致触点使用寿命短,并成为发动机主要运行故障之一。因此,传统点火系无法适应现代发动机的需求,已被无触点点火系和微机控制的点火系所取代。

2. 无触点点火系的特点

无触点点火系是针对传统点火系的不足,采用晶体管的开关作用替代传统的机械触点装置,较大幅度地提升了点火系的性能和寿命。

无触点点火系利用各种类型的传感器代替断电器的触点,产生点火信号,控制点火系的工作。因此,点火系工作时,与触点有关的故障都不可能发生,并具有如下优点:

①可以明显改善发动机的高速性能;

②在火花塞出现积炭时,仍有较强的跳火能力;

③仍靠离心提前和真空提前两套机械式点火提前装置对点火时间进行调节。机械的滞后、磨损以及装置本身的局限性不能保证最佳的点火时刻。

④点火线圈初级电路的导通时间受转子凸轮形状和发动机转速的影响。

需要指出的是,随着汽油机电喷技术的普及,无触点点火系已被计算机电控点火系统所取代,这里仅作简单的介绍。

3. 正时信号发生器

正时信号发生器可发生点火的脉冲信号,在需要火花时,对点火控制器即电子控制模块进行触发,使点火线圈发出高电压。点火信号发生器按使用的传感器形式不同,主要有三种类型:磁电式、霍尔效应式、光电式。

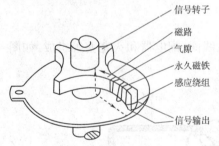

图 5-32 磁电式脉冲发生器

(1)磁电式脉冲发生器

磁电式脉冲发生器如图 5-32 所示。永久磁体和感应绕组固定在分电器底板上。信号转子由分电器轴驱动,信号转子的凸齿数与发动机汽缸数相同。永久磁体的磁通经转子凸齿、底板形成磁路。当信号转子上的凸齿接近永久磁体(定子)时将产生较大的磁通。当信号转子离开永久磁体时,永久磁体和信号转子凸齿之间的空气间隙(气隙)增大,磁阻也随之增大,使磁通量减少。

感应绕组因磁通量的变化而产生感应电动势,在凸齿接近或离开时,凸齿与永久磁体最近点的瞬间,磁通量变化最大,此时的感应电动势也最大。信号转子旋转一周,感应电动势在增大过程中有一个正峰值,衰减过程中有一个负的峰值。

磁通量变化率取决于信号转子的转速,所以脉冲发生器输出电压可随发动机转速的上升而增大。这一电压和脉冲频率的变化除用作点火信号外,还可用作其他传感信号。

另一种磁电式脉冲发生器工作原理如图 5-33 所示。它主要由信号转子组成。其信号转子由分电器轴驱动,转子上的凸齿与其汽油机的汽缸数相等。

该种磁电式脉冲发生器的磁路如图 5-33 中的虚线所示,即由永久磁铁→气隙→信号转子→气隙→铁芯→永久磁铁。当信号转子按顺时针方向转动,且其凸齿逐渐向铁芯方向靠近时,转子凸齿与铁芯间的气隙越来越小,磁阻逐渐变小,则穿过传感线圈的磁通逐渐增多,线圈中产生感应电动势。

当信号转子的凸齿正好与铁芯对正时,转子凸齿与铁芯间的空气隙最小,磁阻最小,则穿过传感线圈的磁通量最大。但此时的磁通变化率为 0,传感线圈中的感应电动势亦为 0。传感线圈中的磁通及感应电动势波形如图 5-34 所示。

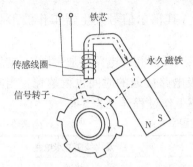
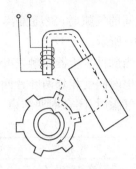

a)转子凸齿转向线圈铁芯　　b)转子凸齿与线圈铁芯中心线对齐　　c)转子凸齿离开线圈铁芯

图 5-33　磁电式脉冲发生器工作原理

当信号转子的凸齿离开铁芯正对位置时,转子凸齿与铁芯间的气隙越来越大,磁通向减小方向变化。当转到某一位置时,其减小的变化率为最大,故线圈中的感应电动势最高,呈负的最大值。此后,由于磁通减小的速率变慢,故线圈中的感应电动势呈负值减小。

可见,在这种脉冲发生器中,当信号转子每旋转一周所产生交变电动势波形数与汽缸数相等,可将每个脉冲输出,送至电子控制模块输入端,以便准确控制每个缸的点火。显然,脉冲发生器输出电压可随发动机转速的上升而增大。

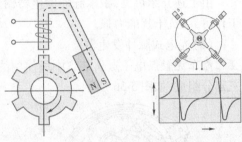

图 5-34　传感线圈中的磁通及感应电动势波形

(2)霍尔脉冲发生器

霍尔脉冲发生器是利用霍尔效应原理制成的一种开关装置,通过改变霍尔电压以触发点火。图 5-35 所示为霍尔脉冲发生器的工作原理图。霍尔半导体片固定在陶瓷座上,有四个电接头。信号电流由 AB 输入,霍尔电压由 CD 输出。该基片的对面装有永久磁体,中间有空气间隙。触发叶轮由分电器轴驱动,触发叶片上有与发动机的汽缸数相等的叶片。当叶片通过或离开气隙时,即发出断、通磁场信号,起到开关装置的作用。

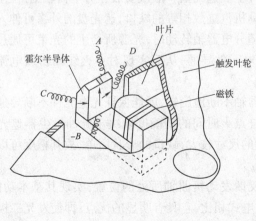
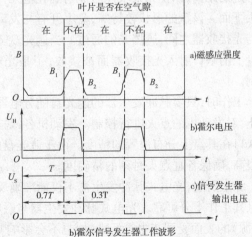

a)霍尔脉冲发生器的工作原理　　b)霍尔信号发生器工作波形

图 5-35　霍尔脉冲发生器的结构原理

当叶片转离气隙时,磁通通过霍尔基片,其 CD 端产生霍尔电压;当叶片转入磁铁和霍尔块之间的气隙时,磁通偏离霍尔块,使霍尔电压降到零。其霍尔信号发生器工作波形见图5-35b)所示。

当脉冲发生器的触发叶片通过气隙时,控制模块使点火线圈初级电路接通。因此,初级电路通电时间受相邻两叶片间的间距控制。间距越小,初级电路接通的时间也就越长。当叶片离开气隙时,闭合周期结束,产生火花,火花塞跳火。上述工作过程详见表5-1。

霍尔脉冲发生器的工作过程   表5-1

叶片位置	霍尔电压	点火线圈初级电路
在气隙中	无	接通
在气隙外	有	断开

由上述介绍可见,霍尔脉冲发生器输出电压的幅值不受发动机转速的影响,其结构简单、工作可靠、抗干扰能力强。

(3)光电式脉冲发生器

汽车无触点电子点火装置中所使用的光电式脉冲发生器,主要由光源、光接收器和遮光盘三部分组成,如图5-36所示。

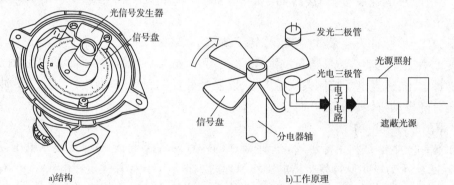

图5-36 光电式脉冲发生器

光源采用发光二极管,光接收器可以是光电二极管或光电三极管。它与光源相对应,并相隔一定的距离,以使光束聚焦后照射到光电元件上。遮光盘一般被安装在分电器轴上,位于分火头下面。该盘的形状较特殊,盘上开有与发动机汽缸数相等的缺口,遮光盘的外缘可伸入光源与光接收器之间,遮挡光的通过。当遮光盘随分电器轴转动时,光源所产生的光束可通过遮光盘上的缺口射入光接收器而被接收,于是光电元件导通,从而实现对点火线圈初级电流的控制。

工作时,只要脉冲发生器的遮光盘随分电器轴不断地旋转,就能保证光电元件不断导通或截止,对发动机的点火进行控制。发动机各汽缸点火时间的精确度取决于脉冲发生器遮光盘的缺口在其盘上分布位置的精度。由于遮光盘的尺寸较大,缺口的形状简单,故其精度可以做到很高,确保各缸点火时刻的精确度。

综上所述,光电式脉冲发生器不仅能准确反馈发动机曲轴所处的位置,实现其基本功能,而且其工作十分可靠。光电式脉冲发生器与磁电式相比,它具有明显的优点:即使发光二极管(光源)的表面受到灰尘等污染时,也不会影响其正常工作;即使光电三极管(光接收器)只接收到10%的光束时,它就能处于饱和导通状态;其输出信号呈方波,具有清晰、明快的特点,不会引起点火提前离心调节特性曲线的畸变;其输出信号不受发动机转速的影响等。

4. 电控模块

电控模块又称点火控制器(点火器),其作用是根据接收的脉冲发生器的信号接通或切断点火线圈初级绕组的电流。下以磁电式脉冲发生器配用的电控模块为例,典型的电控模块由四个部分组成,即脉冲成形、闭合角控制、稳压和复合晶体管输出等,如图 5-37 所示。

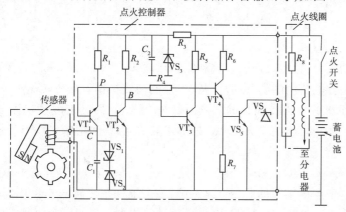

图 5-37 磁电式电控模块

(1)脉冲成形

信号发生器产生的交流信号输给触发电路之后,脉冲被整形成矩形波,其宽度取决于发生器输出脉冲的持续时间,其高度取决于发动机的转速。

(2)闭合角控制

闭合角是变化的,以保证通电时间基本不变。当发动机转速上升时,增大闭合角;当发动机转速下降时,减小闭合角。避免低速时通电时间过长,点火线圈过热;高速时,通电时间过短,次级电压下降。

(3)稳压电路

由于汽车电路中的电容器上充电电压、电感线圈的感应电压以及蓄电池电压的变化都会引起电控模块的供电电压的改变,将会使点火时间控制不准确。因此,该模块还装有一级稳压电路,以保证控制模块的供电电压稳定。

(4)初级开关电路

初级电路电流的开关控制通常由复合晶体管放大级完成,复合管与点火线圈初级电路串联,电子控制模块控制着复合晶体管的通断,从而控制了初级电路的通断。

5. 点火信号产生的方式

(1)磁电感应式

磁电感应式点火系由分电器轴驱动的导磁转子转动改变磁路磁阻,使感应线圈的磁通量发生变化而产生点火电压信号。

(2)霍尔效应式

霍尔效应式点火系是由分电器轴驱动的导磁转子转动,使通过霍尔元件的磁通量的变化而产生点火信号。

(3)光电效应式

光电效应式电器轴驱动的遮光转子转动,通过阻挡和穿过发光二极管光线的变化,使光敏二极管产生点火信号。

(4)电磁振荡式

电磁振荡式点火系是由分电器轴驱动的耦合转子转动,通过振荡电路起振和不起振的变化,再经滤波电路滤波后而得到点火信号。

5.3 计算机控制点火系统

5.3.1 概述

1. 传统点火系统的不足

在老款的发动机上,触点式点火系统和无触点电子点火系仅仅采集发动机负荷与转速两个运行参数,即:由分电器内的离心和真空点火提前装置根据发动机转速和负荷变化对点火提前角进行控制。而影响点火提前角的因素除转速和负荷外,还有发动机冷却液温度、进气温度、节气门开度等。因此,传统点火系和普通电子点火系均不能满足发动机最佳点火提前角的要求,特别是电喷发动机的需求。

2. 计算机控制点火系统的优势

计算机控制电子点火系简称电控点火系统,该系统是在普通电子点火系的基础上,取消了分电器结构中的离心和真空机械提前装置,采用计算机对点火提前角进行控制,从而使发动机在各种工况下都有最佳的点火时刻,提高了发动机的动力性和经济性,且排放污染最小。相对其他点火系,电控点火系具有以下优点:

①取消了机械式点火提前调节装置,电控点火系根据发动机的工况变化自动地调节点火提前角。

②自动调节初级电路的导通时间,使高速时初级电路的导通时间延长,增大初级电流,提高了次级电压;低速时初级电路导通时间适当缩短,限制初级电流的幅度,以防止点火线圈过热。

3. 电控点火系统的基本构造

电控点火系主要由电控单元(ECU)、传感器、点火模块、点火线圈和火花塞等部件组成,如图5-38所示。其点火线圈、高压线及火花塞等部件的结构原理与普通电子点火系基本相同。

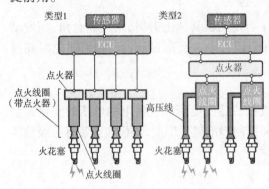

图5-38 计算机电控点火系统

5.3.2 电控直接点火系统

对于传统点火系统来说,能量的大部分损失发生在点火线圈、分电器和高压线等环节中。在电控独立点火系统中,不再使用常规型分电器。取而代之的是对每个汽缸提供一个带有独立的整体式带点火器的点火线圈,因而此系统不需使用分电器或高压电线,所以能降低高电压电路的能耗并提高其耐用性。同时,因为不再使用触点,可将电磁干涉降到最低程度。点火正时控制是通过使用电子控制点火提前程序来控制的。电控直接点火系统由各传感器、带点火器的点火线圈、发动机控制单元和火花塞等构成,如图5-39所示。

1. 发动机控制单元ECU

现代汽车发动机多采用集中控制系统,电控点火系统是发动机ECU的一个子系统。ECU既是燃油喷射系统的控制核心,也是点火控制的核心部分,在ECU的只读存储器中,除了存储

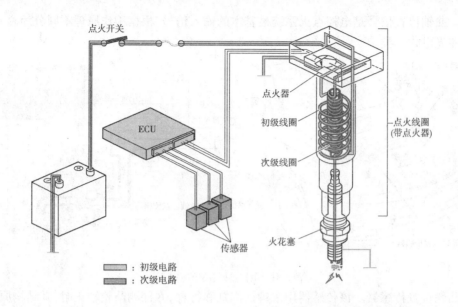

图 5-39　电控单缸独立点火系统

有监控和自检等程序外,还存储了由制造厂台架试验测定的该型发动机在各种工况下对应的最佳点火提前角数据麦谱图(见图 5-40)。ECU 中的随机存储器用来存储计算机工作时暂时需要存储的数据,如 I/O 数据、单片机计算得出的结果、故障代码、点火提前角修正数据等,这些数据根据需要可随时调用或被新的数据改写。CPU 用来接收上述各种传感器的信号,按预先存储的程序经判断和运算后给点火控制器输出最佳点火提前角和闭合角的控制信号,达到准确点火的目的。

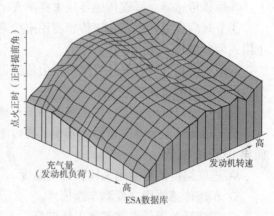

图 5-40　点火提前角数据库模型图

与常规系统和机械式点火正时控制器相比,用点火提前角数据库控制的方法具有较高的精度和设置点火正时的自由度,使该系统更好地节约燃油,并增加功率输出。

2. 传感器

在电控点火系统中,各种传感器将发动机运行状态的表征,即发动机运行工况的各种物理量、电量和化学量等信号转换成计算机能识别的数字信号,然后经过计算机进行处理、判断与运算,确定输出,对发动机进行点火控制。

点火系统所使用的传感器主要包括:曲轴转角传感器、发动机转速传感器、空气流量传感器、进气温度传感器、冷却液温度传感器、节气门位置传感器、爆震传感器以及各种开关量输入,其中大部分传感器与燃油喷射、怠速转速控制等共用,如图 5-41 所示。

各种开关信号用于修正点火提前角。启动开关信号用于启动时修正点火提前角;空调开关信号用于怠速工况下使用空调时修正点火提前角;空挡安全开关仅在采用自动变速器的汽车上使用,用来判断发动机是处于空挡停车状态还是行驶状态,然后对点火提前角进行修正。

①曲轴位置传感器。曲轴位置传感器用来检测曲轴转角、活塞上止点位置和发动机转速

等信号。曲轴位置信号是电控点火系统最基本的输入信号,根据工作原理不同分为磁感应式、霍尔式和光电式三类。

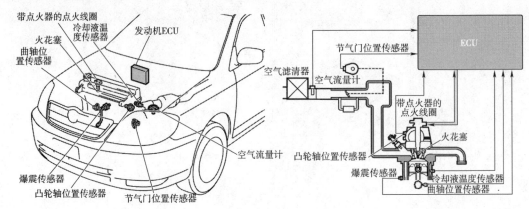

图 5-41 电控点火系统的传感器

②凸轮位置传感器。该传感器用来辨认汽缸和行程,并探测凸轮轴正时,其结构原理同曲轴位置传感器。

③爆震传感器。爆震传感器用来探测发动机的爆震,用以实现点火正时的闭环控制。

④节气门位置传感器。该传感器用来检测节气门的开度或加速信号,它有触点式和可变电阻式两种结构形式。

⑤空气流量计或进气歧管绝对压力传感器。该传感器是用来检测流入进气管的空气量,为提供发动机的负荷信号。

⑥冷却液温度传感器。该传感器用来检测发动机冷却液温度。

⑦其他传感器及开关信号。其他各种传感器和开关的结构、类型、数量和安装位置因车型而异,其作用如下:

◇ 进气温度传感器用来检测进气温度。

◇ 车速传感器用来检测车速信号。

◇ 空调开关提供空调系统工作信号。

◇ 加速踏板位置传感器用来检测驾驶人踩踏加速踏板的幅度。

◇ 空挡开关用来检测自动变速器是否置于空挡位置。

3. 点火线圈

电控直接点火系统的点火线圈结构与工作原理与传统的点火线圈相同。其初级和次级线圈都环绕在铁芯上,如图 5-42 所示。次级线圈的匝数大约是初级线圈的 100 倍。初级线圈的一端连接在点火器上,次级线圈的一端连接在火花塞上。两个线圈各自的另一端则连接在蓄电池上。工作时可产生足以在火花塞电极间引燃火花的高电压。

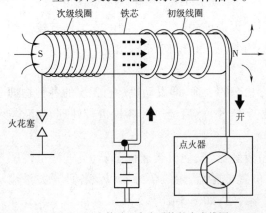

图 5-42 电控独立点火系统的点火线圈

①电流通过初级线圈时:当发动机运转时,根据发动机 ECU 输出的点火正时信号,蓄电池的电流通过点火器流到初级线圈,在线圈周围产生磁力线,如图 5-43 所示。

②断开流往初级线圈电流时:当发动机继续运转时,点火器按发动机电子控制单元输出的点火正时信号快速地断开流往初级线圈的电流。其结果是初级线圈的磁通量开始迅速减小,通过初级线圈的自感和次级线圈的互感作用,在阻止现存磁通量衰减的方向上产生的电动势。自感效应产生约为300V的电动势,而与其相间的次级线圈互感效应产生约为30kV高压电电动势,这样火花塞就产生火花放电,初级电流切断越迅速及初级电流值越大,则相应的次级电压也愈高(见图5-44)。

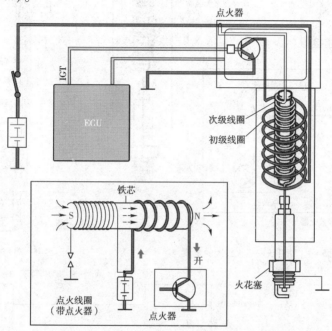

图5-43 点火线圈初级线圈的工作示意图

4. 点火控制器

点火器(或称点火模块)是电控单元的执行器之一(见图5-45)。它按电控单元输送的指令,利用内部的大功率三极管导通和截止,控制点火线圈初级电流的通断。点火器还具有闭合角控制、恒流控制及过电压保护等功能。部分发动机不另设点火器,大功率三极管组合在ECU内部,由其直接控制点火线圈中初级电流的通断。点火器按发动机电控单元输出的点火信号精确地中断流往点火线圈的初级电流。

(1)点火正时信号(IGT)

当IGT信号从切断转换至接通时,点火器接通初级电流,如图5-46所示。

①恒电流控制。当初级电流到达规定值时点火器将调节电流以限定最大电流值。

②凸轮闭合角控制。此控制器调节初级电流持续的时间长度(凸轮闭合角)。

当正时信号从接通转换至切断时,点火器切断初级电流。初级电流被切断的瞬间,在初级线圈中产生的数百伏的自感电压,而在次级线圈中产生成上万伏的互感电压,足以使火花塞引燃火花。

(2)确认点火信号(IGF)

点火器按发动机ECU的点火正时信号,精确地中断点火线圈中的初级电流。然后,点火器又按初级电流的电流值,向发动机的ECU输送1个点火确认信号,当点火器的初级电流达到预定值IF1时;IGF信号即被输出,如图5-47所示。

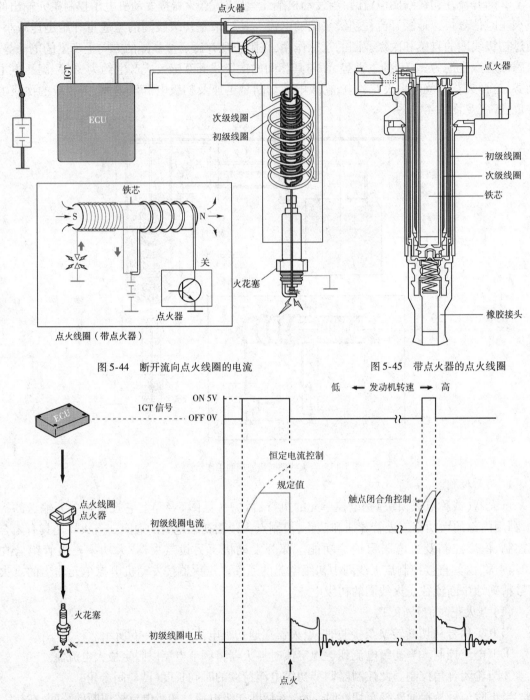

图 5-44　断开流向点火线圈的电流

图 5-45　带点火器的点火线圈

图 5-46　点火器的工作过程

当初级电流超过预定值 IF2 时，此系统就判定所允许的电流量已流过，因而允许 IGF 信号回至其原来的电压。IGF 信号的波形随发动机型号而不同。如果发动机 ECU 未收到 IGF 信号，则可认定点火系统内存在故障。为防止过热造成的不良影响，发动机 ECU 停止燃油喷射，并将故障存储在诊断功能中。但是，发动机 ECU 不能检测次级电流电路中的故障。因此，发动机 ECU 只能监视初级电流电路中的 IGF 信号。

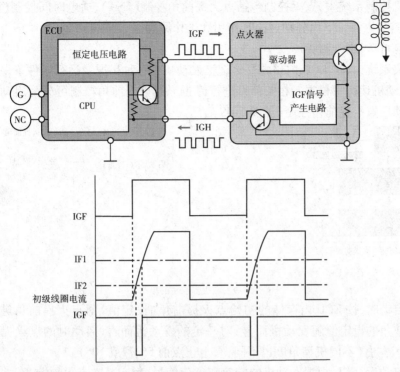

图 5-47 确认点火信号的过程

5.3.3 电控点火系的工作原理

在发动机工作过程中,各传感器不断地检测发动机的转速、负荷、冷却液温度、进气温度等信号(见图 5-48),并将检测信号经接口电路输入电控单元。ECU 根据这些信号参数进行查找、运算和修正,将计算结果转变为控制信号,向点火模块发出控制指令,接通点火线圈的初级电路。经过最佳的导通时间后,再发出控制指令,使点火模块切断点火线圈的初级电路,初级电流中断,在点火线圈次级绕组中产生高压电,经分电器送到火花塞,点燃混合气。发动机工作期间,电控单元还不断地检测爆震传感器输出的信号,分步骤将点火提前角减小,爆震消除后,又分步骤将点火提前角移回到爆震前的状态,实现对点火提前角的闭环控制。

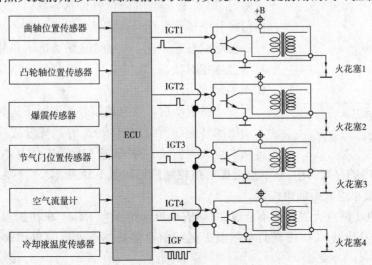

图 5-48 电控点火系统的工作原理

在发动机控制系统中,点火控制包括点火提前角控制(ESA)、通电时间控制(EST)和爆震控制(KNK)三个方面。下面分别讨论其作用和工作原理。

1. 点火提前角控制(ESA)

电控点火系统中,在 ECU 内预先存储记忆发动机在各种工况及运行条件下最理想的点火提前角,在发动机运行中根据各相关信号进行修正。点火提前角控制可分为启动时点火提前角控制和启动后点火提前角控制(见图 5-49)。

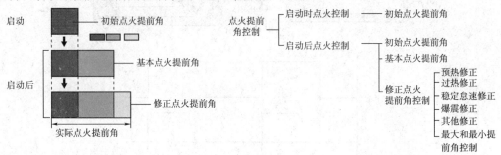

图 5-49　点火提前角的控制

发动机启动时,按 ECU 内存储的初始点火提前角(设定值)对点火提前角进行控制。启动时点火提前角的设定值随发动机而异,对一定的发动机而言,启动时的点火提前角是固定的,一般为 10°左右(不同机型角度也不同,有上止点前 5°、7°或 10°)。

发动机启动后,ECU 根据发动机的转速和负荷信号,确定基本点火提前角,并根据其他有关查信号进行修止,最后确定实际的点火提前角,并向电子点火控制器输出点火指令信号,以控制点火系的工作。

(1) 启动时点火提前角的控制

① 启动时点火提前角的控制。在发动机启动过程中,发动机转速变化大,且由于转速较低(一般低于 500r/min),进气歧管绝对压力传感器信号或空气流量传感器信号不稳定,ECU 无法正确计算点火提前角,一般将点火时刻固定在设定的初始点火提前角。此时的控制信号主要是发动机转速传感器信号和启动开关信号。

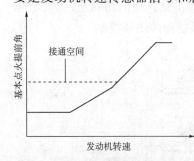

图 5-50　怠速时基本点火提前角的确定

② 启动后基本点火提前角的确定。发动机启动后急速运转时,ECU 根据节气门位置传感器信号、发动机转速传感器信号和空调开关信号确定基本点火提前角。

发动机急速工况下,为保证发动机工作稳定,空调工作时的急速相对较高,其基本点火提前角比空调不工作时大,如图 5-50 所示。

发动机启动后在除急速以外的工况下运转时,ECU 根据发动机的转速和负荷(单位转速的进气量或基本喷油量)确定基本点火提前角,不同转速和负荷时的基本点火提前角数值存储在 ECU 内的存储器中,基本点火提前角控制模型如图 5-51 所示。

(2) 最大、最小点火提前角控制

如果发动机实际点火提前角不合理,发动机很难保持正常工作。在初始点火提前角已设定的情况下,受发动机 ECU 控制的实际点火提前角只是基本点火提前角和修正点火提前角之和。

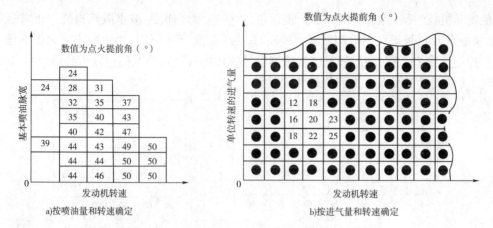

图 5-51 基本点火提前角控制模型

该值应保证在以下范围内：

最大点火提前角：35°～45°；最小点火提前角：-10°～0°。

2. 点火提前角的修正

发动机工作时，发动机 ECU 根据进气歧管压力（或进气量）和发动机转速，从存储器存储的数据中找到相应的基本点火提前角，再根据有关传感器信号值加以修正，便得出实际点火提前角（见图 5-52）。

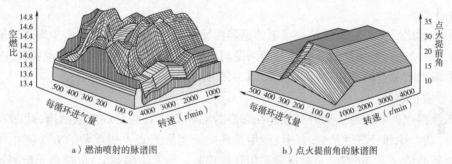

图 5-52 发动机电控模块预置的数据库

实际点火提前角 = 初始点火提前角 + 基本点火提前角 + 修正点火提前角

修正系数（或修正点火提前角）与修正项目之间的关系曲线都是预先存储在 ECU 中，ECU 根据初始点火提前角、基本点火提前角和修正系数（或修正点火提前角）计算实际点火提前角。主要修正项目有冷却液修正、怠速稳定修正和空燃比反馈修正等。

（1）冷却液修正

冷却液修正又可分为暖机修正和过热修正。

①暖机修正。发动机冷车启动后的暖机过程中，随冷却液温度的提高，混合气的燃烧速度加快，燃烧过程所占的曲轴转角减小，点火提前角也应适当减小，如图 5-53a）所示。在寒冷的气温情况下，通过该修正功能可将点火提前角提前大约 15°。修正曲线的形状与提前角的大小随车型不同而异。暖机修正控制信号主要有：冷却液温度传感器信号、进气歧管绝对压力传感器信号或空气流量计信号、节气门位置传感器信号（IDL 信号）等。

②过热修正。发动机工作时，随冷却液温度的提高，爆震倾向逐渐增大。冷却液温度过高时，为了避免产生爆震，必须修正点火提前角，如图 5-53b）所示。发动机处于怠速工况运行（IDL 触点接通）时，冷却液温度过高，一般是由于燃烧速度慢、燃烧过程占的曲轴转角过大，为

了避免发动机长时间过热,应增大点火提前角,以提高燃烧速度,减小散热损失。正常运行工况(怠速触点 IDL 断开),当冷却液温度过高时,为了避免产生爆震,则应减小点火提前角。过热修正控制信号主要有:冷却液温度传感器信号(THW 信号)、节气门位置传感器信号(IDL 信号)等。该修正量可使点火提前角最多延迟 5°。

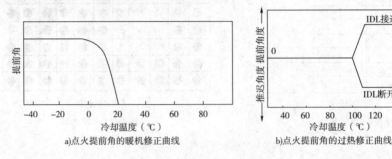

图 5-53　点火提前角的冷却液修正曲线

(2)怠速稳定修正

发动机在怠速运转过程中,由于负荷等因素的变化会导致转速改变,所以 ECU 必须根据实际转速与目标转速的差值修正点火提前角,以便保持发动机在规定的怠速转速下稳定运转,如图 5-54 所示。怠速稳定修正控制信号主要有:发动机转速信号、节气门位置传感器信号、车速传感器信号、空调开关信号等。

(3)空燃比

由于空燃比反馈控制系统是根据氧传感器的反馈信号调整喷油量的多少来达到最佳空燃比控制的,所以这种喷油量的变化必然带来发动机转速的变化。为了稳定发动机转速,点火提前角需要根据喷油量的变化进行修正,如图 5-55 所示。

(4)爆震控制

微机控制点火系统将点火时刻控制在爆震的临界点或有轻微的爆震状态,此时发动机热效率最高,动力性和经济性最好。一旦产生爆震则采用推迟点火提前角的方法防止爆震。在不发生爆震的情况下,电控单元对点火采用开环控制。当发生爆震时,电控单元检测到爆震传感器的爆震信号,此时对点火进行闭环控制,如图 5-56 所示。

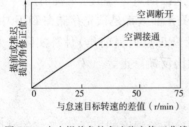

图 5-54　点火提前角的怠速稳定修正曲线

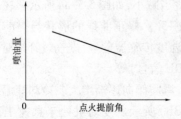

图 5-55　点火提前角的空燃比反馈修正曲线

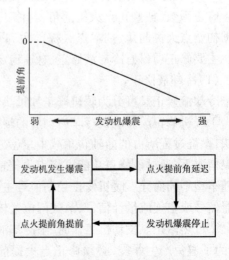

图 5-56　爆震控制的闭环系统框图

因此，利用点火提前角的闭环控制系统可有效地控制点火提前角，而使发动机工作在爆震的边缘。在微机控制电子点火系统中，爆震控制一般仅局限于在大负荷、中低转速状态，而在部分负荷和高转速时，则多采用开环控制。

(5) 其他修正

部分发动机在点火提前角系统中还设有 EGR、转矩控制、加减速转换、巡航控制和牵引力控制等修正，以便更有效地控制点火提前角。

①EGR（废气再循环）修正。当废气再循环且接触开关处于关闭状态时，需加大点火提前角，以便废气和进入的空气质量和发动机转速相一致，最终改善其运行性能。

②转矩控制修正。由于电控变速器的普及，其动力传递时行星齿轮变速器、离合器和制动器在变速过程中会产生一定的冲击震动。部分车型为减小这种加、减速时的冲击震动，通过减小点火提前角以降低发动机的转矩。

③加减速修正。当车辆从减速转换为加速时，点火提前角需要加大或减少，以便满足加速过程的需要。

④巡航控制修正。当进入巡航控制行驶时，在下坡行驶中，ECU 减小点火提前角，使在制动过程中产生的发动机转矩变化量减少，以保持平稳的巡航控制。

⑤牵引力控制修正。牵引力控制运作时，为了降低发动机转矩，推迟点火提前角。

3. 通电时间的控制

所谓通电时间即点火线圈初级电路的导通时间。当点火线圈的初级电路被接通后，初级电流是按指数规律增大的。然而，发动机转速的变化，会带来点火周期的增长和缩短，从而使点火线圈的通电时间增长和缩短；同时，电源电压的变化也对初级电路断开电流的大小有影响，当蓄电池电压下降时，在相同的通电时间内，初级电路的电流减小。因此，在发动机转速和电源电压发生变化时，必须对通电时间进行适时修正。

5.3.4 点火系统开环控制与闭环控制

点火系统的控制有开环控制点火和闭环控制点火两种方式。

1. 开环控制点火提前角

开环控制点火系统是以预存最佳点火提前角对发动机点火进行的控制。

在该系统中控制点火提前角时，需要有三个基本输入信号，即发动机负荷信号、发动机转速信号和曲轴位置信号。负荷信号可以通过空气流量计或进气压力传感器及节气门位置传感器测定；后两个信号可以通过分电器内或曲轴飞轮附近的凸轮轴式曲轴位置传感器测得。

对于点火提前角来说，就是要求得到一系列适应于各种工况下的最佳点火提前角，组成相应点火特征的三维控制脉谱图。点火脉谱图是控制系统中完成控制功能的主要依据，它将直接影响到控制的效果。脉谱图中的原始数据可通过发动机台架试验制取，主要是制取不同转速与不同负荷工况下的点火调整特性，并在汽车行驶中按照预定的准则，对燃油消耗、排放、功率、转矩、爆震倾向，以及其他行驶性能等优化后确定。

实际上，发动机在不同运行工况下运行时，对其动力性、经济性和排放污染量的控制标准不同。因此发动机的最佳点火提前角在不同运行工况下的优化准则应有所侧重。例如，在急速工况时，点火提前角应对降低急速排放有利，然后是考虑急速稳定与降低燃油消耗；在部分负荷运行工况时，点火提前角应突出其汽车行驶性能与燃油经济性；在大负荷运行工况时，点火提前角应重点在不产生爆震，且在运行时具有最大的转矩。将各种不同工况下测取的最佳点火提前角参数综合在一起，经过整理、修正与优化后，就组成了最佳点火提前角的脉谱图。

点火提前角脉谱图(见图5-52)是以数据形式存储在电控单元中的,它在运行时是不会改变的。在发动机运行过程中,又可以根据实际运行参数的变化,随时读出发动机在该运行点时,具有最佳的点火调整,这是普通点火系统控制性能所无法比拟的。

对点火闭合角进行控制也是控制点火系统的主要控制功能。闭合角影响电流流过点火线圈的时间与点火线圈储存的能量。为了使点火装置在发动机各种转速及保证在高转速运行时有足够的点火电压,就必须对点火闭合角进行控制,以保证在点火时刻具有一定的初级电流值。同时,控制点火闭合角还可以减少点火系统中不必要的能量消耗以及线圈中的发热。

由于点火闭合角取决于发动机的转速和蓄电池的供电电压,因此要求在不同的蓄电池供电电压、不同的转速下都应具有相同的初级通电时间。对闭合角的控制是通过一组点火闭合角的调节特性来实现的。随着转速的提高,应该适当增大闭合角,以防止初级储能下降,造成火花电压下降,点火困难。闭合角是作为蓄电池电压和发动机转速的函数,形成脉谱图后,以表格数据的形式与点火提前角脉谱图一样,存入 ECU 的程序存储器中。其工作原理与点火提前角控制相似。在蓄电池电压较低时,应该较早地将初级电路接通,即增大点火闭合角。

2. 闭环控制点火提前角

点火系统的闭环控制点火提前角主要是针对汽油机的爆震现象的控制与调节。它采用爆震传感器,对发动机的爆震进行检测与反馈,通过点火定时控制发动机在爆震界限的附近区域工作,作为改善发动机动力性能的一种手段。

爆震是由于燃烧室内的末端混合气被压缩而造成的一种异常燃烧现象。爆震产生时,在燃烧室内产生强度很大的压力波,其频率高达 10kHz。该高频压力波传给汽缸体后,会使机体产生振动,同时还可以听到尖锐的金属敲缸声。爆震对发动机的运行是有害的,发动机可能因严重的爆震而损坏。发动机的爆震倾向随压缩比的增加与燃烧质量的不稳定而增大。

爆震控制的功能,应在发动机所有的工况下都可消除爆震。当压缩比增高时,爆震界限常常处在燃料消耗量最小的点火角范围内,或较迟些。装有爆震控制装置的发动机可以设计成在这个范围内工作,而无需在发动机设计中,为考虑爆震的安全性而留有余地。

发动机产生爆震的原因很多,如发动机温度过高、负荷过大、汽油抗爆性差。消除爆震的方法除减小负荷、降低温度外,最常用的是调节点火提前角。在发动机实际运行时,点火时刻对爆震的影响很大,通过推迟点火(减小点火提前角)来消除爆震是非常有效的。

爆震与点火正时的关系如图 5-57 所示,当发动机在爆震界限附近工作时,发动机的功率、燃油消耗都很好。爆震控制的目的,正是控制点火正时处于发动机性能最佳而又不产爆震的界限附近。

目前,最实用的方法是通过检测发动机的振动来判断,即将爆震传感器安装在汽缸体上,利用压电晶体的压电效应,把爆震时传到汽缸体上的机械振动转换成电压信号输送给 ECU。有爆震时,逐渐减小点火提前角(推迟点火),直到爆震消失为止;无爆震时则逐渐增大点火提前角(提前点火),当再次出现爆震时,ECU 又开始逐渐减小点火提前角,爆震控制过程就是对点火提前角反复调整的过程。

发动机的爆震一般仅在大负荷、中低转速(小于 3000r/min)时产生,负荷较小时,发生爆震的倾向几乎为零,所以电控点火系统在小负荷范围内采用开环控制模式。当负荷超过一定值时,电控点火系统自动转入闭环控制模式。发动机工作时,ECU 根据节气门位置传感器信号判断发动机负荷的大小,从而决定点火系统是采用开环控制或闭环控制。同时应该考虑到,控制系统可以通过设计,来单独地推迟每个汽缸的点火提前角,以消除只存在某些受影响的汽缸中的爆震,而其他无爆震工作的汽缸,则仍继续以最佳的点火提前角工作。

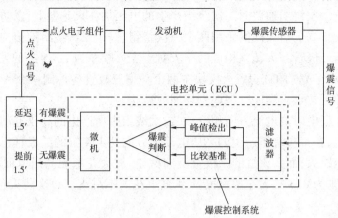

图 5-57 点火提前角的闭环控制

5.3.5 电控点火系的高压配电方式

电控点火系统取消了分电器,其配电方式可分为集中点火线圈式、双缸同时点火式和单缸独立式直接点火式三类,如图 5-58 所示。

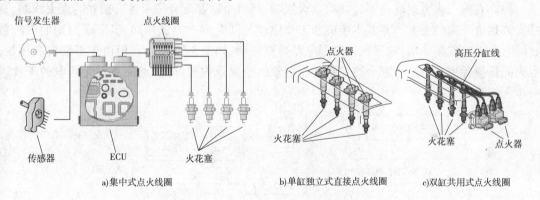

a) 集中式点火线圈　　b) 单缸独立式直接点火线圈　　c) 双缸共用式点火线圈

图 5-58 点火系统高压电的配电方式

集中点火线圈方式和双缸同时点火方式与传统点火系统相同,需要使用高压线。双缸同时点火式又分为点火线圈分配式和二极管分配式两种类型。

1. 双缸同时点火方式

双缸同时点火方式是指点火线圈每一次产生高压,使成对的两缸火花塞跳火。这种点火方式又被称为双缸共用点火方式。这里成对的两个缸通常称为同步缸,即两个缸的活塞同时到达上止点位置,但一个缸为压缩行程的上止点,另一个缸为排气行程的上止点。因此,两个缸的同时点火,一个为有效点火,另一个为无效点火。由于无效的点火缸处于排气行程,缸内气体的温度较高而压力较低,废气中导电离子较多,火花塞电极间的击穿电压很低,所以对有效点火缸火花塞的点火电压和跳火放电的能量影响很小。

①点火线圈分配方式。在点火线圈组件中,有两个(4 个缸)或三个(6 个缸)独立的点火线圈,每个点火线圈供给成对的两个火花塞工作。点火模块中有与点火线圈数量相等的大功率三极管,每一个三极管分别控制一个点火线圈工作。点火模块根据 ECU 输出的点火控制信号,按点火顺序轮流触发三极管导通和截止,控制每个点火线圈轮流产生高压电,通过高压导线直接供给两个成对汽缸的火花塞工作。

有些点火线圈分配式同时点火系统,在点火线圈二次绕组侧还接有一个高压二极管,此二极管的作用是阻止一次绕组通路时二次绕组产生的电压加在火花塞上,以防止误点火。

②二极管分配方式。点火线圈采用两个一次绕组、一个二次绕组的结构形式,二次绕组的两端通过4个高压二极管与火花塞构成回路。对于点火顺序为1-3-4-2的发动机,1、4缸为成对的缸,2、3缸为另一成对的缸。点火模块中两个功率三极管各控制一个一次绕组,两个功率三极管则由电控单元按点火顺序交替触发导通或截止。

两个一次绕组通电时的电流方向相反,在二次绕组中所产生的高压电动势方向也相反,当一个一次绕组断电,在二次绕组产生的高压电动势方向使1、4缸的二极管正向导通,火花塞电极电压迅速升高至跳火;而2、3缸的二极管反向截止,故火花塞无高压电而不跳火;当另一个一次绕组断电时,则为2、3缸火花塞跳火,1、4缸火花塞不跳火。每次跳火包括一个有效火花和一个无效火花。

2. 单缸独立式直接点火方式

独立直接点火方式如图5-58b)所示,发动机每一个缸配一个点火线圈。该点火系的组成和工作原理与同时点火方式基本相同,但需要判别的汽缸数比同时点火方式多一倍,故结构和控制系统比较复杂。

独立直接点火方式取消了公共的点火线圈,每一个缸都配置一个各自独立的点火线圈,直接安装到火花塞的上方。其基本组成和工作原理与同时点火方式相同,但需要判别的汽缸数比同时点火方式多一倍,故其汽缸判别电路要更复杂,如图5-59所示。但由于不需要高压线,点火能量损耗更小。高压部分被安装在汽缸盖的金属罩内被屏蔽,点火系对无线电的干扰进一步大幅降低。

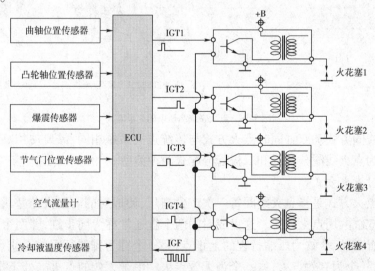

图5-59 单独点火方式控制电路

由于各缸具有一个独立的点火线圈,点火线圈初级绕组允许通电时间增加了2~6倍,可提供足够高的点火能量,即使发动机的转速高达9000r/min,线圈也有较长的通电时间(大的闭合角),保证了有足够的点火能量和次级电压。

与有分电器系统相比,在相同的转速和相同点火能量的情况下,单位时间内点火线圈的电流要小得多。点火线圈不易发热,可以做得小巧,适合压装在火花塞上,使发动机结构更为紧凑。

5.4 点火系的检修

5.4.1 点火系统的检修

1. 火花塞的检修

火花塞是点火系最末端的执行元件,其作用就是最后形成电火花,点燃混合气。因此,火花塞端面(露在燃烧室内的部分)长时间使用后的情况可以显示出火花塞的是否正常工作及燃油调整状况、混合气浓度、发动机状况。

(1)拆卸火花塞

依次拆下火花塞上的高压分线。在拆下高压分线时,应做好各缸的记号,以免搞乱,使重新安装时不会装错。

拆卸高压分线时,不要抓住电线猛拉,应该抓住高压分线的末端的防尘套扭转着拆下电线。

拆卸火花塞前,要清除火花塞孔处的杂物和灰尘。如果火花塞孔处有灰尘或杂物,可用嘴吹去灰尘和杂物;如果不易吹掉,可用抹布进行清理。用布块堵住火花塞孔,防止垫圈、钉屑等杂物从火花塞孔中落入汽缸,以免造成"拉缸"及其他部件损坏。

用火花塞套筒逐一卸下各缸的火花塞。拆卸时火花塞套筒要确保套牢火花塞,否则,会损坏火花塞的绝缘磁体,引起漏电。为了稳妥,可用一只手扶住火花塞套筒并轻压套筒,另一只手转动套筒,来卸下火花塞,卸下的火花塞应按顺序排好。

(2)检查火花塞

火花塞的正常状态是绝缘体端部颜色变成灰白或淡黄色。在绝缘体端部及电极上有少量易刮去或刷去的粉状堆积。壳体内呈淡灰色或有黄色甚至棕黑色的堆积物。

上述现象表明选用的火花塞正确,发动机燃烧正常。

如发现火花塞绝缘体顶端起疤、破裂或电极熔化、烧蚀都表明火花塞已烧坏,如图5-60所示,应进行更换。

a)正常　　　　　　b)有积炭　　　　　　c)过冷(热型不对)

d)烧机油　　　　　e)使用时间过长　　　　f)过热(热型不对)

图5-60　火花塞的异常状态

就车检查火花塞的经验做法是:将火花塞放置在缸体上(使火花塞能与缸体导通),用从点火线圈出来的中央高压线触到火花塞的接线柱上(不能有间隙),如图 5-61 所示,打开点火开关使高压电跳火,让高压电通过火花塞,如果从火花塞间隙处跳火,说明火花塞是好的;如果不从间隙处跳火,说明火花塞的内部瓷体的绝缘已被击穿,必须更换这只火花塞。

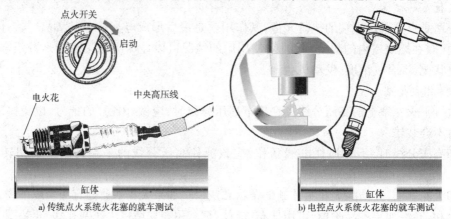

a) 传统点火系统火花塞的就车测试　　b) 电控点火系统火花塞的就车测试

图 5-61　就车检查火花塞状态

(3) 清洁火花塞

检查火花塞的绝缘体,如有油污和积炭应清洗干净,瓷芯如有损坏、破裂,应予更换。清除积炭时,不要用火焰烧烤。

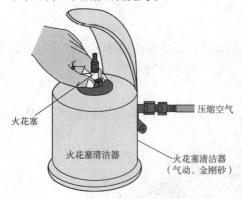

图 5-62　用火花塞清洁器清除火花塞电极上的污物

对燃烧状态不好的火花塞,应先进行清洁,去除火花塞磁体上的积和污迹,然后检验其性能。有条件应使用火花塞清洁器清洁火花塞,如图 5-62 所示。

(4) 检查、调整火花塞电极间隙

火花塞的间隙因车型车种的不同而异,可以从随车手册中查到。如果找不到适当的依据,火花塞的电极间隙一般可按 0.7~0.9mm 调整间隙。触点间隙过小,触点容易烧蚀;触点间隙过大,火花塞跳火会变弱,甚至断火。

如果有火花量规(见图 5-63),可用来测量火花塞电极间隙。如果手边没有量规,可用折断的钢锯片或刀片来代替量规,测量火花塞间隙。火花塞间隙太大时,可用改锥柄轻轻敲打外电极来调整,但不要用力过大,否则外电极可能因过度弯曲而损坏;如果间隙过小时,可用"一"字头的螺丝刀插入电极间,扳动螺丝刀把间隙调整到要求为止。

如果电极间隙不符合要求,应进行调整。调整间隙时,只能弯动侧电极,不能弯动中心电极,以免损坏绝缘体。

火花塞间隙调整好之后,侧电极与中央电极应略成直角,如过度偏曲或电极烧蚀成圆形,则该火花塞不能再使用,应更换新品。

(5) 安装火花塞

安装火花塞时,先用手抓住火花塞的尾部,对准火花塞孔,慢慢用手拧上几圈,然后再用火花塞套筒拧紧。如果用手拧入感觉有困难或费力,应把火花塞取下来,再试一次,千万不要勉强拧入,以免损坏螺纹孔。为使火花塞安装顺利,可以在火花塞螺纹上涂抹一点机油。

在安装火花塞时,为保证密封性,不能使火花塞槽内有异物。火花塞不能拧得太紧,其拧紧力矩为20N·m,以免损坏密封垫片而影响导热性能。

连接高压线时,要注意各缸线的顺序,不要插错。启动发动机,查看有没有严重的抖动或放炮声。如果有抖动或放炮声,说明把各缸高压线插错了,应重新安插高压线。

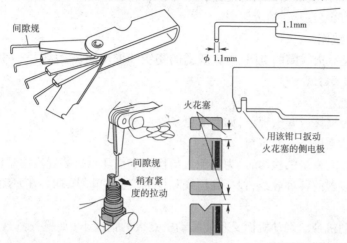

图5-63 调整火花塞间隙

(6) 更换火花塞

火花塞只有保持适当的间隙,电火花才能点燃混合气。而火花塞是汽车的消耗零件之一,普通铜芯火花塞一般使用寿命约为30000km,铂金、铱金火花塞的使用寿命为100000~240000km。火花塞达到使用寿命时,电极的放电部分会烧蚀成圆形,因此必须更换。如果舍不得更换老化的火花塞,仍然勉强使用,不但汽车启动困难,而且汽车还比较费油。

(7) 火花塞的型号选择

火花塞有许多类型,不同的汽车发动机使用的型号不尽相同。在更换前,应了解所使用汽车的发动机试验用火花塞的类型,查阅随车手册就可以知道。

在更换新火花塞时,应将新、旧火花塞比较一下螺纹部分的长度,如果这部分长了,火花塞会凸进燃烧室中碰撞活塞顶。

使用中如果发现火花塞经常积炭、断火则表示太冷,应换用热型火花塞;若发现其有炽热点火现象、汽缸中发出冲击声,即表示过热,应换用冷型火花塞。火花塞安装的紧度要适当,以防造成漏气、垫圈损坏或绝缘体温度过高等现象。

有些型号的火花塞设有密封圈,有的则没有。如果拧下的旧火花塞上有密封圈,那么新更换上的火花塞也应装密封圈。

2. 点火线圈

点火线圈是将电源的低电压转变成点火所需的高电压的基本装置。点火线圈只是在启动时才达到满负载工作,在一般情况下很少出现故障。为防止漏电,应保持各部件清洁、干燥。如发现点火线圈的绝缘填料冒出,应予以更换。

点火线圈的初级线圈电阻和电感比较小,无触点点火系统使用的是高能点火线圈,点火能量比普通点火线圈高1.5~2.0倍。

(1) 点火线圈故障现象

①低压电路电流过量而发热,使绝缘体变质以至烧损,引起低压电路的短路或断路,影响

高压线圈电压产生,导致点火线圈工作不良。

②初级绕组或次级绕组断路,或两者绕组间绝缘损坏,短路或搭铁。

③火花塞间隙过大,点火线圈端头的塑料外潮湿或沾有导电体,高压电流借导体通到低压接线柱构成回路,将塑胶烧坏而引起短路,形成高压线火花微弱或无火花。

④点火线圈绝缘盖裂纹,造成漏电。

(2) 检查点火线圈

检测捷达车型点火线圈的电阻:点火线圈的初级线圈电阻,应为 $0.52 \sim 0.76\Omega$;次级线圈电阻,应为 $2.4 \sim 3.5k\Omega$。

(3) 外观检查

点火线圈有无损坏或漏电现象,如有应更换。

3. 点火控制单元检修注意事项

当进行电控点火系统的检修时,为避免人员伤害或损坏点火装置应注意以下 6 点:

①拆接点火装置的各种导线,包括高压线和检测仪器的电线,均要在发动机熄火的状态下进行。

②当利用起动机带动发动机而又不使发动机点火的情况下(如检查汽缸压力时),应先断开点火线圈上的高压线并将其搭铁。

③如果使用带快速充电设备的启动辅助装置,其最高电压不允许超过 16.5V,使用时间不许超过 1min。

④清洗发动机,只可在熄火状态下进行。

⑤在进行电焊和点焊式焊接时,要先拆去蓄电池的搭铁线。

⑥如果点火装置有故障,需要拖动汽车时,应先拔下点火控制装置上的插头。

4. 高压线

高压线的主要作用是传递高压电给火花塞。由于其工作的环境温度变化大,因此,易出现绝缘层老化、裂口等现象。它的主要故障模式有高压线漏电、插头接触不良、高压线失效等。

高压线的阻值是一个重要的参数。火花塞高压线插头电阻: $5 \pm 0.1k\Omega$;防干扰头电阻: $1 \pm 0.4k\Omega$;高压线整体电阻:中心电阻为 $0 \sim 2.8k\Omega$,分火线电阻为 $0.6 \sim 7.4k\Omega$。

5.4.2 点火系常见故障的判断与排除

由于电喷发动机点火系统普遍采用电控点火系统,常见故障的判断与排除方法如下:

1. 故障分类

点火系故障按其在点火系的位置可分为两种情况:低压电路故障和高压电路故障。

(1) 低压电路常见故障

①蓄电池存电不足;

②连接线不良或错乱;

③蓄电池搭铁不良;

④点火线圈损坏;

⑤点火开关损坏或接线不良等。

低压电路故障的诊断方法大多采用电流表或电压表逐线检查来排除故障点。

(2) 高压电路常见的故障

①点火线圈损坏;

②火花塞电极间隙过大或过小;

③火花塞积炭过多;
④火花塞绝缘体损坏。

点火线圈损坏或接线脱落。高压电路的故障大多采用高压试火法,即将分电器中心高压线或某缸高压线拔下,将线头对准缸体3~6mm,启动发动机试火。如果有火花且火花强烈,说明点火系工作正常。

2. 点火系不工作
①故障现象:打开点火开关,起动发动机,发动机无反应;高压试火,高压线无火花。
②故障分析:故障分析与诊断,如图5-64所示。

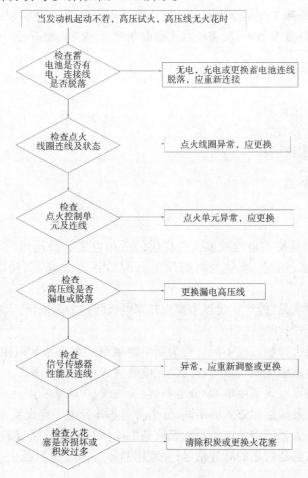

图5-64 点火系故障判断顺序

3. 火花塞故障
故障主要表现为:火花塞绝缘体损坏、火花塞积炭、油污和过热等现象。
①火花塞积炭:绝缘体端部、电极及火花塞壳常覆盖着一层相当厚的灰黑色粉状柔软的污垢。
②火花塞油污:绝缘体端部、电极及火花塞壳覆盖一层机油。
③火花塞过热:中心电极熔化,绝缘体顶部疏松、松软,绝缘体端大部分呈灰白色硬皮。

4. 发动机爆震和过热
发动机在大负荷中等转速时最容易出现爆震。燃油牌号在使用正确的情况下,爆震现象多数是因点火提前角过大造成的。

在爆震情况下,发动机会迅速升温。另一方面,点火提前角过小,点火太迟,发动机温度也会偏高。在不出现爆震的情况下,水温过高多数不是点火系引起的,但若伴有发动机无力,加速不灵敏时,则应检查点火提前角是否过小。

5. 点火时间过早

这种故障多发生在传统断电器触点式点火系统的发动机上,电控点火系统没有这种故障现象。

①故障现象:怠速运转不平稳,易熄火;加速时,发动机有严重的爆震声。
②故障分析:该故障主要是点火正时调整失准或点火角度装配失准所致。
③排除方法:连好点火测试仪,调整点火提前角到规定值或校正点火正时。

5.5 点火系实训

①火花塞的检测与拆装。
②点火线圈的检测与拆装。
③高压线的检测与拆装。

5.6 模块小结

1. 小结

①点火系的作用是将蓄电池或发电机提供的低压电变为高压电,按照发动机的工作顺序和点火时间的要求,适时、准确地将高压电分配给各缸火花塞,使之跳火,点燃可燃混合气。

②对点火系的要求是:能产生足以击穿火花塞电极间隙的高电压;火花塞产生的电火花应具有足够的能量;点火时间要适当。

③点火系统按点火控制方式不同可分为断电器触点式点火系和电控点火系;按点火信号产生的方式可分为电磁感应式、霍尔效应式、光电效应式和电磁振荡式。

④传统断电器触点点火系由电源、分电器、点火线圈、火花塞和点火开关等组成。

⑤汽车电子点火系按控制方式的不同,分为普通晶体管电子点火系和电控直接点火系统。

⑥晶体管电子点火系统中的电子点火模块是由晶体管元器件组成的电子开关电路,其主要作用是接受信号传感器输出的脉冲信号,并利用晶体管的导通和截止来控制点火线圈一次侧电路的通断。

⑦电控直接点火系统是在普通晶体管电子点火系的基础上,取消了分电器结构中的离心和真空机械提前装置,采用电脑对点火提前角进行控制,从而使发动机在各种工况下都有最佳的点火时刻,提高发动机的动力性和经济性,且排放污染最小。

⑧在发动机控制系统中,点火控制包括点火提前角控制、通电时间控制和爆震控制三个方面。

⑨电控直接点火系统主要由电源、传感器、电控单元、点火模块、点火线圈和火花塞等部件组成。

⑩电控点火系统将点火时刻控制在爆震的临界点或有轻微的爆震,此时发动机热效率最高,动力性和经济性最好。一旦产生爆震,则采用推迟点火提前角的方法防止爆震产生。

⑪电控点火系统中的点火器是电控单元的执行器之一,它按电控单元输送的指令,通过内部的大功率三极管导通和截止,控制点火线圈一次电流的通断,另外,它还具有闭合角控制、恒流控制及过电压保护等功能。有的发动机不另设点火模块,而是将大功率三极管组合在 ECU 内部,由 ECU 直接控制点火线圈中一次电流的通断。

2. 专业术语

点火提前角　爆震　点火正时　电极猝熄　击穿电压　自洁温度　自燃温度

模块六 照明与信号系统

学习目标

1. 熟悉掌握照明与信号系统的组成及工作原理；
2. 熟悉照明与信号系统主要部件的结构；
3. 掌握照明和信号系统常见故障判断与排除的基本技能。

学习重点

1. 照明系统的基本结构及工作原理；
2. 前照灯的控制电路；
3. 自动控制前照灯的结构及原理。

学习难点

1. 前照灯的控制电路；
2. 自动前照灯的结构及原理。

6.1 概述

为确保汽车夜间行驶安全，为驾驶人提供良好的视觉环境，车辆使用的灯具按用途分为照明灯、信号灯或指示灯（见图6-1）。例如：前照灯（俗称大灯）用于夜间照明，转向信号灯用于向其他车辆和行人发出转弯信号，尾灯及示宽灯则指示自己车辆的存在和位置。除了一般的照明系统，根据地区法规和安全等级，照明系统还装有其他不同功能的系统。

照明灯具（如前照灯）既是驾驶人的"夜间电子眼"，也是车辆"互相交流的语言"，它们对安全行车意义十分重大。

汽车灯具按其安装位置可分为外部灯具和内部灯具。

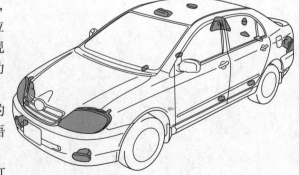

图6-1 汽车灯具

常见的外部灯具有前照灯、雾灯、转向灯、示宽灯、倒车灯等，图6-2为宝马车系外部灯具网络系统实物图。

常见的内部灯具有仪表灯、阅读灯、行李舱灯、驾驶人脚部照明灯和迎宾灯等。宝马内部灯具网络电路，如图6-3所示。

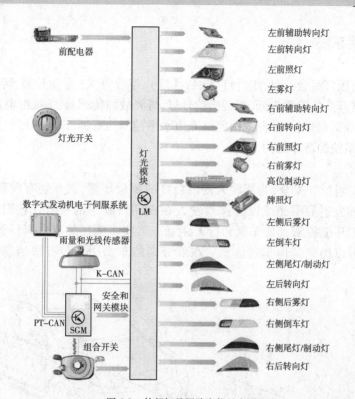

图 6-2 外部灯具网路实物示意图

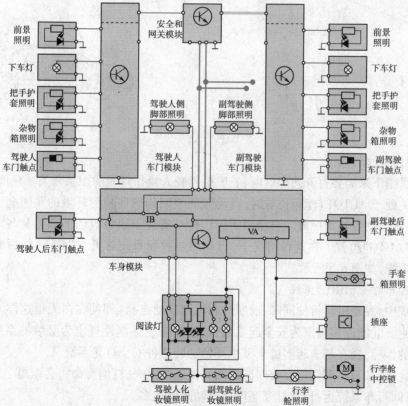

图 6-3 内部灯具网络电路图

6.2 照明系统

照明系统由前照灯组合、车后组合灯(含后雾灯)、组合开关(变光开关、转向信号开关)、雾灯开关、危险警告灯、危险警告开关、转向信号灯、灯光故障传感器、集成继电器、自动灯光控制传感器、前照灯光束水平控制开关、前照灯光束水平控制执行器、车内灯等组成。

6.2.1 照明系统的基本结构

1. 前照灯系统

为确保汽车夜间行驶安全,为驾驶人提供良好的视觉环境,汽车装有前照灯系统(见图6-4)。前照灯向前发射照明光线以确保驾驶人在夜间行驶时的视野。它们可以发射远光束和近光束。它们还能提醒其他车辆和行人注意。某些车辆还装有白天行驶灯,该灯在车辆行驶中一直亮着以提醒其他车辆注意。在部分高档车型中还装有清洁前照灯灯罩的清洁器。

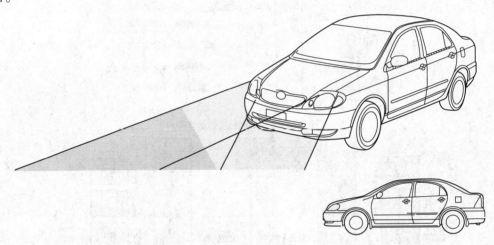

图6-4 前照灯照明示意

2. 自动灯光控制系统

当天色黑暗下来需要打开前照灯时,一般是驾驶人操作灯光的控制开关。在该系统中,当灯光控制开关处于AUTO(自动)位置时,自动照明控制传感器检测环境的照明亮度。当光线暗的时候,系统自动打开前照灯。自动照明控制传感器位于仪表盘的上部。某些车辆在照明开关上没有"AUTO"位置。在这种情况下,自动照明控制系统在开关"OFF"位置时工作。自动灯光控制系统,如图6-5所示。

3. 日间行车灯光(DRL)系统

在此系统中,发动机运行的同时,前照灯和尾灯自动点亮(即使在白天也这样),使其他车辆可以看到它。北欧许多国家为安全起见,通过法律将它强制性规定为必装的系统。为了提高安全行车的保障,现在越来越多的车型也开始加装这种安全灯光系统。

在该系统中,如果前照灯用以夜间同样的亮度连续点亮,灯泡寿命将会缩短。为了防止这一情况,当日间行车系统运行时,灯光亮度会自动降低很多。

4. 前照灯光束水平控制系统

车子的倾斜取决于负荷即乘员数目和行李的质量,如图6-6所示。这就是前照灯的光使对面来车驾驶人发生眩目的原因。在前照灯光束水平控制系统中,操作前照灯光束水平控制开关,调整前照灯的照射角度。越来越多的中高档车型都装有自动前照灯光束水平控制系统,它会根据车辆的载荷情况,自动将前照灯光束调到最佳的照射角度。

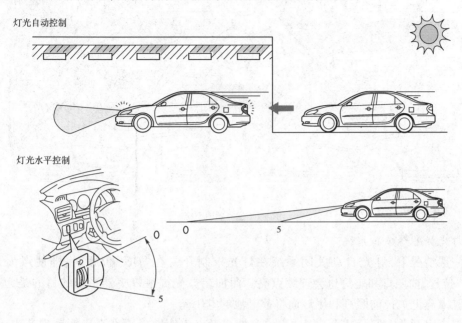

图 6-5　自动灯光控制系统

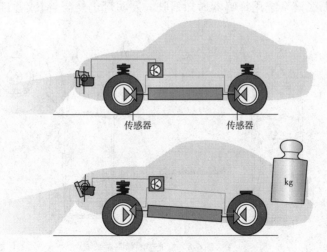

图 6-6　前照灯光束水平控制系统

5. 迎宾照明系统

在夜间,因为车内很暗,难以看见点火开关和足部区域,迎宾照明系统在车门关闭后,将点火开关照明灯及车内灯开亮一定的时间,就能容易地将点火钥匙塞入锁芯,或者看清足部区域(只有车内灯处于"DOOR"位置时),点亮的时间随型号不同而异,如图 6-7 所示。

6. 车内灯提醒系统

在车内灯开着的状态下离开车,可能使蓄电池的电放光。为了防止这一情况,在车门虚掩或开着,点火开关在"LOCK"位置或点火钥匙没有插入点火锁芯的情况下,该系统在经过一定的点亮时间后会自动关掉车内灯(包括顶灯和点火钥匙锁芯的照明)。

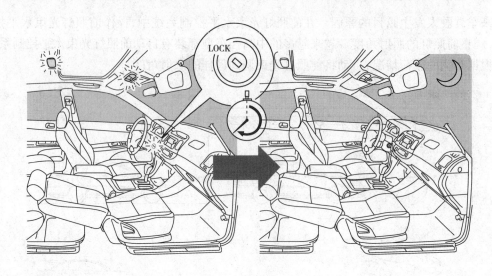

图 6-7 迎宾照明系统

7. 灯光提醒蜂鸣器系统

在一般情况下,灯光自动关闭系统在灯光控制开关在"ON"位置时,即使点火开关在"LOCK"位置,前照灯和尾灯也会连续点亮。而加装灯光提醒蜂鸣器系统的目的是为了防止由于驾驶人忘记关掉前照灯和尾灯而将蓄电池的电用光。

如果点火开关在"LOCK"或"ACC"位置处或者点火钥匙已不在点火钥匙锁芯中,而驾驶人侧车门打开,那么该系统用蜂鸣器通知驾驶人照明灯仍然亮着,或者自动关掉灯光,如图6-8所示。

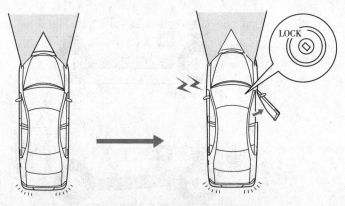

图 6-8 灯光提醒蜂鸣器系统

用蜂鸣器通知灯光状态的系统称为灯光提醒蜂鸣器系统,自动关掉前照灯的系统称为灯光自动关闭系统。

8. 车后灯警告系统

尾灯、制动灯等的灯泡烧坏时驾驶人无法直接看到。车后灯警告系统通过组合仪表中的警告指示灯通知驾驶人诸如尾灯和制动灯灯泡损坏。该系统由灯光故障探测器控制,此探测器一般装在行李舱中(见图6-9)。灯光故障继电器通过比较灯光正常时和线路开路时的电压,检测灯泡是否烧损。

6.2.2 前照灯

汽车在夜间,尤其在夜间高速行驶时,照明是必不可少的。汽车前照灯有近光、远光、闪光

(会车)三种工作模式,如图 6-10 所示。

在城市复杂交通路况行驶时采用近光模式,要求照射距离短、范围广、防眩目,实现驾驶人视线广阔的要求,便于其处理突发状况;在高速行驶时采用远光模式,要求明亮、照射距离远,150~200m 甚至更远;闪光模式是在提醒前方的车辆或行人被超越或避让。

汽车的前照灯有卤素灯、氙气灯、LED 三种类型,卤素灯和氙气灯已普遍使用,LED 前照灯正在高档豪华车中开始快速普及。

1. 前照灯的类型

前照灯向前发射光以确保驾驶人在夜间行驶时的视野。前照灯可以发射照明光束的同时,前照灯也能用于提醒其他车辆和行人的注意。前照灯按其结构可分为封闭式、半封闭式两种类型。

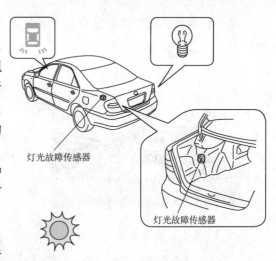

图 6-9 车后灯警告系统

(1)封闭式前照灯

在这种类型中,灯泡、反光镜和灯罩制为一体,其结构如图 6-11 所示。

图 6-10 前照灯的远近光束

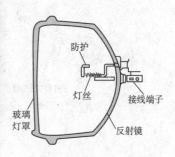

图 6-11 封闭式前照灯结构

(2)半封闭式前照灯

在这种类型中,灯泡可单独更换,分为常规型、多反射镜式、投射式等。

①常规型前照灯。这是一种可替换灯泡的形式,使用普通白炽灯和卤素灯两种形式的前照灯,如图 6-12 所示。

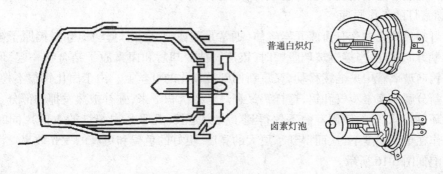

图 6-12 常规型半封闭前照灯

②多反射镜式前照灯。它有一个无色灯罩和形状复杂（混合抛物线形状）的反光镜，如图6-13所示。

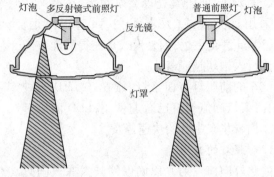

图6-13　多反射镜式前照灯

③投射式前照灯。这种前照灯能够通过玻璃透镜将灯泡发出的光汇聚到一个小的区域来有效利用光源。尽管它体积小，但它仍能发射强光。该结构的前照灯包括一个椭圆形反射镜和一个凸透镜。凸透镜能折射由反射镜折射回的光线向前方发射，如图6-14所示。

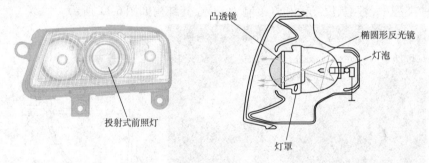

图6-14　投射式前照灯

这种投射式前照灯，可使用氙气灯泡（HID）或卤素灯泡。

2. 卤素型前照灯

（1）卤素型前照灯的结构

卤素型前照灯的灯泡内采用卤族元素气体为工作介质，卤素型前照灯由前照灯灯体、卤素灯泡、灯座、灯盖和光束调整装置等组成，卤素型前照灯的分结构，如图6-15所示。

（2）卤素灯的工作原理

卤素灯的玻璃壳中充有卤族元素气体（通常是碘或溴）。当灯丝发热时，钨原子被蒸发后向玻璃管壁方向移动，当接近玻璃管壁时，钨蒸气被冷却后和卤素原子结合在一起，形成卤化钨。卤化钨向玻璃管中央继续移动，又重新回到被氧化的灯丝上。由于卤化钨很不稳定，遇热后又会重新分解成卤素蒸气和钨，这样钨又在灯丝上沉积下来，弥补被蒸发掉的部分。通过这种再生循环过程，灯丝的使用寿命不仅得到了大大延长（几乎是白炽灯的4倍），同时由于灯丝可以工作在更高温度下，从而得到了更大的亮度、更好的色温和更高的发光效率。汽车常用的卤素灯泡如图6-16所示。

3. 氙气型前照灯

氙气灯简称HID，是High Intensity Discharge（高压气体放电灯）的英文缩写。HID灯使用放电管作为光源。与普通卤素灯泡相比,它消耗较低的电量,能发出较卤素灯强 2～3 倍的白光。它使用大约 20kV 的高压放电。高压电使灯泡内的氙气放电,能发射白光,与白炽灯、卤素灯等相比,光线分布更宽、更亮(见图 6-17),氙气灯灯泡的寿命较长,但其制造成本较高。

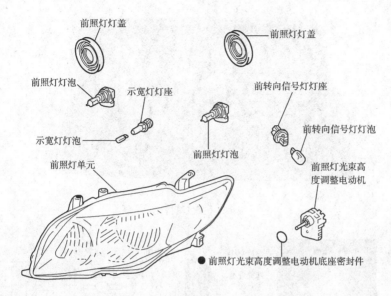

图 6-15　卤素前照灯分解图

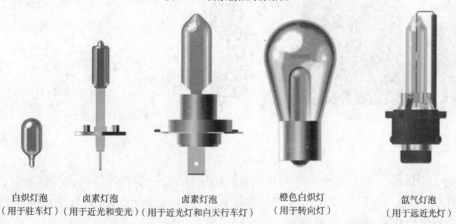

图 6-16　奥迪 A6 前照灯内的各种灯泡

图 6-17　卤素灯和氙气灯的效果比较

(1) 氙气灯的构造

氙气灯一般来说由氙气灯泡、电子增压器(即镇流器或稳压器等)、线组等组成,如图 6-18 所示。

①氙气灯泡。氙气灯泡无灯丝,靠两个电极产生的火花使气体电离发光,不存在灯泡钨丝烧断的问题,其结构如图 6-19 所示。

图 6-18　氙气灯组件

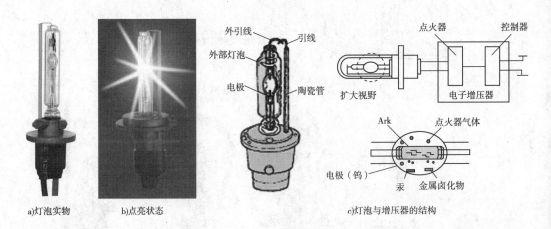

a)灯泡实物　　b)点亮状态　　　　　c)灯泡与增压器的结构

图 6-19　氙气灯泡

②电子增压器。电子增压器将 12V 的直流电压,经过一系列的转换、控制、保护、升压、变频等动作后,产生一个瞬间 23kV 的点火高压对氙气灯泡进行点亮,当灯泡点亮后再维持其 85V 的交流电压状态,如图 6-20 所示。

③氙气灯线组。该线组一般采用阻燃材料做成,通过加大电源线的截面积,提高了电流通过能力,保证了氙气灯的正常工作。

(2)氙气灯的工作原理

在氙气灯泡的石英玻璃管内,充填氙气等惰性气体与碘化物,然后通过电子增压器将车上 12V 的直流电压瞬间增压至 23kV,经过高压振幅激发灯泡石英管内的氙气电子游离,在两电极之间产生光源,即气体放电。氙气灯产生的是白色超强电弧光,工作时所需的电流量仅为 3.5A,亮度是传统卤素灯泡的 3 倍,使用寿命比传统卤素灯泡长 10 倍。因此,氙气灯被大量车型选装。

4. LED 型前照灯

LED 型前照灯利用发光二极管的发光特性实现照明,其优点是明亮、节能、具有可靠性,而且点亮速度快,约 130ms,而普通灯泡的点亮速度是 200ms。LED 的寿命达 50000 小时(几乎与汽车同寿命)。因此,LED 照明技术是照明领域的一场革命,现已在各行各业得到普遍认可,同时也是汽车照明的发展方向。例如汽车的转向灯、制动灯和尾灯以及前照灯等。奥迪 A8 车型的 LED 型前照灯,如图 6-21 所示。

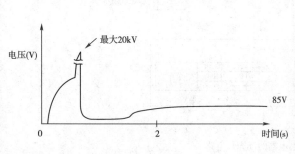

图 6-20　氙气灯电子增压器的工作电压

图 6-21　奥迪 A8 车型 LED 型前照灯

6.2.3　前照灯的控制电路

1. 卤素灯的控制电路

普通前照灯电路即非 CAN-BUS 电控电路。该电路主要由蓄电池、灯光组合开关(灯光开关、变光开关)、继电器(前照灯继电器、变光继电器)、熔断丝、灯泡组成。前照灯的操作分为近光灯操作、远光灯操作、会车(变光)灯操作。

各种类型的前照灯系统,其差别在于是否有诸如前照灯继电器和变光继电器之类的电器设备。一般来说,当变光开关在"FLASH"位置时,即使灯光控制开关处于"OFF"位置也可开亮灯光。

(1) 无前照灯继电器和变光继电器的类型

①近光灯状态。灯光控制开关移动到"HEAD(LOW)"位置时,近光灯点亮,电流走向如图 6-22 中灰色线路所示。

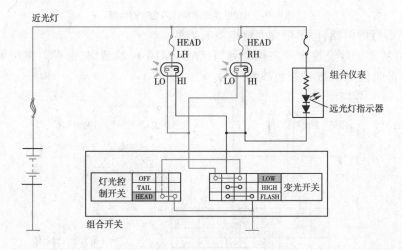

图 6-22　无继电器的近光灯电路

②远光灯状态。当灯光控制开关移到"HEAD(HIGH)"位置时,远光灯点亮,并且组合表上的远光指示灯点亮,电流走向如图 6-23 中灰色线路所示。

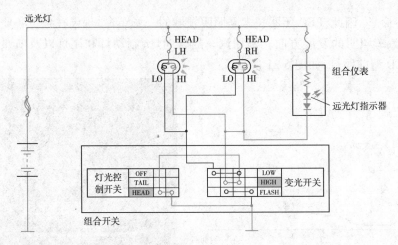

图 6-23 无继电器的远光灯电路

③前照灯闪光状态。灯光控制开关移动到"FLASH"位置时,远光灯点亮,电流走向如图 6-24 中灰色线路所示。

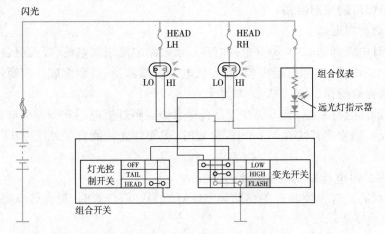

图 6-24 无继电器的前照灯闪光时的电路

(2)带前照灯继电器,但不带变光继电器的类型

①近光灯状态。灯光控制开关移动到"HEAD(LOW)"位置时,前照灯继电器打开,近光灯点亮,电流走向如图 6-25 中灰色线路所示。

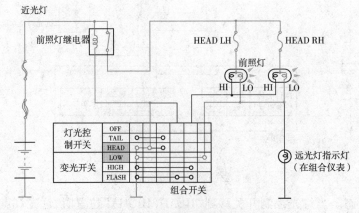

图 6-25 带前照灯继电器的近光灯电路

②远光灯状态。当灯光控制开关移到"HEAD（HIGH）"位置时，前照灯继电器打开，远光灯点亮，同时电流从前照灯（近光灯）流到远光指示灯，指示灯亮，电流也流到前照灯（近光灯），但是由于它们的电流小，它们不点亮，如图6-26中灰色线路所示。

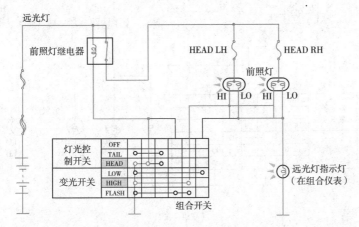

图6-26 带前照灯继电器的远光灯状态的电路

③前照灯闪光状态。灯光控制开关移动到"FLASH"位置时，前照灯继电器打开，远光灯点亮，电流走向如图6-27中灰色线路所示。

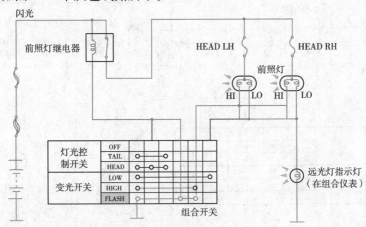

图6-27 带前照灯继电器的闪光状态电路

(3)既有前照灯继电器，又有变光继电器的类型电路

①近光灯操作状态。灯光控制开关移动到"HEAD（LOW）"位置时，前照灯继电器打开，前照灯（近光灯）点亮，电流走向如图6-28中灰色线路所示。

②远光灯操作状态。当灯光控制开关移到"HEAD（HIGH）"位置时，前照灯和变光器继电器均打开，远光灯点亮，组合仪表上的远光灯指示灯也点亮，电流走向如图6-29中灰色线路所示。

③前照灯闪光操作状态。灯光控制开关移动到"FLASH"位置时，前照灯和变光器继电器打开，远光灯点亮，电流走向如图6-30中灰色线路所示。

(4)电控前照灯电路

电控前照灯电路主要由蓄电池、组合开关、车身控制模块（BCM）、发动机舱智能电源分配模块（IPDM E/R）、一体化仪表、继电器、灯泡及CAN总线系统组成。电控前照灯的控制原理电路，如图6-31所示。

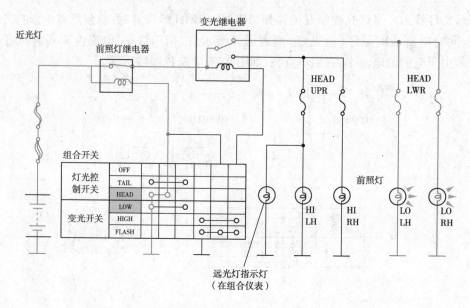

图 6-28 有前照灯继电器和变光继电器类型近光灯状态时的电路

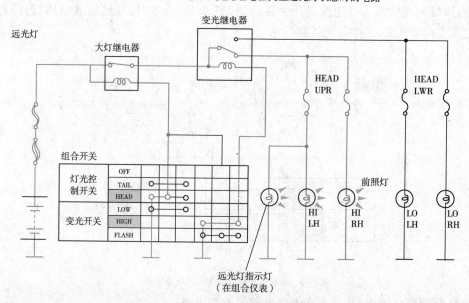

图 6-29 前照灯和有变光继电器类型的远光灯状态

车灯开关发出的开/关灯信号输送到车身控制模块,BCM 经过接受、处理把开/关灯信号通过 CAN 总线输送到发动机舱智能电源分配模块和一体化仪表,发动机舱智能电源分配模块通过继电器,控制前照灯的点亮与熄灭。同时,一体化仪表和 A/C 放大器控制仪表上的远光指示灯点亮与熄灭。控制信号传输步骤如下:

①车灯开关发出的远/近光信号输送到车身控制模块,如图 6-32 所示。

②车身控制模块经过接受、处理,把开/关灯信号通过 CAN 总线的 K/L 数据线输送到发动机舱智能电源分配模块,如图 6-33 所示。

③信号输送到发动机舱智能电源分配模块的同时,通过 M/N 数据线输送到一体化仪表和 A/C 放大器,一体化仪表和 A/C 放大器控制仪表上的远光指示灯点亮,如图 6-34 所示。

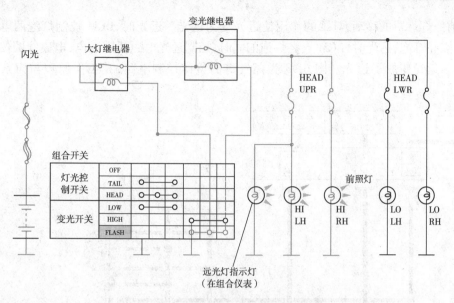

图6-30 前照灯和有变光继电器类型的闪光状态

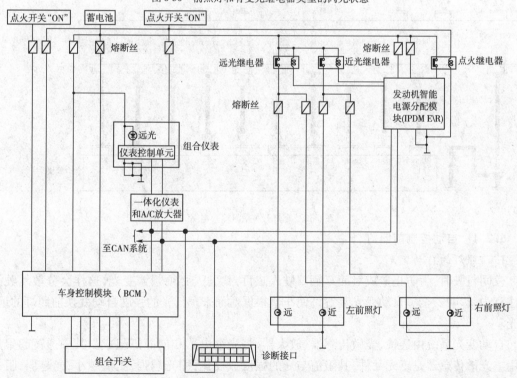

图6-31 电控前照灯电路

④IPDM E/R通过远光继电器、熔断丝和R/T线控制远光灯点亮;通过近光继电器、熔断丝和Q/S线控制近光灯点亮,如图6-35所示。

2. 氙气前照灯的控制电路

氙气灯的控制电路与卤素灯电路基本相同,只是在结构上有所区别。卤素灯的远、近光各有一灯丝,车身控制模块直接控制卤素灯泡的远近光灯丝(见图6-36)。

氙气灯远近光共用一个灯泡,但在结构上增加了远光电磁线圈,如图6-37所示。电磁线圈控制前照灯灯罩的移动，灯罩的作用使近光变为远光。近光时，BCM 控制灯泡两电极的点火，从而点亮灯泡；远光时，BCM 点亮灯泡的同时，控制远光电磁线圈通电，电磁线圈使灯罩移动，灯光由近光变成了远光。图 6-38 为氙气灯的整体控制电路，其工作原理与卤素灯基本相同。

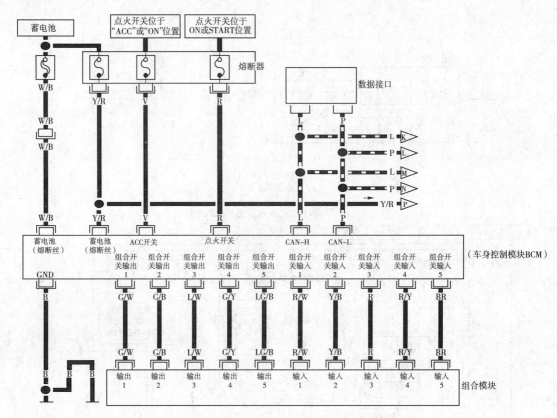

图 6-32 车灯开关信号输入电路

6.2.4 自动控制前照灯

1. 前照灯的自动变光

夜间行驶时，为防止造成对面车辆驾驶人眩目，驾驶人必须频繁变光，这样会分散驾驶人的注意力，影响安全。自动变光装置可使车辆根据对面来车灯光的强度自动变换前照灯的远、近光。

自动变光系统由透镜、光敏传感器、放大器、灯光继电器和前照灯组成。其中透镜起聚光作用。光敏传感器是感光元件，其阻值与光的强度成反比，即光越强，阻值越小；光越弱，阻值越大。放大器的作用是将光敏传感器信号放大。

整个自动变光系统工作原理如下：

当迎面车辆的灯光照到前照灯上时，透镜将光线聚焦在光敏传感器上，阻值的变化信号通过放大器放大后，输送到前照灯继电器，继电器将远光变为近光。当车辆驶过，光线变暗，放大器无信号输出，灯光由近光变回远光。

2. 自动开灯系统

自动开灯是指车辆行驶中前方的光线降低到一定程度时，如驶入隧道、天空突然光线变暗等，前照灯电路自动接通，确保安全，如图 6-39 所示。

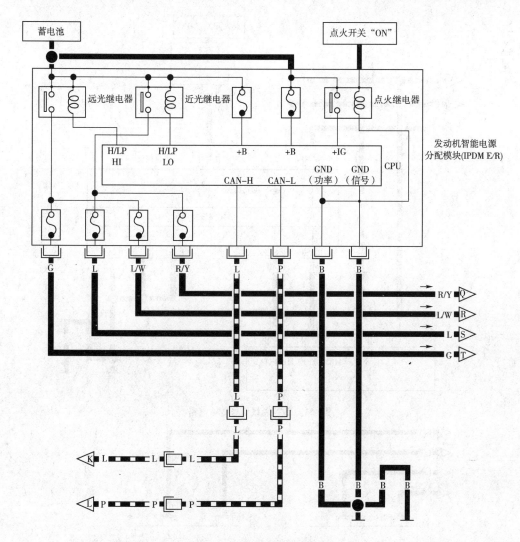

图 6-33 K/L 总线信号传输电路

(1) 自动开灯系统的结构

在奥迪 A6 车上使用了雨水和光强度识别组合传感器。该传感器具有一个辅助控制功能,这样可免除驾驶人手动接通行车灯的麻烦,还可以根据前风窗玻璃的湿度情况来控制刮水器。这个传感器装在前风窗玻璃上车内后视镜的安装底座内,如图 6-40 所示。

① 光强度识别传感器的任务:自动接通及关闭行车灯;激活回家/离家功能;雨水传感器的白天/夜晚识别等。

② 光强度识别传感器的功能为:为了能识别出诸如树林内的道路以及穿行隧道等环境状况,光强度识别传感器接收来自两个区域内的光强度信号。全区表示紧靠车附近的亮度,而前区表示车辆前部区域的光线情况,如图 6-41 所示。可以通过旋转式灯开关上的"Auto"位置来激活该功能。

在拂晓/黄昏、黑暗中、驶入/穿行隧道和在树林里行驶等情况时,光强度识别传感器会将一个信息发送到供电控制单元上,以便接通行车灯。自动行车灯工作原理电路,如图 6-42 所示。

(2) 自动行车灯工作过程

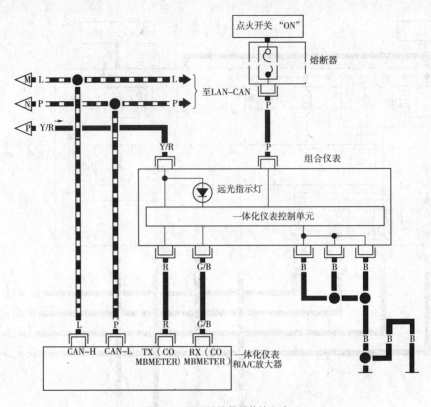

图 6-34 M/N 总线信号传输电路

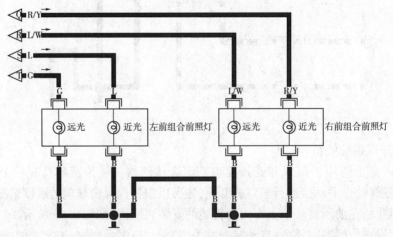

图 6-35 车灯点亮电路

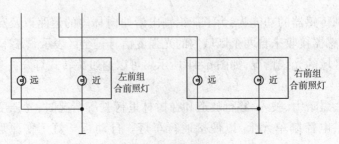

图 6-36 卤素灯电路结构

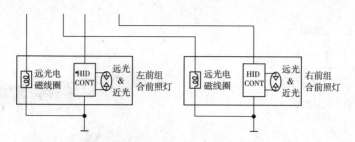

图 6-37 氙气灯电路结构

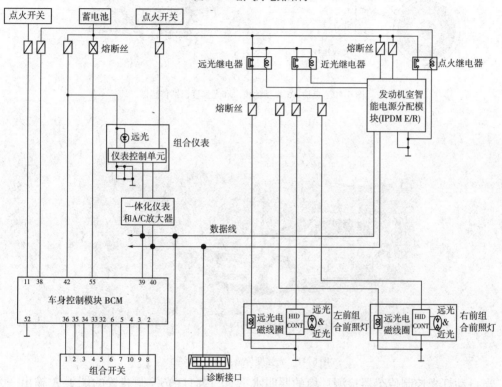

图 6-38 氙气灯控制电路

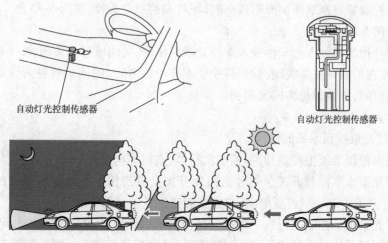

图 6-39 自动开灯系统

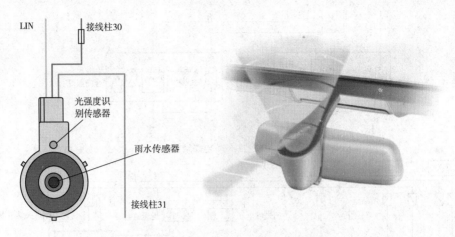

图 6-40 奥迪 A6 车型的雨水和光强度识别传感器

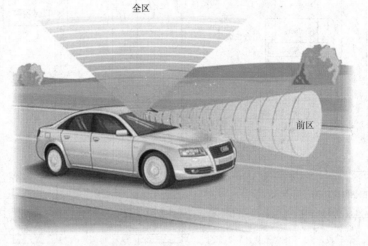

图 6-41 光强度传感器的工作示意

当自动灯光控制传感器检测环境的照明水平时,它向灯光控制装置的端子 A 输出一个脉冲信号,当灯光控制装置判断出环境照明下降时,它触发尾灯和前照灯继电器,打开尾灯和前照灯。当灯光控制装置判断环境照明提高时,尾灯和前照灯关掉,如图 6-43 所示。

3. 延时关闭系统

延时关闭是指当驾驶人把车辆驶入车库光线较暗时,关闭所有开关前,按下前照灯延时关闭按钮,即使现在所有开关都关闭,前照灯也能照亮一段时间(时间由驾驶人设定),为驾驶人下车离去提供时间,该装置也称回家照明。

4. 前照灯光束水平控制系统

(1) 前照灯光束控制系统的结构

前照灯光束控制系统由控制开关、控制执行器、电机等构成。

① 前照灯光束水平控制开关。驾驶人可用开关上的旋钮上下调整前照灯的光束水平度(见图 6-44)。开关中有一只可变电阻,它根据旋钮位置输出相应的电流。

② 前照灯光束水平控制执行器。该执行器使电机以顺时针或逆时针方向旋转,按照前照灯光束水平控制开关使输出轴前后移动,使前照灯的光束移上移下。执行器设有一只电位器,按照执行器的位置,发送一个信号到 ECU。

模块六 照明与信号系统

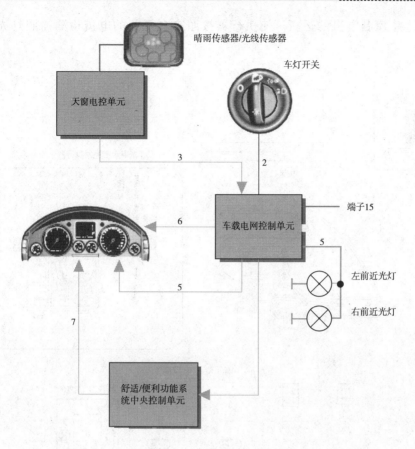

图 6-42 自动开灯结构原理图

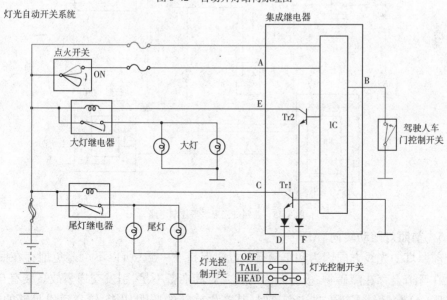

图 6-43 自动照明控制系统

(2)前照灯光束水平控制的工作原理(见图 6-45)

与前照灯光束水平控制开关成比例的电流从集成电路输出。执行器左侧和右侧的 ECU 根据开关来的电流量驱动电机。执行器中的 ECU 同时用电位器检测执行器的实际位置(前照

171

灯光束水平)并控制电机的运行。使执行器按照来自开关的电流检测前照灯光束的水平位置。

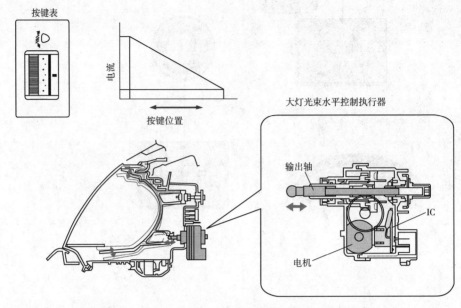

图 6-44 前照灯光束控制系统

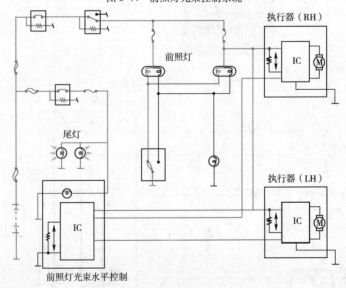

图 6-45 前照灯光束水平控制电路

6.2.5 前照灯随动转向(AFS)

传统前照灯的光线方向因为和车辆行驶方向保持着一致,所以不可避免地存在照明的暗区。一旦在弯道上存在障碍物,极易因为驾驶人对其准备不足,引发交通事故。装有自适应随动转向照明(AFS)系统车辆在进入弯道时,其产生旋转的照明功能,给弯道以足够的照明,如图 6-46 所示。

(1) AFS 系统的结构

AFS 是由传感器组、传输通路、处理器和执行机构组成的系统。

AFS 的执行机构是由一系列的电动机和光学机构组成的,一般有投射式前照灯,对前照灯垂直角度进行调整的调高电动机,对前照灯水平角度进行调整的旋转电动机,对基本光型进行调整的可移动光栅等。

AFS 前照灯的随动转向功能可使前照灯向上、下、左、右四个方向运动,具有水平动态调节和转弯动态调节功能。水平调节是在后排载重较大导致车头上扬时,根据前桥和后桥的两个水平传感器信号控制电机自动调节水平;转弯调节是根据车身回转模块传感器信号控制电机来调节水平方向的照射范围,如图 6-47 所示。

a) 无AFS随动系统

b) 有AFS随动系统

图 6-46　AFS 系统弯道随动照明效果

图 6-47　AFS 前照灯结构

（2）AFS 的工作原理

要实现 AFS 自适应随动转向的照明功能,AFS 必须要从不同的传感器取得车辆的不同行驶信息。例如为了实现弯道旋转照明的功能,要从车速传感器获取车速、转向盘角度传感器获取转向盘转角、车身高度传感器获取车身倾向角度等信息。在通常的情况下,AFS 所需获得部分信息也被其他控制系统采用,即 AFS 实际上要和其他的系统共用一些传感器,所以,必须通过总线通信才能实现这些传感器信息的共享(见图 6-48)。

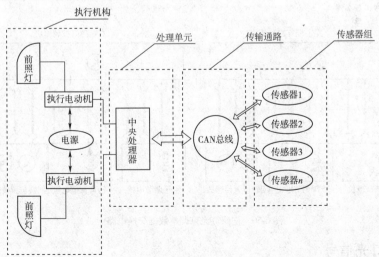

图 6-48　AFS 系统模块简图

前照灯可以在转弯时对灯光进行动态调节,这种前照灯的投射模块内装有一个电机,该电机可在车辆转弯时在水平方向上改变灯光照射方向。前照灯的透镜和支架并不转动。灯光转动的角度在转弯方向的内侧可达15°、外侧7.5°,使内侧视线宽阔,外侧较暗,防止迎面驾驶人眩目,如图6-49所示。这个角度变化可使车辆在转弯时得到更好的照明效果。这时灯光转弯内模块的转动角是外模块的2倍。这样就可在相同的灯光强度的情况下,得到最大的照亮范围。

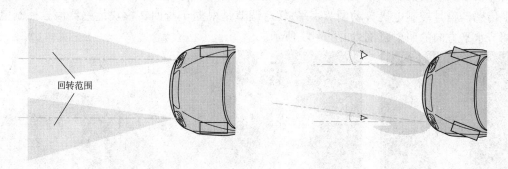

图6-49 前照灯转弯调节角度

水平调节与转弯调节装置的传感器、执行器(电机)、控制模块之间的数据交换电路,如图6-50所示。

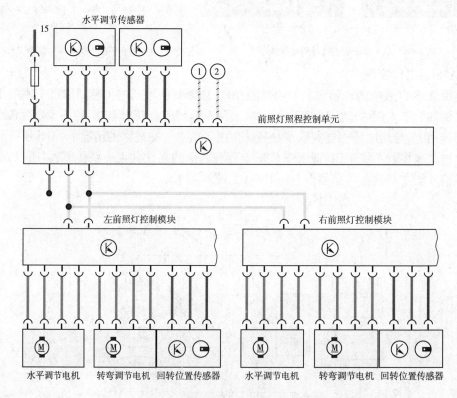

图6-50 前照灯光束调整数据交换电路

6.3 灯光信号

灯光信号是用来告知其他车辆驾驶人和行人本车的行驶路线及状况,提醒其避让。灯光信号包括前示宽灯、制动灯、倒车灯、雾灯、电喇叭等。

6.3.1 灯光信号简介

1. 示宽灯及尾灯

示宽灯(或称小灯和尾灯)分别安置在车头和车尾侧面。前示宽灯颜色一般为黄色或白色,后示宽灯(尾灯)颜色为红色,夜间行驶打开示宽灯开关时,仪表灯、牌照灯等同时点亮,显示车辆的形状与位置,警示前后车辆。

2. 制动灯

制动灯安装在车辆尾部,颜色为红色,车尾部两侧各设一个。后风窗玻璃上加装一高位制动灯,能更好地避免追尾事故的危险。随着灯光照明技术的发展,LED制动灯已普遍使用。它不是普通的灯泡,而是由多个发光二极管连接在一起组成的。

3. 倒车灯

倒车灯安装在车辆尾部,颜色为白色。当变速器挂入倒挡时点亮,照明车身后方的视野,并提醒后方车辆、行人避让。

4. 雾灯

雾灯安装在车辆头部和尾部,分为前雾灯和后雾灯。前雾灯为橙黄色,光波长,透雾性好。在雾天、雨天、尘埃弥漫的能见度低的天气情况下使用,能够明显改善道路照明情况。后雾灯为红色,提醒尾随车辆保持车距。

5. 转向及危险警报装置

转向灯安装在车辆头部、尾部的左右两侧,以指示车辆的行驶趋势。为增强提醒效果,很多车型在车身两侧的倒车镜或车身上也装有转向灯。另外,在车辆紧急遇险状态时,打开危险警报装置,所有转向灯全部开始闪烁,提醒其他车辆避让。

6.3.2 灯光信号的控制电路

1. 示宽灯

(1)普通电路

普通电路的组成由电源、开关、中央继电器盒、熔断丝及灯泡组成,为了便于排线和安装熔断丝、继电器,设置了中央继电器盒,它就像交通枢纽,车辆大部分用电器的线束都要经过它输入和输出,电路如图6-51所示。

(2)示宽灯电控网络电路

电控前照灯电路主要由蓄电池、组合开关、车身控制模块(BCM)、IPDM E/R(发动机舱智能电源分配模块)、一体化仪表、继电器、灯泡及CAN系统组成。

车灯开关发出的开/关灯信号输送到车身控制模块(BCM),BCM经过接受、处理把开/关灯信号通过CAN系统输送到IPDM E/R(发动机舱智能电源分配模块),IPDM E/R通过继电器控制示宽灯的点亮与熄灭。控制电路如图6-52所示。

2. 制动灯控制电路

(1)普通灯泡电路

普通电路的组成有电源、制动开关、中央继

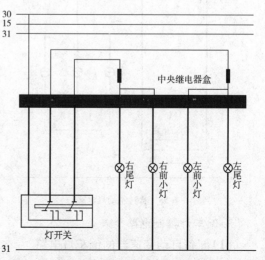

图6-51 示宽灯普通电路

电器盒、熔断丝及灯泡,电路如图 6-53 所示。

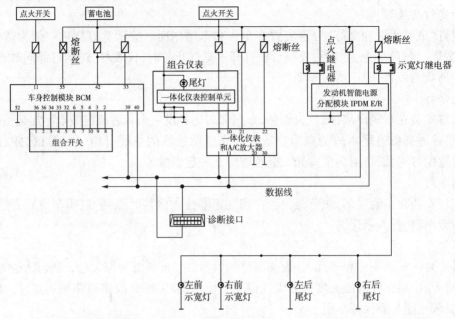

图 6-52 示宽灯电控网络电路

(2) LED 制动灯控制电路

LED 制动灯控制电路由电源、制动开关、熔断丝及发光二极管(LED)组成,电路如图 6-54 所示。

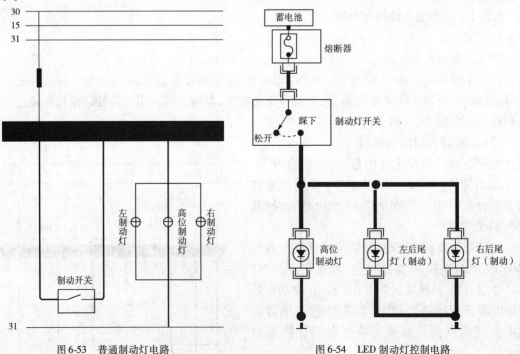

图 6-53 普通制动灯电路　　　　图 6-54 LED 制动灯控制电路

3. 倒车灯控制电路

(1) 配备自动变速器的倒车灯电路

配备自动变速器的倒车灯电路由电源、熔断丝、空挡开关及倒车灯组成,电路如图 6-55

所示。

(2)配备无级变速器的倒车灯电路

配备无级变速器的倒车灯电路由电源、熔断丝、空挡开关、倒车灯继电器、变速器控制模块及倒车灯组成,电路如图6-56所示。

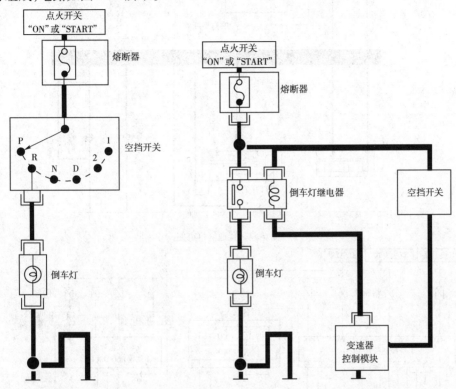

图6-55 配备自动变速器的倒车灯电路　　图6-56 配备无级变速器的倒车灯电路

4.雾灯的控制电路

雾灯电路的唯一特点是要点亮雾灯前,要先点亮示宽灯。只有在示宽灯开关闭合的情况下,再闭合雾灯开关,雾灯才能够点亮。

(1)普通电路

当示宽灯开关闭合后,雾灯继电器闭合,当点火开关打到"ON"挡时,"X"线有电,雾灯点亮。要使雾灯点亮,点火开关、示宽灯开关、雾灯开关都关闭,如图6-57所示。

(2)雾灯的电控网络电路

雾灯的电控网络电路主要由蓄电池、组合开关、车身控制模块(BCM)、IPDM E/R(发动机舱智能电源分配模块)、一体化仪表、继电器、灯泡及 CAN 系统组成。

电控雾灯的控制电路,如图6-58所示。车灯开关发出的开/关灯信号输送到车身控制模块(BCM),BCM 经过接受、处理把开/关灯信号通过 CAN 系统输送到 IPDM E/R(发动机舱智能电源分配模块)和一体化仪表,IPDM E/R 通过继电器控制雾灯的点亮与熄灭,同时,一体化仪表和 A/C 放大器控制仪表上的雾灯指示灯点亮与熄灭。

5.转向及危险警报装置

左右转向灯的点亮受点火开关控制,而危险警报装置的点亮是常火控制。

(1)普通型转向灯电路

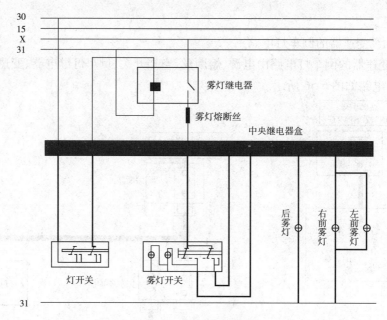

图 6-57 普通雾灯电路

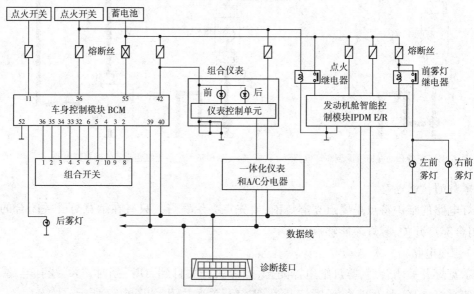

图 6-58 车载网络雾灯电路

当点火开关闭合,如图 6-59 所示,15 号线电源通电,闭合转向开关,电流通过闪光器和点火开关给转向灯供电,转向灯正常工作。

(2)转向灯电控网络电路

转向灯电控网络电路,如图 6-60 所示。转向开关发出的左右转向信号输送到车身控制模块(BCM),BCM 经过接受、处理点亮相应侧转向灯。同时,BCM 把信号通过 CAN 系统输送给一体化仪表,一体化仪表和 A/C 放大器控制仪表上的相应转向指示灯点亮与熄灭。

6.日间行车灯系统

(1)日间行车灯的类型

日间行车灯光(简称 DRL)系统在白天运行发动机时开亮前照灯。这就意味着前照灯的

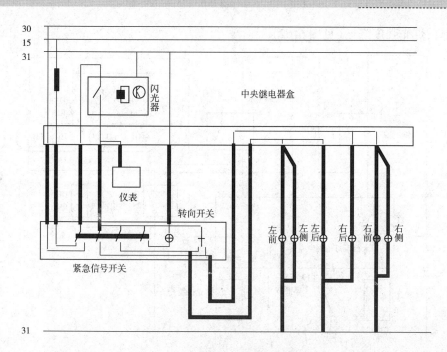

图 6-59 普通转向及危险警报装置电路

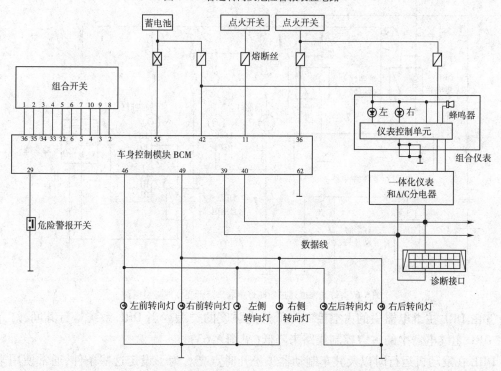

图 6-60 转向及危险警报装置的电控网络电路

灯泡一直开着。这使前照灯的寿命降低。为了防止此结果,系统就在启用 DRL 期间降低灯光的强度。这主要由下面三种线路之一来完成。

①灯光强度通过 DRL 电阻来降低的类型。在 DRL 系统运行期间,灯光强度通过 DRL 电阻来降低,运行电路如图 6-61 所示。

②灯光强度通过前照灯串联来降低的类型。当 DRL 系统运行时,电流流向串联的左侧和

右侧前照灯,灯光强度降低(见图6-62)。

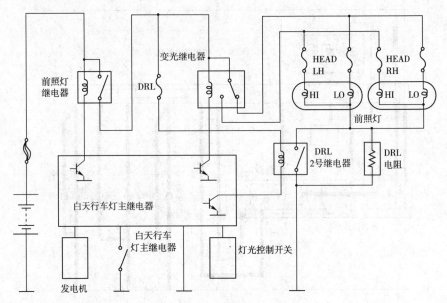

图6-61 灯光强度通过DRL电阻来降低亮度的类型电路

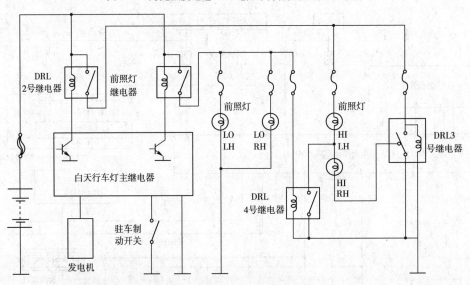

图6-62 灯光强度通过前照灯串联来降低亮度的类型电路

③由DRL主继电器中的占空控制降低灯光强度的类型。当DRL系统运行其间,灯光强度由DRL主继电器中的占空控制线路来降低(见图6-63)。

DRL在发动机运行时以及驻车制动器被松开时点亮。为了设定这些条件,通常使用来自发电机和驻车制动器开关的输入信号。然而,有些车型没有驻车制动器信号。在某些车型中,尾灯同时开亮。

(2)日间行车系统的点亮电路

①当发动机被启动,同时驻车制动器被释放时,DRL主继电器开亮前照灯。如果灯光控制开关在"OFF"或"TAIL"位置,变光开关在LOW位置,DRL继电器关掉,电流流过DRL电阻。结果前照灯以降低到80~85%的亮度点亮(见图6-64)。

②如果灯光控制开关移到"HEAD"位置,DRL 的 2 号继电器接通,电流不经 DRL 电阻器流到前照灯。前照灯以标准高亮度点亮(见图 6-65)。

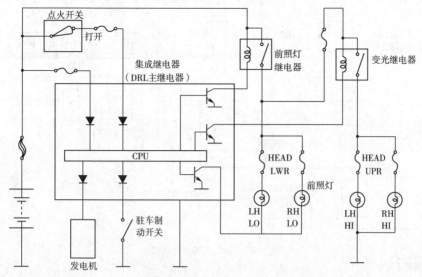

图 6-63　由 DRL 主继电器中的占空比控制降低灯光强度的类型电路

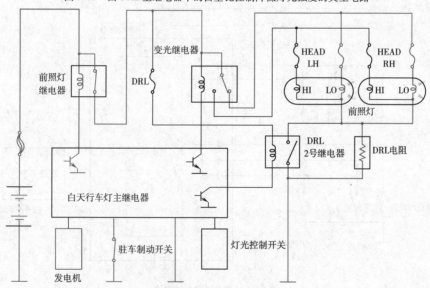

图 6-64　DRL 点亮的电路(1)

DRL 的 2 号继电器即使在变光器开关处于"HIGH"或"FLASH"位置时也接通,因此前照灯也以正常亮度点亮。

7. 迎宾照明系统

为解决黑暗环境下车辆未启动视线不清的困境,很多车型装有迎宾照明系统。该系统在驾驶人遥控打开车门模块锁止后亮起一段时间,以方便驾驶人的操作(见图 6-66 迎宾点亮电路)。

(1)迎宾照明系统的点亮条件

①钥匙不在点火开关钥匙锁芯中。

②当某扇车门打开后,其他的车门均关闭时。

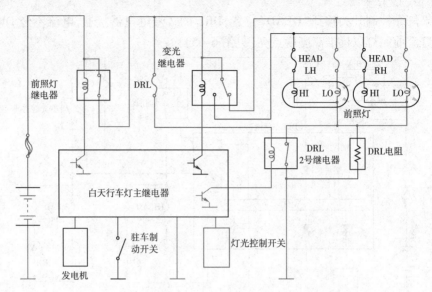

图 6-65 DRL 点亮的电路(2)

进车照明系统

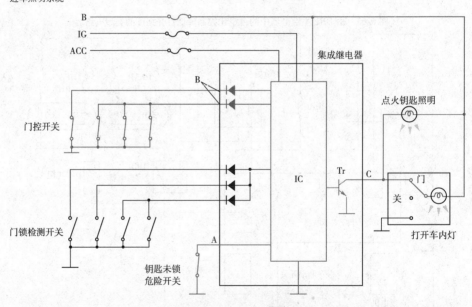

图 6-66 迎宾照明系统电路

(2) 迎宾系统点亮的过程

当符合上述情况时,钥匙解锁门禁切断信号被输入到端子 A 到端子 B 的门控开关 On-off 信号被输入集成继电器中的 ECU,根据这些信号,ECU 起动定时器功能。Tr 保持导通 15s。即使所有车门全部关闭,端子 C 来的电流保持 15s,内部照明及点火钥匙照明在此期间保持点亮(见图 6-67)。

如果系统运行正常,灯光将点亮 15s,然而,如果在定时器运行期间,点火开关接通或者所有车门均被锁定,灯光立即熄灭(见图 6-68)。有些车型上有一种系统,它的灯光是逐步关掉的。车型不同,灯光点亮的时间长度和其他细节会有不同。

8. 内部灯提醒系统的操作

像进车照明系统一样,如果车内灯提醒系统的集成继电器收到钥匙开锁警告开关信号和门控开关信号,它启动定时器线路(见图6-69)。各灯点亮20min,然后关掉。车型不同,灯光点亮的时间长度和其他细节会有不同。

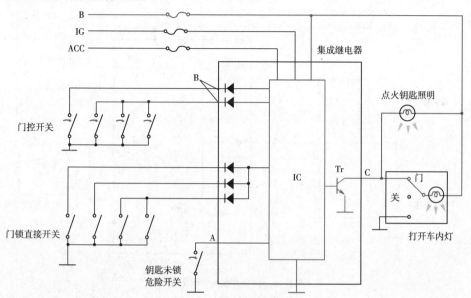

图6-67 迎宾系统点亮电路

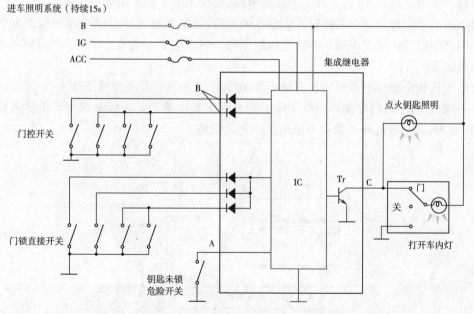

图6-68 发动机启动时的迎宾照明电路

6.3.3 信号系统

汽车的信号系统主要包括各种信号灯和喇叭。信号灯按其用途可分为车外信号灯,如转向灯、停车灯、倒车灯、制动灯、紧急信号灯等;车内提示信号灯,如驻车制动指示灯、转向信号指示灯、远近光指示灯和暖风电动机指示灯等,将在模块七中介绍。

1. 转向信号灯和闪光器

为指示车辆的行驶方向,便于交通指挥,汽车上都装有转向灯。转向灯一般由位于车身四角的 4 个转向信号灯、2 个转向指示灯、转向开关和闪光器等组成。

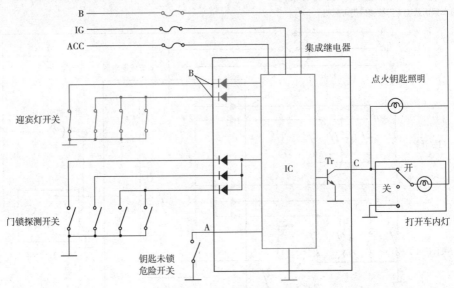

图 6-69 内部灯提醒系统电路

当汽车转向时,通过闪光器使左边或右边的前、后转向信号灯闪烁发光。闪光器按结构和工作原理可分为电热式、电容式和电子式等多种,现代主流车型采用电子式较多。

常用的电子闪光器有全晶体管式无触点闪光器、由晶体管和小型继电器组成的有触点晶体管式闪光器以及由集成块和小型继电器组成的有触点集成电路闪光器。其中后两种电子闪光器应用较多。

由集成块和小型继电器组成的有触点集成电路闪光器的电路原理如图 6-70 所示。它的采用了一块低功耗、高精度的汽车电子闪光器专用集成电路。其内部电路主要由输入检测器 SR、电压检测器 D、振荡器 Z 及功率输出级四部分组成。

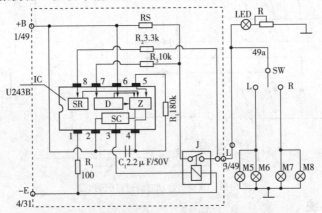

SR-输入检测;D-电压检测;Z-振荡器;SC-输出级;RS-取样电阻;J-继电器

图 6-70 有触点集成电路闪光器的电路

输入检测器用来检测转向信号灯开关是否接通。振荡器由一个电压比较器和外接 R_1 及 C_1 构成。内部电路给比较器的一端提供了一个参考电压(其值高低由电压检测器控制),比较器的另一端则由外接 R_1 及 C_1 提供一个变化的电压,从而形成电路的振荡。

振荡器工作时，输出级便控制继电器线圈的电路，使继电器触点反复开闭，于是转向信号灯和转向指示灯便以 80 次/min 的频率闪光。

如果一只转向信号灯烧坏，则流过取样电阻 RS 的电流减小，其电压降减小，经电压检测器识别后，便控制振荡器电压比较器的参考电压，从而改变振荡（闪光）频率，则转向指示灯的闪光频率加快一倍，以示需要检修更换灯泡。

2. 紧急信号灯

现在，主流车款多采用转向闪光器作为紧急信号灯报警使用。当汽车出现危险情况时，只要接通危险报警开关，则汽车车身四角的所有转向灯同时闪烁以示危险。

3. 制动信号灯

制动信号灯安装在车辆尾部，由设在后窗的高位制动灯和尾灯内的制动灯组成，用于制动时通知后面车辆该车正在制动，以避免后面车辆与其后部相撞（追尾）。

小型车辆多采用机械式开关，一般安装在制动踏板下方。当踩下制动踏板时，制动开关内的活动触点便将两个接线柱接通，使制动灯亮，当松开踏板后，断开制动灯电路。

4. 倒车灯

倒车灯安装于车辆尾部，给驾驶人提供额外照明，使其能够在夜间倒车时看清汽车的后部，也警告后面车辆，该汽车驾驶人想要倒车或正在倒车。当点火开关接通，变速器换至倒车挡时，倒车灯点亮，其电路如图 6-71 所示。

图 6-71　倒车灯电路示意图

5. 喇叭

为了警告行人和其他车辆，以引起注意并保证安全，汽车上都装有喇叭。汽车喇叭按发音动力划分有气喇叭和电喇叭两种。气喇叭是利用气流使金属膜片振动产生声响，多用在具有压缩空气气源的载货汽车上。电喇叭使利用电磁力使金属膜片振动产生声响，广泛应用于各种类型的汽车上。

电喇叭按有无触点可分为普通电喇叭和电子喇叭。普通电喇叭主要是靠触点的闭合断开，控制电磁线圈激励膜片振动而产生声响；电子喇叭中无触点，利用晶体管开关电路激励膜片振动产生声响。

（1）普通电喇叭

普通电喇叭的构造如图 6-72 所示。喇叭底板上装有山形铁芯和线圈、振动膜片、触点支架和触点，衔铁通过中心螺栓与振动膜片相联，膜片下固定有共鸣盘，在膜片下部是扬声筒。

当按下喇叭按钮时，电流通过喇叭线圈产生磁场，从而使山形铁芯吸下衔铁；同时触点断开，线圈的电磁力则消失，振动膜片在其自身的弹性和弹簧钢片的作用下，同衔铁一道返回原位，触点重新闭合，电路又重新接通。如此反复循环，膜片不断振动，从而发出一定频率的声皮，共鸣盘与膜片刚性连接，目的是使膜片振动时发出的声音更加悦耳。

（2）电子喇叭

电子喇叭的结构如图 7-73 所示。电子喇叭发声原理与普通电喇叭相同，但其用晶体管开关电路替代普通电喇叭的触点。

当电路接通电源后，由于晶体管 VT 加正向偏压而导通，线圈中便有电流通过，产生电磁力，吸引上衔铁，连同绝缘膜片和共鸣板一起动作。当上衔铁与下衔铁接触而直接搭铁时，晶体管 VT 失去偏压而截止,切断线圈中的电流,电磁力消失,膜片与共鸣板在弹力作用下复位,上、下衔铁又恢复为断开状态,晶体管 VT 再次导通,如此反复地动作,膜片不断振动便发出声响。

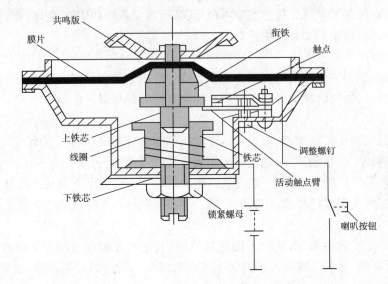

图 6-72 普通电喇叭结构

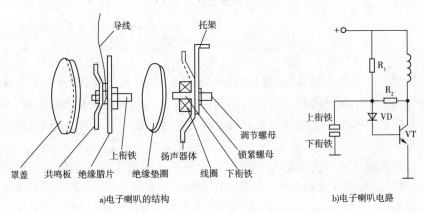

图 6-73 电子喇叭的结构与电路

6.4 照明与信号系统实训

6.4.1 实训操作注意事项

①请勿用湿手操作。

②氙气灯带有高压发生器。拆除、安装或者接触氙气灯(包括灯泡)前,请确保电源负极或者电源熔断器断开。

③在断开和连接接头前请关掉照明开关。

④在开启氙气型前照灯时,或者前照灯已经点亮时,切勿触摸线束、灯泡和前照灯插座。

⑤不要用手触摸前照灯灯泡玻璃表面,或者让润滑油脂粘在上面。在前照灯关掉后不要马上触摸前照灯灯泡,因为此时温度很高。

⑥正确安装氙气前照灯灯泡插座。如果安装不当,高压泄漏或者电源放电,可能会熔化灯

泡、接头或者外罩。不要在灯罩外点亮氙气前照灯灯泡。那样可能会导致失火或者伤害到眼睛。

⑦灯泡废弃后,要用厚乙烯基包裹缠起来然后扔掉。不要打破灯泡。

⑧让灯泡长时间脱离前照灯的外罩会造成透镜和反射器的性能变差(有灰尘、模糊)。在更换灯泡的时候,手上要准备一个新的灯泡。

⑨对前照灯进行对光调整时,只能沿着拧紧的方向转动对光调节螺钉(如果必须松开螺钉,要先完全松开,然后将其适当拧紧)。

⑩不要用有机溶剂(涂料稀释剂或汽油)来清洗灯或者去除旧的液态密封垫。

6.4.2 组合前照灯的拆装与分解

训练目标:练习者将熟练拆装组合前照灯。

工具设备:带氙气灯的车辆、常用工具。

技术资料:维修手册、课本。

项目说明:本项工作的实际操作一定要按维修手册的操作规范操作,在拆卸过程中注意手不要触摸灯泡,以免减少灯泡的使用寿命(见图6-74)。

1. 断开蓄电池负极

在拆下蓄电池负极线缆之前必须记下存储在ECU中的信息,如故障码、收音机频道、带记忆系统的座椅位置,带记忆系统的转向盘位置等,如果这些数据丢失,会给维修人员和驾驶人带来不必要的麻烦。

2. 拆卸翼子板内衬板

在拆卸内衬板时如果折叠,内衬板将无法回复,因此切勿折叠。

3. 拆卸散热器护栅和保险杠

4. 拆卸前照灯总成

①拆下固定螺栓和螺钉。

②脱开固定卡爪,拆下防尘罩。

③断开连接器插头并拆下前照灯总成。

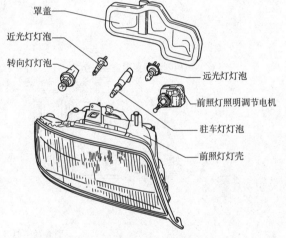

图6-74 奥迪A6车型组合前照灯

5. 拆卸灯泡

(1)前照灯灯泡的拆卸

断开灯泡连接器,按图6-75中箭头方向取下灯泡,注意不要用手触摸灯泡玻璃。

(2)氙气灯泡的拆卸

拆下前照灯灯盖,断开灯控ECU连接器插头,拆下灯泡(见图6-76)。注意不要用手触碰灯泡,即使只是薄薄一层油膜留在HID前照灯灯泡或卤素灯泡表面,由于其在较高温度下点亮而使灯泡的使用寿命缩短。

灯光控制ECU是点亮氙气灯所必需的电子控制装置。它位于左右前照灯的下面,它执行对灯泡的最佳供电以确保灯泡发光时能迅速达到最佳的光亮度,进行稳定、连续的照明。灯光控制ECU的输出端子会产生极其危险的高电压,需极其小心地处理。

更换灯泡时,务必握住灯的凸缘连接部位,使手不会接触灯的玻璃部分。由于HID前照灯灯泡和卤素灯泡的内部压力很大,掉落、撞击或损坏均可能导致灯泡爆炸和碎裂。

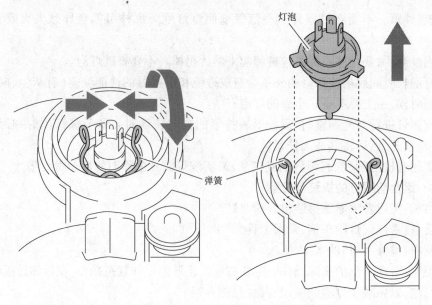

图 6-75 拆下灯泡

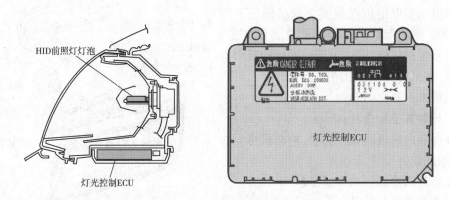

图 6-76 氙气灯泡的拆卸

更换灯泡时,要注意防尘,如果将车灯透镜从车辆上拆下时间过久,则可能会聚集灰尘和湿气。更换时,务必用相同功率的灯泡替换旧灯泡。

HID 灯泡电极会产生接近 20kV 的高电压,触摸它们会发生危险。应当在灯泡完全安装后,才可打开点亮的开关。更换灯泡时,应按维修手册的程序进行。

6. 装复前照灯

安装时,必须保证车身和尾灯壳体之间密封良好。前照灯的安装按与拆卸相反顺序进行。安装后进行前照灯调整。

6.4.3 前照灯光束调整

训练目标:练习者将熟练操作前照灯光束的调整。

工具设备:整车,常用工具,前照灯检测仪。

技术资料:维修手册,课本,工作单。

项目说明:前照灯是驾驶人夜间驾驶的眼睛,灯光的照亮范围和位置对驾驶人夜间行车的安全非常重要,因此,前照灯的光束一定要调整得当。

①调整检测仪位置。

②按规定位置停放车辆,调整之前,做好以下项目:
◇ 所有的轮胎保持正常的压力。
◇ 将车辆停放在平整的地面上。
◇ 除驾驶人(也可以在驾驶室放置与驾驶人相当的质量)以外,不要在车上放置任何载荷。冷却液、机油要适量,油箱要装满。
◇ 打开前照灯近光灯。
◇ 找到驾驶人和乘客侧调节螺钉位置,按图6-77所示进行调整。
③调整两侧的前照灯光束,直到与检测仪的调整屏幕的明暗分界线位置合适为止。
④整理工具,收拾场地。

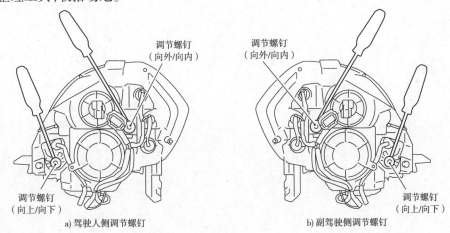

图6-77 前照灯光束调整

6.5 模块小结

1. 小结

①汽车灯具按位置可分为外部灯具和内部灯具,常见的外部灯具有前照灯、雾灯、转向灯、示宽灯、倒车灯等;常见的内部灯具有仪表灯、阅读灯、行李舱、驾驶人脚部照明灯等。

②前照灯有近光、远光、闪光(会车)三种状态,在城市复杂交通路况行驶时采用近光,要求照射距离短,范围广,防眩目,驾驶人的视线广阔,便于处理突发状况;在高速行驶时采用远光,要求明亮、照射距离远,150~200m甚至更远;闪光作用是提醒前方的车辆或行人超车或避让。现代汽车的前照灯有卤素灯、氙气灯、LED三种类型,卤素灯和氙气灯已普遍使用,LED前照灯已成为汽车照明的发展方向。

③前照灯普通电路即非数控电路,主要由蓄电池、组合开关(灯光开关、变光开关)、继电器(前照灯继电器、变光继电器)、熔断丝、灯泡组成。前照灯的操作分为近光灯操作、远光灯操作、会车灯操作。

④前照灯电控网络电路主要由蓄电池、组合开关、车身控制模块(BCM)、IPDM E/R(发动机舱智能电源分配模块)、一体化仪表、继电器、灯泡及CAN系统组成。车灯开关发出的开/关灯信号输送到车身控制模块(BCM),BCM经过接受、处理把开/关灯信号通过CAN系统输送到IPDM E/R(发动机舱智能电源分配模块)和一体化仪表,IPDM E/R通过继电器控制前照灯的点亮与熄灭。同时,一体化仪表和A/C放大器控制仪表上的远光指示灯点亮与熄灭。

⑤自动控制前照灯包括前照灯自动变光,自动开灯和延时关闭,前照灯随动转向(AFS)等。

⑥灯光信号是用来告知其他车辆驾驶人本车的行驶路线及状况,提醒避让。包括前示宽灯及尾灯、制动灯、倒车灯、雾灯、电喇叭等。

2. 专业术语

氙气灯　卤素灯　LED　前照灯随动转向系统　迎宾照明系统　自动前照灯系统

模块七 仪表与报警系统

学习目标

1. 了解掌握仪表系统的结构、功能与工作原理;
2. 熟悉仪表系统的显示信息,掌握判断仪表系统故障的技能。

学习重点

1. 组合仪表的显示信息;
2. 仪表系统的结构、功能及工作原理。

学习难点

1. 数控组合仪表的结构与工作原理;
2. 报警系统的工作原理。

7.1 仪表系统

为了使驾驶人随时掌握汽车的主要运行参数和重要部位的状态,及时发现和排除可能出现的故障,以保证行车安全,提高车辆的可靠性,所有的车型都在驾驶室的前方仪表台上装有反馈各系统运行状态信息的仪表、报警灯和显示屏幕,如图7-1所示。

图7-1 大众迈腾车型的组合仪表

由于汽车工作环境恶劣多变,因此,要求汽车仪表和报警装置应具有结构简单、工作可靠、耐震和抗冲击的特点,此外仪表的示数必须准确、稳定。

7.1.1 汽车仪表的分类与特点

汽车仪表按其安装方式可划分组合式与分装式两种。其中,组合式仪表就是将各仪表组合安装在一起;分装式仪表则是将各仪表单独安装。由于传统分立式仪表现已很少采用,现普遍使用的是组合仪表。

1. 仪表的分类

汽车仪表按工作原理可划分机械式、电气式、模拟电路式和数字式等种类。其中,机械式仪表是采用机械作用力原理而工作的仪表;电气式仪表是采用电测原理,通过各类传感器将被测的非电量信号变换成电信号(模拟量)加以测量显示的仪表;模拟电路电子式仪表,其工作原理与电气式仪表基本相同,不同的是用电子器件(分离元件和集成电路)取代原来的电气器件;数字式仪表则是由微处理器(ECU)采集传感器的信号,将模拟量信号转换为数字量信号,经分析处理后显示的仪表。现在市场上销售的各种车型均已普遍采用各种专用的数字式仪表。

2. 数字式仪表的特点

随着计算机技术的普及应用,当今主流汽车普遍使用数字式组合仪表。数字式仪表采用总线协议,主要由控制单元、传感器和显示装置组成,这种数字式仪表具有指示精度高、重复性好、分度均匀、响应速度快、无抖动,产品稳定性强、可靠性高和通用性好等特点。

7.1.2 仪表信息的识读

车用组合仪表由仪表、警告灯、指示灯和行车电脑信息显示屏组成,它会显示提醒驾驶人安全驾驶所需的信息(见图7-2)。

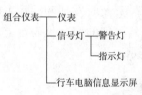

图7-2 组合仪表

1. 仪表

常见的汽车仪表有车速里程表、发动机转速表、发动机冷却液温度表、燃油表等,如图7-3所示。显示内容如下:

(1)发动机转速表用来显示发动机每分钟的转数,显示单位为"r/min"。

(2)车速里程表用来显示车辆当前的行驶速度。显示单位为"km/h"。另外里程表还有显示车辆行驶距离的累计行驶里程和短程行驶里程的功能。

(3)发动机冷却液温度表用来显示发动机冷却液的温度。

(4)燃油表(带燃油液位警告灯)用来显示燃油箱剩余的燃油体积。

(5)机油油压表用来显示发动机机油的循环压力。

(6)电压表用来显示交流发电机产生的电压。

2. 警告灯

警告灯在用来提醒驾驶人，系统发生故障或需要充电或需要维修，以确保行车安全。根据紧急情况或信息的优先等级，警告灯显示时使用红灯和黄灯。

常用的警告灯有：ABS警告灯、制动液位警告灯、发动机故障指示灯、放电警告灯、座椅安全带警告灯、开门警告灯、安全气囊警告灯、燃油低位警告灯、机油低油压警告灯、燃油沉淀器警告灯(仅用于柴油机车辆)、电热塞警告灯(仅用于柴油机车辆)等，显示内容如图7-3所示。

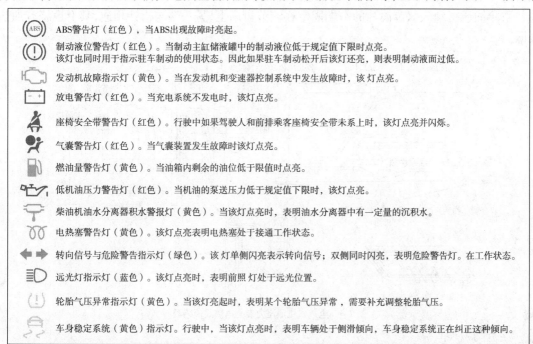

图7-3 仪表主要的警告灯和指示灯显示的信息

3. 指示灯

通过操作开关或控制杆，仪表盘上的指示灯点亮会告诉驾驶人，其操作的设备开始工作。这些指示灯用蓝、绿和黄灯表示不同的含义。常用的指示灯有：转向信号灯、危险警告指示灯、自动变速器(AT)挡位指示灯、远光灯指示灯、轮胎气压异常指示灯、车身稳定系统指示灯和牵引力控制系统指示灯等(见图7-3)。

7.2 普通仪表构造与原理

常用的仪表有：机油压力表、冷却液温度表、燃油表、车速里程表和发动机转速表等。

7.2.1 机油压力表

机油压力表用来检测和显示发动机主油道的机油压力值，以便驾驶人了解发动机润滑系统是否工作正常。该装置由装在发动机主油道中或滤清器上的机油压力传感器和仪表板上的机油压力指示表组成。

机油压力表可分为电热式、电磁式和弹簧式三种常见类型。机油压力传感器可分为双金属片式和可变电阻式两种类型。常用的电热式机油压力表配双金属片式机油压力传感器，电磁式机油压力表配可变电阻式机油压力传感器。其中以双金属片式机油压力表应用最为广泛。

1. 电热式机油压力表与电热式机油压力传感器

(1) 电热式机油压力表与传感器结构

如图7-4所示,在双金属式机油压力传感器内装有膜片,膜片下的内腔与发动机主油道相通,膜片的中心顶着弯曲的弹簧片。弹簧片的一端与盒固定并搭铁,另一端焊有触点,且经常与上面的"n"形双金属片的触点接触。双金属片上绕有与其本身绝缘的加热线圈。线圈的一端直接与双金属片的触点相连,另一端经接触片和接线柱与指示表相连。校正电阻与加热线圈并联。油压指示表双金属片的一端固定在调节齿扇上,另一端与指针相连,其上也绕有加热线圈。

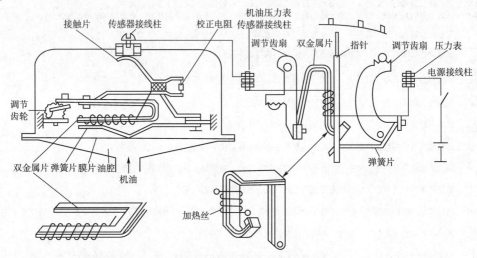

图7-4 电热式机油压力表与电热式传感器

(2) 工作原理

当点火开关置"ON"时,电流流过双金属片的加热线圈,双金属片受热变形,使触点分开;随后双金属片又冷却伸直,触点又重新闭合。如此反复,开闭频率为每分钟5～20次,电路中形成一脉冲电流,其波形如图7-5所示。

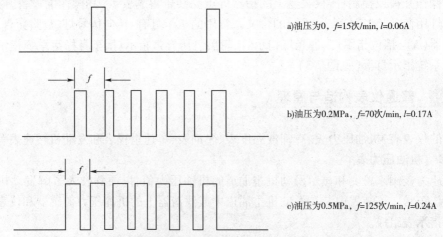

a) 油压为0, $f=15$次/min, $I=0.06A$

b) 油压为0.2MPa, $f=70$次/min, $I=0.17A$

c) 油压为0.5MPa, $f=125$次/min, $I=0.24A$

图7-5 电热式机油压力表加热线圈中电流的波形图

如果油压很低时,则传感器中的膜片几乎没有变形,这时作用在触点上的压力很小。电流通过不久,温度略有上升,双金属片就开始弯曲,使触点分开,电路即被切断。经过一段时间后,双金属片冷却伸直,触点又闭合,电路又被接通。但不久触点又会再次因受热分开,如此循环变化。因此当油压很低时,只要流过加热线圈较小的电流,温度略升高,触点就会分开。这样使触点打开的时间长,闭合的时间短,因而电路中电流的有效值小,使指示表中双金属片因温度较低而弯曲程度小,指针(见图7-4)向右偏移角度就小,即指示较低的油压值。

当油压增高时,膜片向上拱曲,加在触点上的压力增大,双金属片向上弯曲程度增大,这样,只有在双金属片温度较高时,也就是要加热线圈通过较大的电流,经过较长的时间后,触点才能分开,而且当触点分开不久,双金属片稍一冷却触点又很快闭合。因此当油压高时,触点断开状态的时间缩短,频率增高,指针偏摆角度大,指向高油压值。

为使油压的指示值不受外界温度的影响,双金属片制成"n"形。其上绕有加热线圈的一边称为工作臂,另一边称为补偿臂。当外界温度变化时,工作臂的附加变形被补偿臂的相应变形所补偿,使指示表的示值保持不变。在安装传感器时,必须使盒上的箭头(安装记号)向上,不应偏出垂直位置30º。因为只有这样安装才能保证"n"形双金属片的工作臂位于补偿臂之上,使工作臂产生的热气上升时,不致对补偿臂产生影响,造成示值失准。

对于普通常规发动机,正常机油压力应为0.2MPa~0.4MPa。在发动机低速运转时,机油的最低压力不应小于0.15MPa;在发动机高速运转时,最高的机油压力不应超过0.5MPa。

2.电磁式机油压力表与可变电阻式机油压力传感器
(1)电磁式机油压力表系统结构
电磁式机油压力表与可变电阻式机油压力传感器的基本结构如图7-6所示。

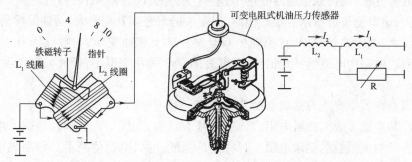

图7-6 电磁式机油压力表与可变电阻式机油压力传感器

(2)电磁式机油压力表系统的工作原理
当油压降低时,机油压力传感器的电阻值增大,线圈L_1中的电流减小,线圈L_2中的电流增大,转子带动指针随合成磁场的方向逆时针转动,指向低油压值;当油压升高时,传感器的电阻值减小,线圈L_1中的电流增大,线圈L_2中的电流减小,转子带动指针随合成磁场的方向顺时针转动,指向高油压值。

7.2.2 冷却液温度表

冷却液温度表用来检测和显示发动机水套中冷却液的温度,以防因冷却液温度过高而使发动机过热。它由装在仪表板上的水温指示表和装在发动机汽缸盖上水套的水温传感器两部分组成。

水温表按其工作原理可分为电热式、电磁式和动磁式三种类型,传感器可分为双金属片式和热敏电阻式两种类型。常用冷却液温度表有:电热式冷却液温度指示表配双金属片式传感器、电热式冷却液温度指示表配热敏电阻式传感器和电磁式冷却液温度指示表配热敏电阻式传感器三种形式。

1. 电热式冷却液温度表与双金属片式传感器

电热式(双金属片式)冷却液温度表与双金属片式传感器系统的基本结构,如图7-7所示。传感器是一个密封的铜质套筒,内装有条形双金属片,其上绕有加热线圈。线圈的一端接双金属片的触点,另一端与接触片相连接,固定触点通过钢质套筒搭铁。其双金属片具有一定的初始压力。当水温升高时,向上翘曲使触点间的压力减弱。

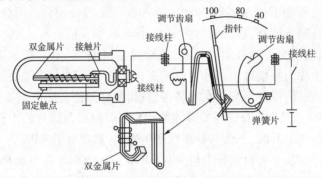

图7-7　电热式冷却液温度表与双金属片式传感器

当点火开关置"ON"挡时,电流流过加热线圈,双金属片受热变形使触点分离,切断电路;随后双金属片冷却伸直,触点又重新闭合,电路又被接通,如此反复,电路中形成一脉冲电流。

当冷却液温度较低时,双金属片变形小,触点压力大,闭合时间长,打开时间短,电路中电流的平均值大,该电流流过指示表加热线圈,温度表的双金属片变形大,指针偏摆角度大,指向低温区域。反之,当水温较高时,传感器中双金属片向上翘曲变形大,触点压力小,闭合时间短,打开时间长,电路中电流的平均值小,温度表的双金属片变形小,指针偏摆角度小,指向高温区域。

2. 电热式冷却液温度表与热敏电阻式传感器

电热式冷却液温度表与热敏电阻式传感器基本结构,如图7-8所示。热敏电阻式传感器的主要元件为负温度系数的热敏电阻。其特性是温度升高,电阻值减小。利用热敏电阻可以将冷却液温度的变化转换成电阻值的变化,从而控制显示电路中电流的大小,使冷却液温度表的指针指出相应的温度值。

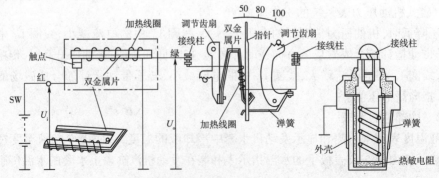

图7-8　电热式冷却液温度表与热敏电阻式传感器

当点火开关置"ON"挡时,电流从蓄电池正极→点火开关→电源稳压器→温度表双金属片的加热线圈→传感器接线柱→热敏电阻→传感器外壳→搭铁→蓄电池负极。

当发动机冷却液温度较低时,传感器的热敏电阻阻值大,电路中电流的平均值小,温度表的双金属片弯曲变形小,指针指向低温。反之,当冷却液温度升高时,热敏电阻阻值小,电路中电流的平均值大,温度表的双金属片弯曲变形大,指针指向高温。

由于电源电压变化影响仪表读数的准确性,因此在这种电路中需配有电源稳压器。当电源电压变化时,输出电压平均值保持稳定。

3. 电磁式冷却液温度表与热敏电阻式温度传感器

电磁式水温表内有左、右两只铁芯,铁芯上分别绕有左线圈和右线圈,其中左线圈与电源并联,右线圈与传感器串联。两个线圈的中间置有铁转子,转子上连有指针,如图7-9所示。

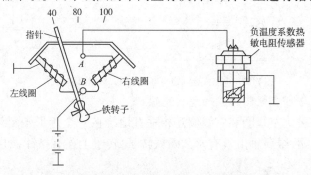

图 7-9　电磁式冷却液温度表与热敏电阻式温度传感器

当接通点火开关时,电流从蓄电池正极分别经左线圈和右线圈、传感器热敏电阻两条线路搭铁,到蓄电池负极形成回路。这时左、右线圈各形成一个磁场,同时作用于转子,转子便在合成磁场的作用下转动,使指针指在某一刻度上。

当电源电压不变时,通过左线圈的电流不变,因而它所形成的磁场强度是一个定值。而通过右线圈的电流则取决于与它串联的传感器热敏电阻值的变化。因热敏电阻为负温度系数,当水温较低时,热敏电阻值大,右线圈中电流变小,磁场减弱,合成磁场主要取决于左线圈,使指针指在低温处。当冷却液温度升高时,传感器的电阻减小,右线圈中的电流增大,磁场增强,合成磁场偏移,转子便带动指针转动指向高温。

7.2.3　燃油表

燃油表用来指示燃油箱内燃油的储存量。它由装在仪表板上的燃油指示表和装在燃油箱内的传感器两部分组成。燃油表有电磁式、动磁式、电热式和交叉线圈式等种类,其传感器均为可变电阻式。

1. 电磁式燃油表与可变电阻式传感器

电磁式燃油表与可变电阻式传感器结构(见图7-10)。指示表中有左、右两只铁芯,铁芯上分别绕有左右两个线圈。中间置有指针转子,转子上连有指针。传感器由可变电阻、滑片和浮子组成。浮子浮在油面上,随油面的高低而改变位置。

当点火开关置"ON"挡时,电流由蓄电池正极→点火开关→燃油表接线柱→左线圈→接柱→右线圈→搭铁→蓄电池负极。同时电流由接线柱→传感器接线柱→可变电阻→滑片→搭铁→蓄电池负极。左线圈和右线圈形成合成磁场,转子就在合成磁场的作用下转动,使指针停在某一刻度上。

当油箱无油时,浮子下沉,可变电阻上的滑片移至最右端,可变电阻被短路,右线圈也被短路,左线圈的电流达最大值,产生的电磁吸力最强,吸引转子,使指针停在最左面的"0"位。

随着油箱中油量的增加,浮子上浮,带动滑片沿可变电阻滑动。可变电阻部分接入电路,线圈电流相应减小,而右线圈中电流增大。转子在合成磁场的作用下向右偏转,带动指针指示油箱中的燃油量。如果油箱半满，指针指在"1/2"位；当油箱全满时，指针指在"1"位。

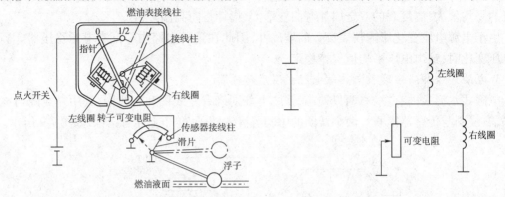

图 7-10 电磁式燃油表与可变电阻式传感器的构造

2. 动磁式燃油表与可变电阻式燃油量传感器

动磁式燃油表的磁化左线圈和右线圈互相垂直地绕在一个矩形塑料架上，塑料套筒轴承和金属轴穿过交叉线圈，金属轴上装有永久磁铁转子，转子上连有指针，如图7-11所示。

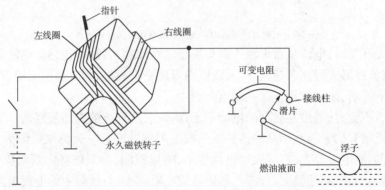

图 7-11 动磁式燃油表与可变电阻式燃油量传感器

动磁式燃油表与可变电阻式燃油量传感器的工作原理与电磁式燃油表基本相同，这里不再赘述。

3. 电热式燃油表与可变电阻式燃油量传感器

电热式燃油表的基本结构和工作原理与电热式机油压力表相同，仅表盘刻度不同。电热式燃油表配用可变电阻式传感器，需串联一个稳压器。其基本结构如图7-12所示。

当油箱无油时，浮子下沉，滑片处于可变电阻的最右端，传感器的电阻全部串入电路中，此时电路中电流最小，燃油表加热线圈发热量小，双金属片变形小，带动指针指在"0"位。

当油箱内油量增加时，浮子上升，滑片向左移动，串入电路中的电阻减小，电路中的电流增大，燃油表加热线圈发热量大，双金属片变形增大，带动指针向右偏转。

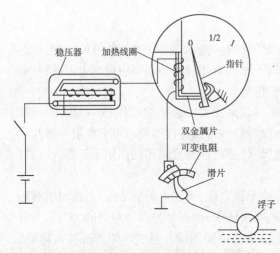

图 7-12 电热式燃油表与可变电阻式燃油传感器

当油箱充满时,滑片移至最左端,将可变电阻短路,此时电路中电流最大,指针偏到最右边,指在"1"处。

4. 交叉线圈型燃油表及传感器

(1) 油量传感器

油量传感器如图7-13所示,该变阻器的输出阻值依赖于浮子的位置。当油量多时,浮子的位置高,输出电阻小,电流大;当油量少时,浮子位置低,输出电阻大,电流小。

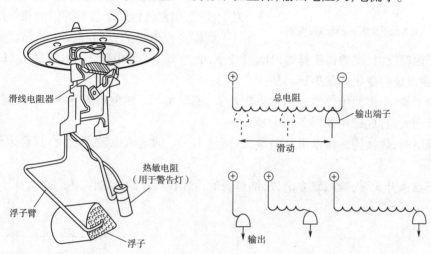

图7-13 滑线电阻式燃油表传感器

(2) 交叉线圈型燃油表

交叉线圈型燃油表及传感器结构,如图7-14所示。表针与一磁性转子相连,在磁性转子的外面按4个方向绕上线圈,相邻两线圈之间的夹角为90°。当线圈有电流通过时,4个线圈在4个方向上产生磁场,合成为某一方向的磁场,使磁性转子转动至一定的位置。当电流发生变化时,合成磁场的方向也发生变化,从而使得磁性转子的转动位置发生变化,同时指示相应的燃油量值。为防因车辆振动而造成油表指针振颤,在转子下面的空隙里填满了硅酮油用以减振。

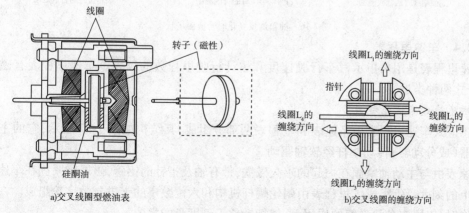

图7-14 交叉线圈型燃油表

这种交叉线圈型仪表与双金属片型相比具有显示值精度高、指针偏转角较大、随动特性优良和无需稳压电路等特点。

当点火开关闭合时,电流的方向为:蓄电池"+"极→L_1→L_2→L_3→L_4→搭铁→蓄电池"-"

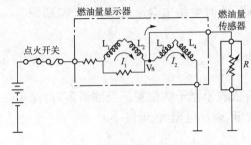

图 7-15 交叉线圈型燃油表的线路连接图

极,构成回路(图 7-15)。另外,还可由蓄电池"+"极→L_1→L_2→传感器→搭铁→蓄电池"-"极,构成另一回路。而电压将随燃油量传感器输出电阻值的变化,即随燃油液面高度不同而发生变化,使流经 L_1、L_2 的电流 I_1 和流经 L_3、L_4 的电流 I_2 发生变化,从而使 4 个线圈在各自方向上引起的磁场强度发生变化,引起磁性转子旋转并带动指针摆动。

线圈合成磁场的方向和大小与油箱的油面高低有关。当油箱满时,燃油传感器输出电阻最小,流经 L_1、L_2 的电流 I_1 大,流经 L_3、L_4 的电流 I_2 很小,合成磁场的变化如图 7-16a)所示。

当油箱半满时,燃油传感器输出的电阻增大,流经 L_1、L_2 的电流 I_1 有所减小,流经 L_3、L_4 的电流有所增大,合成磁场如图 7-16b)所示。

当油箱空时,燃油传感器输出电阻最大,流经 L_3、L_4 的电流也随之增大,其合成磁场如图 7-16c)所示。

当断开点火开关时,线圈磁力消失,油量表的指针在转片的重量作用下回归"0"位。

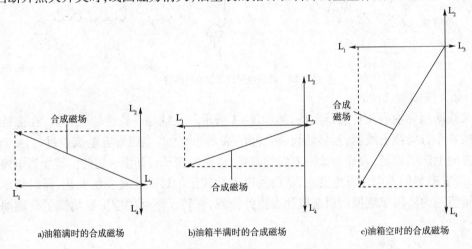

a)油箱满时的合成磁场　　b)油箱半满时的合成磁场　　c)油箱空时的合成磁场

图 7-16　油箱油量变化时合成磁场状态

7.2.4　车速里程表

车速里程表是用来指示汽车行驶速度和累计行驶里程数的仪表。车速里程表有磁感应式、电子式两种类型。

1. 磁感应式车速里程表

磁感应式车速里程表由车速表和里程表两部分组成,其结构如图 7-17 所示,它的主动轴由变速器(或分动器)传动蜗杆经软轴驱动。

车速表由与主动轴紧固在一起的永久磁铁、带有轴及指针的铝碗、磁屏和紧固在车速里程表外壳上的刻度盘等组成。里程表由蜗轮蜗杆机构和六位数字的十进制数字轮组成。在车速表不工作时,铝罩在盘状弹簧的作用下,使指针位于刻度盘的零位。

当汽车行驶时,在变速器的带动下,车速表的主动轴带着永久磁铁旋转,永久磁铁的磁力线穿过铝碗,在铝碗上感应出涡流,铝碗在电磁转矩作用下克服盘形弹簧的弹力,向永久磁铁转动的方向旋转,直至与盘形弹簧弹力相平衡。由于涡流的强弱与车速成正比,指针转过角度与车速成正比,指针便在刻度盘上指示出相应的车速。

汽车行驶时,变速器转动,里程表软轴带动主动轴,主动轴经三对蜗轮蜗杆(或一套蜗轮蜗杆和一套减速齿轮系)驱动里程表最右边的第一数字轮。第一数字轮上的数字为0.1km,每两个相邻的数字轮之间的传动比为1:10。即当第一数字轮转动一周,数字由9翻转到0时,便使相邻的左面第二数字轮转动1/10周,成十进制递增。这样汽车行驶时,就可累计出其行驶里程数,最大读数为99999.9km。

2. 电子式车速里程表

电子式车速里程表主要由车速传感器、电子电路、车速表和里程表四部分组成。电子式车速里程表,如图7-18所示。

(1) 车速传感器

车速传感器由变速器驱动,能够产生正比于汽车行驶速度的电信号。它由一个舌簧开关和一个含有4对磁极的转子组成。变速器驱动转子旋转,转子每转一周,舌簧开关中的触点闭合、打开8次,产生8个脉冲信号,汽车每行驶1km,车速传感器将输出4127个脉冲。

(2) 电子电路

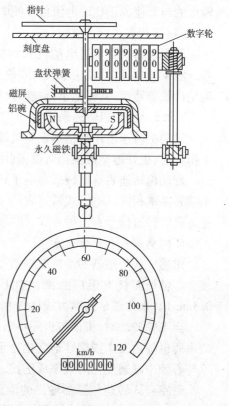

图7-17 磁感应式车速里程表

电子电路的作用是将车速传感器送来的电信号整形、触发,输出一个电流大小与车速成正比的电流信号。其基本组成主要包括稳压电路、单稳态触发电路、恒流源驱动电路、64分频电路和功率放大电路(见图7-18)。

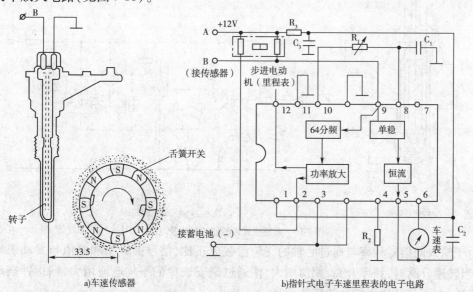

a) 车速传感器　　　　b) 指针式电子车速里程表的电子电路

图7-18 电子式车速里程表与电子电路

(3) 车速表

车速表是一个电磁式电流表,当汽车以不同车速行驶时,从电子电路接线端6(见图7-18)

输出的与车速成正比的电流信号便驱动车速表指针偏转,即可指示相应的车速。

(4) 里程表

里程表由一个步进电动机和六位数字的十进制数字轮组成。车速传感器输出的频率信号,经 64 分频后,再经功率放大器放大到足够的功率,驱动步进电机,带动 6 位数字的十进制齿轮计数器转动,从而记录行驶的里程。

7.2.5 发动机转速表

发动机转速表用于指示发动机的运转速度,以便于驾驶人检查调整发动机,监视发动机的工作状况,更好地掌握换挡时机,利用经济车速等。

发动机转速表有机械式和电子式两种。机械式转速表的结构与工作原理与上述磁感应式车速表基本相同。电子式转速表由于显示平稳、结构简单、安装方便已被广泛使用。电子式转速表获取转速信号有三种方式,即:取自点火系、发动机的转速传感器和发电机。

1. 磁感应式电子转速表

磁感应式传感器的结构原理如图 7-19a) 所示。它由永久磁铁、感应线圈、心轴、外壳等组成。心轴外面绕有感应线圈,它的下端靠近飞轮与飞轮齿顶间有较小的空气隙(1mm ± 0.3mm)。永久磁铁的磁力线从 N 极出来,通过心轴、空气隙,回到 S 极构成回路。

当飞轮转动时,齿顶与齿底不断地通过心轴。空气隙的大小发生周期性变化,使穿过心轴的磁通也随之发生周期性地变化。于是在感应线圈中感应出交变电动势。该交变电动势的频率与心轴中磁通变化的频率成正比,也与通过心轴端面的飞轮齿数成正比。

磁感应式转速传感器输出的近似正弦基波频率信号加在转速表线路(见图 7-19b))的输入端。经 R_9、VD_1 和晶体管 VT_1 整形放大,输出一近似矩形波。再经过 C_2、R_8、R_4、R_3 组成的微分电路,送至晶体管 VT_2,信号经 VT_2 放大后,输出具有一定的幅值和宽度的矩形波,用来驱动转速表(电流表)。

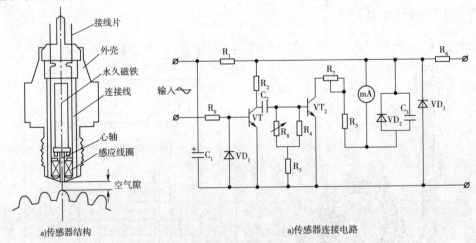

图 7-19 磁感应式传感器的结构及电路

由于输入的信号频率与通过心轴的飞轮齿数成正比,信号的频率和幅值与发动机转速成正比,当转速升高时,频率升高,幅值增大,使通过毫安表中的平均电流增大,则指针摆动角度也相应增大,于是转速表指示的转速就高。

2. 电容器充放电式电子转速表

图 7-20 所示为电容器充放电式电子转速表电路原理图。该表转速信号取自点火系统的分电器触点(如为电子点火系统,则取自点火线圈"-"接线柱)。当发动机工作时,分电器触点

不断开闭,其开闭次数与发动机转速成正比(曲轴每转一圈,四冲程四缸发动机触点开闭2次;六缸发动机触点开闭3次)。触点开闭产生断续电流,经积分电路 R_1、R_2、C_1 整形送至晶体管 VT_1,从而取得一个具有固定幅值(电流值)和脉冲宽度(时间)的矩形波电流,此电流通过转速表。

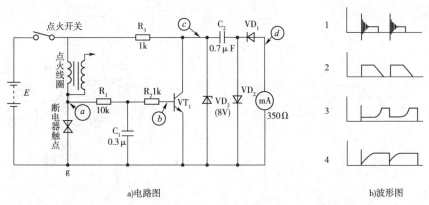

图 7-20 电子转速表的原理图

在该转速表电路中,当初级电路导通时,三极管 VT_1 截止,电容 C_2 被充电,充电电流由蓄电池正极→点火开关→电阻 R_3→电容 C_2→二极管 VD_2→蓄电池负极,构成回路。当初级电路截止时,三极管 VT_1 导通,电容器 C_2 放电,放电电流通过三极管 VT_1→电流表→二极管 VD_1,再回到电容器 C_2 负极,触点反复开闭,重复以上过程。

当发动机工作时,点火系初级电路不停地导通与截止,电容 C_2 不停地充放电。因为初级电路通断的次数与发动机转速成正比,所以电流表中电流平均值与发动机转速成正比,从而可用电流平均值标定发动机的转速。

7.2.6 报警指示装置

为了保证行车安全和提高车辆的可靠性,如今的车辆上安装了越来越多的报警装置。例如在机油压力过低、燃油储存量过少、冷却液温度过高以及当汽车制动液液面高度不足等情况下便会自动发出报警信号。报警装置一般均由传感器和警告灯组成。

仪表、开关与指示灯标志图形符号及含义见图 7-3。这些标志图形符号制作在仪表盘或仪表台的面膜上,面膜带有不同的颜色,在面膜下面设置有相应的照明灯。因此,当相应的照明灯电路接通时,面膜上的标志图形符号和颜色清晰可见。除暖风用红色、冷气和行驶灯光用蓝色之外,其余标志图形符号中,红色表示危险或警告,黄色表示注意,绿色表示安全。

1. 机油压力报警装置

在很多汽车上,除装有机油油压表外,还装有机油压力报警装置。其目的是为了使驾驶人能注意到润滑系统中的机油压力降低到允许的下限,提醒驾驶人迅速采取措施,避免发动机的进一步损毁。

报警装置由机油压力报警灯传感器和报警信号灯组成,其线路如图 7-21a)所示。机油压力报警灯开关有膜片式和弹簧管式两种。

膜片式机油压力报警灯传感器结构如图 7-21b)所示。传感器的活动触点固定在膜片上,固定触点设置在传感器的壳体上。无油压或油压低于某一数值时,弹簧压合触点,接通电路,使警告灯发亮。当油压达到某一定值时,膜片上凸触点分开,警告灯熄灭。

2. 冷却液温度报警装置

冷却液温度报警装置的作用是当冷却系冷却液温度升高到一定限度时,警告灯自动发亮,以示警告。冷却液温度报警装置的电路如图7-22所示。在传感器的密封套管内装有条形双金属片,双金属片自由端焊有动触点,而静触点直接搭铁。当温度升高到95~98℃时,双金属片向静触点方向弯曲,使两触点接触,红色警告灯便通电发亮。

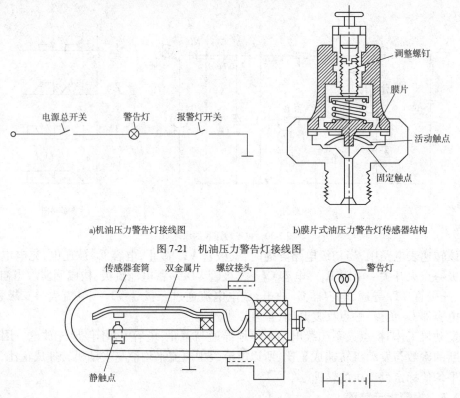

a)机油压力警告灯接线图　　b)膜片式油压力警告灯传感器结构

图7-21　机油压力警告灯接线图

图7-22　冷却液温度警告灯电路图

3. 燃油油量报警装置

当燃油箱内燃油减少到某一规定值时,为告知驾驶人,以引起注意。在几乎所有的汽车上,均装有燃油油量报警装置,其工作原理如图7-23所示,该装置由热敏电阻式燃油油量报警传感器和警告灯组成。

当燃油箱内燃油量多时,负温度系数的热敏电阻元件浸没在燃油中散热快,其温度较低,电阻值大,所以电路中电流很小,警告灯处于熄灭状态。当燃油减少到规定值以下时,热敏电阻元件露出油面,散热慢,温度升高,电阻值减小,电路中电流增大,则警告灯发亮,以示警告。

4. 制动液液面报警装置

制动液面警告灯的传感器装在制动液储液罐内,其结构如图7-24所示。该装置的外壳内

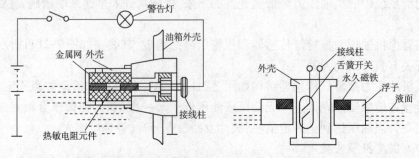

图7-23　燃油油量报警装置工作原理　　图7-24　制动液液面报警开关结构

装有舌簧开关,开关的两个接线柱与液面警告灯、电源相接,浮子上固定着永久磁铁。

当浮子随着制动液面下降到规定值以下时,永久磁铁的吸力吸动舌簧开关,使之闭合,接通警告灯点亮,发出警告。制动液液面在规定值以上时,浮子上升,吸力不足,舌簧开关在自身弹力的作用下,断开警告灯电路。

7.3 电控仪表简介

随着车载网络的普及应用,传统汽车仪表已无法满足汽车越来越高的控制要求,已被采用总线技术的微处理器控制的电控仪表所取代,当今几乎所有的主流车款均已采用总线技术的电控仪表。

1. 电控仪表与报警装置

汽车电控仪表一般由传感器、控制单元和显示装置三部分组成。电控仪表的作用与前面介绍的常规机电模拟式仪表基本相同,都是从各种传感器接收信号,将信号处理后通过显示器显示数据,使驾驶人了解行车的相关信息。其区别在于电控仪表是通过仪表中的微处理器和各种集成电路处理各种传感器的信号,然后在显示装置上显示出来。传统仪表的显示装置大多采用机械模拟式的显示设备,电控仪表显示设备主要有步进电动机指针式显示装置和液晶显示装置。

电控仪表比常规传统模拟仪表的读数更直观、更精确,外观更美。

丰田凯美瑞车型电控仪表,如图7-25所示。

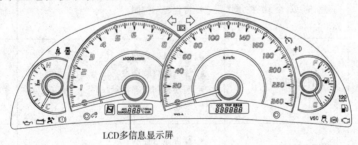

图7-25 丰田凯美瑞电控仪表

电控仪表在车上多为一个独立的总线模块,由仪表ECU、传感器和开关、显示装置等组成,其系统原理图如图7-26所示。

仪表ECU处理的输入和输出的信息,见表7-1。

仪表ECU处理的输入和输出的通信信号　　　　　　表7-1

协议	ECU	将信号输入至仪表ECU	自仪表ECU输出信号
CNA(1号CAN总线)	发动机ECU	• 发动机转速; • 发动机冷却液温度; • 喷油量; • 起动机状态; • 挡位; • S模式指示灯[*1] • 当前挡位; • 蜂鸣器鸣响请求; • 指示灯控制; • 诊断(巡航); • 发动机类型信息	—

205

续上表

协议	ECU	将信号输入至仪表 ECU	自仪表 ECU 输出信号
CNA(1 号 CAN 总线)	空调 ECU	外部温度	车速
	空气囊传感器总成	• 警告灯控制; • 座椅安全带提醒控制(D); • 诊断	车速
	防滑控制 ECU	• 警告灯控制; • 指示灯控制; • 车速; • 诊断	—
	主体 ECU	• 照明状态; • 驻车制动器开关; • 门控灯开关; • 蜂鸣器鸣响请求; • 自动变光器信号; • 未锁警告开关; • 警告显示控制; • 诊断	车速
CAN(2 号 CAN 总线)	AFS ECU*2	• 指示灯控制	
	座椅安全带控制 ECU*2	• 警告显示控制; • 诊断	—
	距离控制 ECU*2	• 警告显示控制; • 蜂鸣器鸣响请求; • 巡航控制状态指示; • 诊断	—
CAN(MS 总线)	认证 ECU*2	• 警告显示控制; • 蜂鸣器鸣响请求	—
	间隙声纳 ECU*2	• 警告显示控制	车速

2. 多功能信息显示系统

随着电子技术的进步,汽车电控仪表从简单地显示传感器信息,迅速发展成为可以对各种信息进行分析计算、加工处理的信息中心。该信息中心(或称行车电脑)的多功能显示屏,通常使用彩色 LCD 作为显示设备。

多功能信息系统能够从大量的车辆运行信息中选择出驾驶人需要的内容,例如车辆维修、电子导航地图、倒车影像和车辆位置等信息,如图 7-27 所示。同时在多功能显示屏还可以显示电视、广播、电话等信息。

多功能信息系统的显示屏通常安装在仪器面板或中控台上,并将控制开关安装在显示装置附近,供驾驶人或乘客选择需要的信息。

显示系统的触摸键通常以模拟形式显示在显示器上,用手指接触到触摸键时即可进行操作,从而简化了获取信息的过程。

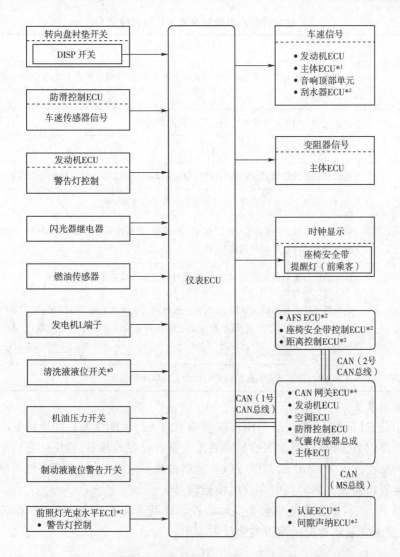

图 7-26　丰田凯美瑞电控仪表系统原理图

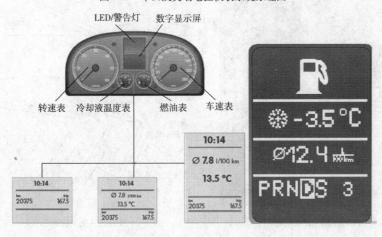

图 7-27　信息系统配置图

多功能信息系统综合显示的信息种类见表 7-2。

多功能信息系统综合显示的信息种类 表7-2

项　目	功 能 说 明
行程信息	从出发开始的行程计算、所用时间和总的燃料消耗,并根据燃油消耗率和存油量显示以后可能行驶的里程
维修信息	显示如发动机换油和更换轮胎后所行驶的距离等
日历信息	驾驶人的日历和日程表
空调信息	显示空调的操作模式和风扇的设置,通过触摸显示器上的按键可以操作空调
音响系统信息	通过触摸显示器上的按键,控制显示音响系统的音乐资料
电视广播	接收电视节目,但此功能一般只在停车时有效,而驾驶时显示器自动切换为其他内容。如果连接视频信号还可在停车时观看DVD
电话信息	显示诸如蜂窝电话号码的信息,并可通过触摸显示器实现拨号和挂机
地图信息	电子地图按多种不同的比例显示,与一般地图的区别在于它可以滚屏,使需要的部分被单独显示出来。另外,借助于导航系统,汽车的当前位置也可以显示在电子地图上,且导航系统可以直接在图上标注出汽车的当前位置
后视倒车影像	在倒车时,能显示安装在车后部的摄像头摄取的图像

3. 平视显示装置

平视显示装置(简称HUD),最早用作航空器上的飞行辅助仪器。即飞行员不需要低头就能够看到他需要的重要信息,降低飞行员需要低头查看仪表的频率,避免注意力中断以及丧失对状态意识的掌握。因为HUD的方便性以及能够提高安全性,近年来很多汽车制造厂商也将类似的显示装置将仪表的内容投射在前风窗玻璃上。

如图7-28所示,仪表图像是由荧光显示器投影到风窗玻璃上的。在前风窗玻璃上设置有反光膜,高亮度荧光显示管把图像投射到反射膜上。

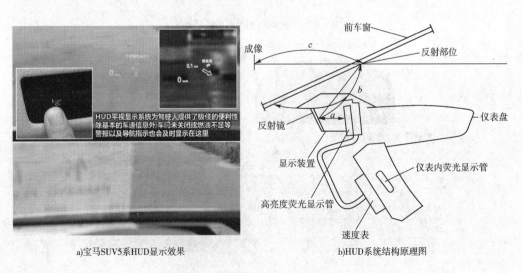

a)宝马SUV5系HUD显示效果　　b)HUD系统结构原理图

图7-28　平视显示装置结构示意图

7.4 电控仪表显示器件的构造原理

目前,汽车上使用的显示器主要有液晶显示器(LCD)、发光二极管(LED)、荧光显示器(VFD)和阴极射线管显示器(CRT)等。

1. 液晶显示器(LCD)

LCD 是一种有机化合物,是汽车仪表上最常用的非发光型显示器,其在一定温度范围内,既具有液体的流动性,又具有晶体的某些光学特性。液晶显示器具有显示面积大、耗能少、显示清晰等特点通过滤光镜可显示不同颜色,在阳光直射下不受影响,应用十分广泛。

(1) 液晶显示器结构

LCD 的结构如图 7-29a)所示。前玻璃板和后玻璃板之间加有一层液晶,外表面贴有垂直偏光镜和水平偏光镜,最后面是反射镜。当低频电压作用于笔画段上时,它受激而成为受光体或透光体。

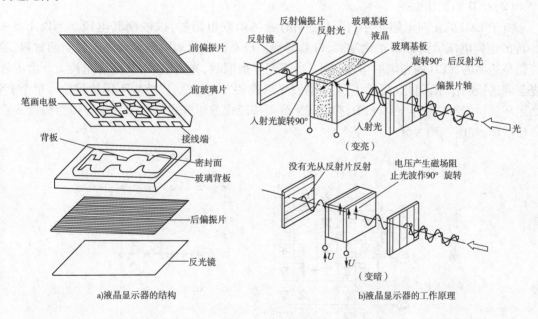

图 7-29 LCD 显示器

液晶显示与发光二极管、真空荧光显示的主要区别是发光二极管和真空荧光显示在电源的作用下自己能发光,而液晶显示本身不能发光,只能起到吸收、反射或透光的作用,因此液晶显示器需要日光或某种人造光线作为外光源。

液晶显示本身没有色彩,只是靠液晶元件后面的有色透光片形成色彩,透光片通常采用荧光液着色,当光线通过时能形成所需要的色彩。

液晶显示利用偏振光的特性成像。正常的光线包括多平面振动的光波,如果让光通过有特殊性能的偏振滤波物体,则只有与滤波器轴同一平面的振动电波能够通过,其余大部分电波受阻不能通过。

(2) 液晶显示器的工作原理

当液晶不加电场时,液晶的分子排列方式可将来自垂直偏光镜垂直方向的光波旋转 90°,再经水平偏光镜后射到反射镜上,经反射后按原路回去,这时透过垂直偏光镜看液晶时,液晶呈亮的状态,如图7-29b)"变亮"所示。

当液晶加一电场时,液晶的分子排列方式改变,不能将来自垂直偏光镜垂直方向的光波旋转,不能通过水平偏光镜达到反射镜,这时透过垂直偏光镜看液晶时,液晶呈暗的状态,如图7-29b)"变暗"所示。这样将液晶制成字符段,通过控制每个字符段的通电状态,就可使液晶显示不同的字符。

2. 发光二极管

发光二极管(简称LED)是一种固态发光器件,体积小、结构简单、耐用,使用寿命可超过5万小时,因此在照明和显示方面应用广泛。

(1) LED 的结构

LED 由特殊半导体材料构成一个 PN 结,当 PN 结的空穴从 P 区流向 N 区和电子从 N 区流向 P 区时,放出能量,发出一定波长的光。发光二极管的外加电压较低,但发出的光相当亮。

(2) LED 的工作原理

由于 LED 的正向电阻很小,因此使用时必须串联电阻器,以限制其电流。当以 1.5~2.0V 的正向电压加到 LED 的两端时,LED 导通。LED 的光线辐射形状取决于管壳的材料,若管壳是透明的,LED 的光辐射角度很小;当管壳半透明时,光线散射,其辐射角较大。由于管壳起到透镜的作用,因此可利用它来改变发光形式和发光颜色,以适应不同的用途。单个 PN 结用环氧树脂封装成半导体 LED,多个 PN 结可按段式或矩阵式封装做成半导体数码管或点阵显示器,如图 7-30 所示。

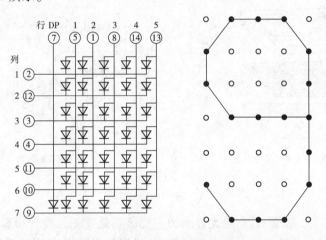

图 7-30 LED 构成的点阵显示器

LED 的发光强度取决于通过发光二极管的 PN 结电流的大小。常用的有红色、橙色、黄色和绿色发光二极管。

当以反向电压加到 LED 上时,LED 截止,不发光。LED 能在极短的时间(0.5ms)内通断。LED 还常用作汽车仪表上的警告灯、指示灯和制动灯。

发光二极管的缺点是当亮度较强时,需要相当大的驱动电流,功率消耗较大;亮度较低时,在阳光的直射下很难辨认,且难以实现大显示器显示。

3. 真空荧光管(VFD)

(1) 真空荧光管结构

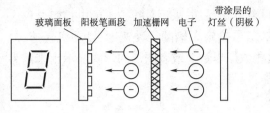

图7-31 真空荧光显示器的工作原理

真空荧光显示器由真空玻璃盒、阴极、栅极和荧光屏组成,如图7-31所示。真空荧光显示器采用钨灯丝为阴极,接电源负极;涂有荧光物质的屏幕为阳极,接电源正极,其上制有若干字符段图形,每个字符段由电子开关单独控制通电状态。栅格置于灯丝和屏幕之间,整个装置密封在被抽成真空的玻璃罩内。

(2) 真空荧光管的工作原理

车速表用真空荧光管显示如图7-32所示。当阴极灯丝通电时,灯丝发热,释放电子,电子被电位较高的栅格吸引,并穿过栅格,均匀地打在电位最高的屏幕字符段上。凡是由电子开关控制通电的字符段受电子轰击后发亮,而未通电的字符段发暗。这样通过控制字符段通电状态,就可形成不同的显示数字。

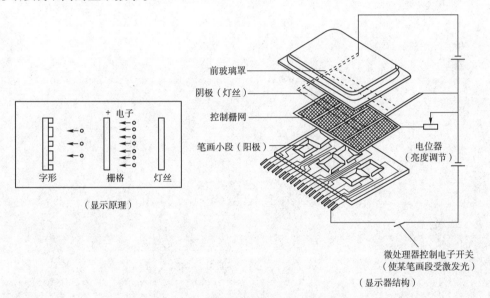

图7-32 车速表用真空荧光管的工作原理图

7.5 模块小结

1. 小结

①汽车仪表按其安装方式可划分组合式与分装式两种。其中,组合式仪表就是将各仪表组合安装在一起;分装式仪表则是将各仪表单独安装。由于传统分立式仪表现已很少采用,现普遍使用的是组合仪表。

②汽车仪表按工作原理可划分机械式、电气式、模拟电路式和数字式等种类。其中,机械式仪表是采用机械作用力原理而工作的仪表;电气式仪表是采用电测原理,通过各类传感器将被测的非电量信号变换成电信号(模拟量)加以测量显示的仪表;模拟电路电子式仪表,其工作原理与电气式仪表基本相同,不同的是用电子器件(分离元件和集成电路)取代原来的电气元件;数字式仪表则是由微处理器(ECU)采集传感器的信号,将模拟信号转换为数字信号,经分析处理后显示的仪表。现在市场上销售的各种车型均已普遍采用各种专用的数字式仪表。

③随着汽车智能系统的不断完善,汽车电气设备不断增加,采用总线技术的电控组合仪表已逐渐成为汽车仪表的主流,它能够根据传感器的信号确定车辆的行驶速度、发动机转速、冷却液温度、燃油量以及汽车其他工况数据,并将这些数据以数字或者图形的形式显示出来。为驾驶人提供简单易读的信息,为驾乘安全提供更加可靠的保证。

2. 专业术语

车速里程表　转速表　机油压力表　冷却液温度表　燃油表　充电指示灯　组合式电控仪表　双金属片　热敏电阻　可变电阻

模块八　舒适系统

学习目标

1. 熟悉掌握舒适系统的组成、功能与工作原理；
2. 熟悉掌握舒适系统各总线数据传输的原理；
3. 掌握判断舒适系统故障的基本知识。

学习重点

1. 舒适系统的功能及基本结构；
2. 舒适系统各子系统的控制原理。

学习难点

舒适系统的功能及基本结构。

8.1　舒适系统概述

随着汽车技术的快速发展，人们对汽车舒适系统的要求不断提高，近些年，总线系统已成为汽车电气发展的主流趋势，使汽车的安全性能更加完善，舒适性能更加丰富。本文中以总线为线索，介绍汽车的舒适系统。

为了更好地介绍汽车舒适系统，本模块以大众和奥迪车型为例进行介绍，如图8-1所示。

奥迪车型的舒适系统包括电能管理控制单元、使用和启动授权单元、防盗器和元件保护单元、车外灯单元、组合仪表内控制单元、供电控制单元、舒适系统中央控制单元、座椅调节控制单元和空调控制系统等。因空调系统篇幅较大，故不在本模块中介绍，请详见模块九。

舒适系统的总线有三类，如图1-6所示，分别为：CAN总线（图中点划线部分）、LIN总线（图中细实线部分）和MOST（图中空心线部分）总线。

CAN总线具有传输速度快，短时间内传输数据量大的特点，因此，防盗系统、安全气囊系统、电动车窗、电动座椅、多功能转向盘等系统通过CAN总线连接；而刮水器、胎压监测等数据传输量较小的系统则由LIN总线连接；车载电话、CD机等娱乐系统则由MOST总线连接。

8.2　CAN—舒适总线

CAN—舒适总线以舒适系统中央控制单元为核心，连接门锁控制单元、防盗器控制单元、安全气囊控制单元、带记忆功能的座椅控制单元等，如图8-2所示。开关信号通过舒适系统中央控制单元发送到各个单独控制单元，各个单独控制单元把操作信号发送给执行器，执行器动作满足驾驶人的操作要求。

汽车电器构造与维修

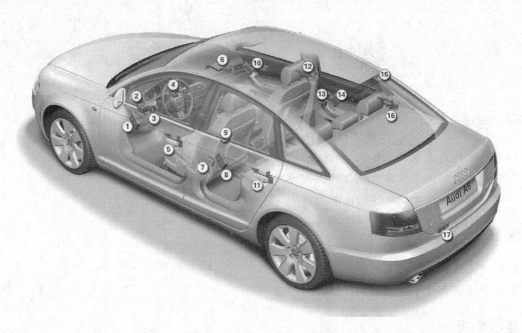

图 8-1 奥迪 A6 车型舒适系统

1-驾驶人侧车门控制单元 J386；2-供电控制单元 J519；3-使用和起动授权控制单元 J518；4-使用和起动授权开关 E415；5-驾驶人侧车门中央门锁外把手按钮 E369；驾驶人侧车门上的外把手开关 F272；驾驶人侧车门外把手接触传感器 G415；6-无钥匙式使用授权天线读出单元 J723；7-驾驶人侧使用和起动授权天线 R134；8-左后车门控制单元 J388；9-使用和起动授权乘员舱内天线 R138；10-副驾驶人侧车门控制单元 J387；11-左后车门中央门锁外把手按钮 E371；左后车门外把手开关 F274；左后车门外把手接触传感器 G417；12-副驾驶人侧车门中央门锁外把手按钮 E370；副驾驶人侧车门上的外把手开关 F273；副驾驶人侧车门外把手接触传感器 G416；13-副驾驶人侧一侧使用和起动授权天线 R135；14-右后车门控制单元 J389；15-中央门锁和防盗警报系统天线 R47；16-右后车门中央门锁外把手按钮 E372；右后车门外把手开关 F275；右后车门外把手接触传感器 G418；17-使用和起动授权行李舱天线 R137

8.2.1 舒适系统中央控制单元

大众车系的舒适系统中央控制单元安装在后窗台板旁边，它的作用是接受并分析驾驶人的动作信号，发出操作指令，如图 8-3 所示。

1. 中控锁控制

中控锁的作用是利用遥控钥匙或其中一个车门锁按钮的动作（上锁/开锁），控制所有车门执行同样的动作（上锁/开锁）；同时在行车过程中当驾驶人忘记锁车门时，到达一定车速自动锁止所有车门。

（1）中控锁的结构

中控锁由门锁控制单元（4 个）、上锁/开锁按钮、门锁电机、无线遥控器，进入和起动授权系统、舒适系统中央控制单元等组成，如图 8-4 所示。

（2）中控锁的工作过程

车门的中央门锁动作数据被保存在舒适系统的中央控制单元中。当按下遥控器按钮时，按钮把开锁/解锁信号传送到舒适系统中央控制单元，控制单元经分析后把信号通过 CAN 总线传送到车门控制单元，车门控制单元向中央门锁电动机发送开锁/解锁指令，使车门开启/锁止。

舒适系统中央控制单元与车门控制单元之间的通信是通过 CAN 数据总线进行的。如果车门控制单元不能获得 CAN 信息或收到五条错误信息时（比如舒适/便利功能系统中央控制单元损坏），则所有车门控制单元都会识别出中央控制单元不再发送信息，驾驶人侧车门控制单元则承担起中央门锁的控制任务，所有其他车门控制单元都根据驾驶人侧车门控制单元的信息来动作，驾驶人侧车门锁芯以及上锁/开锁按钮信号变成指令信号，其他车门上的操作位置失效。

在操作过程中，锁芯优先于按钮。如果连接驾驶人侧车门的 CAN 连接断开，那么只能用锁芯进行手动操作，上锁/开锁按钮将失效。当发生碰撞时，碰撞信息由舒适系统中央控制单元通过 CAN 数据总线传送到车门控制单元，触发车门开锁。

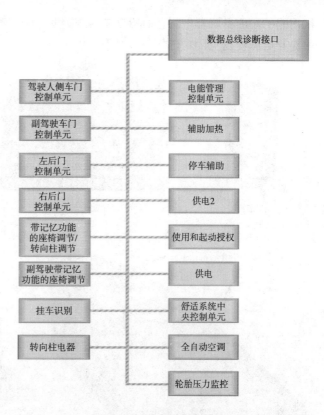

图 8-2　CAN—舒适总线结构

2. 儿童锁控制

为保证行车安全，在后排车门上装有儿童锁装置。当儿童锁锁止时，后排车门在车辆内部无法通过上锁/开锁按钮打开车门，防止儿童误开锁发生危险。

（1）儿童锁的组成

儿童安全锁按钮（见图 8-5）、儿童安全锁电机、车门控制单元。

（2）儿童锁的工作过程

儿童安全锁的工作过程与中控锁相似。儿童安全锁按钮 1（左后）和 2（右后）位于驾驶人侧车门的扶手中。按下其中一个按钮，驾驶人侧车门控制单元将该信息发送到 CAN 总线上，该车门控制单元控制位于后部车门锁中的儿童安全锁电机工作。当儿童安全锁被激活时，后部车门将不再被控制，无法从内部打开。

3. 电动车窗

电动车窗利用电机驱动玻璃升降器，实现车窗玻璃升降。电动车窗由玻璃升降器开关（见图 8-6）、舒适系统中央控制单元、玻璃升降器电机等组成。

当按下/抬起玻璃升降器开关时，玻璃升降器开关把信号传给舒适系统中央控制单元，舒适系统中央控制单元控制玻璃升降器电机正转或反转，开启或关闭车窗。为安全起见，具有记

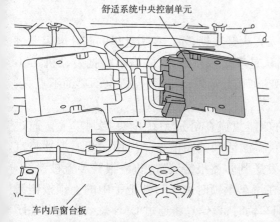

图 8-3　舒适系统中央控制单元位置

忆功能的车窗升降器电机还具有防夹保护功能,舒适系统中央控制单元产生 CAN 信号来起动便捷开启和便捷关闭功能。

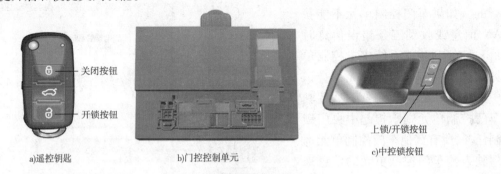

图 8-4 中控锁系统主要控件
a)遥控钥匙　b)门控制单元　c)中控锁按钮

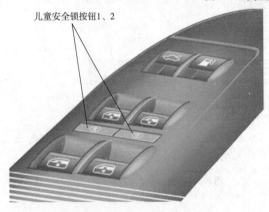

图 8-5 儿童锁按钮

图 8-6 玻璃升降器开关

4. 防盗报警装置

防盗装置已成为当今所有车款的标准装备。防盗器普遍采用发动机不能起动的方式进行防盗,避免车辆被未取得授权者开走。

(1)防盗报警装置的结构

普通防盗报警装置由点火钥匙、识读线圈、防盗器、发动机 ECU 等组成;总线控制的无钥匙起动的防盗报警装置由进入和起动授权控制单元、无线遥控器、舒适系统中央控制单元、防盗器等组成,如图 8-7 所示。

(2)防盗报警装置工作过程

普通防盗报警装置是一单独系统,当钥匙插入点火开关锁芯时,在钥匙里的芯片电阻通过识读线圈把阻值输入防盗器,防盗器经识别后确认是本车授权钥匙,防盗器将把发动机 ECU 解锁,起动发动机;否则发动机 ECU 被防盗器锁死,即使起动发动机,发动机也不喷油不点火,车辆无法起动。

采用总线和无钥匙起动的防盗报警装置的功能集成在舒适系统中央控制单元。通过 CAN 总线从进入和起动授权系统控制单元处将获得激活和关闭信息。当用无线遥控器将汽车上锁或按下应急锁芯时,信号通过 CAN 总线发送到防盗报警装置,防盗报警装置被激活。对于配有进入和起动授权系统,防盗报警装置将在汽车上锁时由车门外把手中的上锁按钮激活。当用无线遥控器授权或机械式应急锁芯访问车辆时,该信息将通过 CAN 总线发送并关闭防盗报警装置。

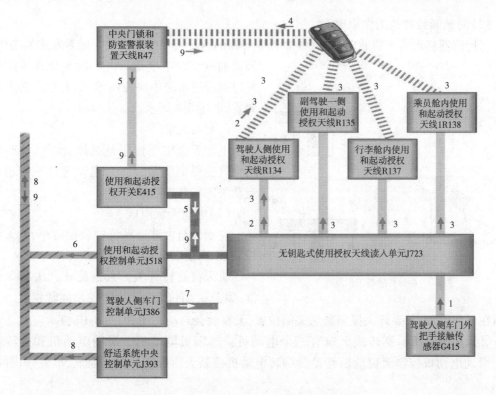

图 8-7 无钥匙防盗进入系统

5．防侧倾装置

汽车防侧倾装置能够在车辆锁住时对汽车的倾斜作出反应，从而防止汽车发生不被允许的牵引。

（1）防侧倾装置组成

该装置由侧倾传感器、舒适系统中央控制单元、防盗装置等组成。

侧倾传感器安装在右侧后窗台板上。这种微型机械式电容传感器具有一根有弹力的搭铁线。该搭铁线部分位于电容器的两块板之间，如图 8-8 所示。

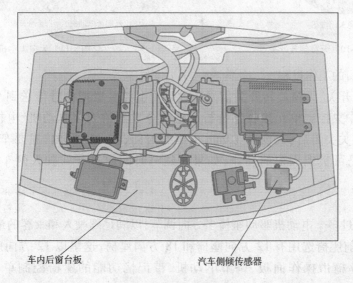

图 8-8 侧倾传感器位置

(2)防侧倾装置的工作原理

当传感器移出常态位置时,搭铁线靠近电容器的两块板中的某一块。随着距离的变化,电容器的电容发生变化。电容的变化作为信号被发送到舒适系统中央控制单元,并触发防盗报警装置,如图8-9所示。

6. 电动天窗

电动天窗主要作用是通风、换气,让座舱内的空气变得更清新、均匀,电动天窗一般还具有自动关闭和防夹功能。

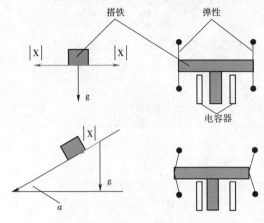

图8-9 侧倾传感器工作原理

(1)电动天窗组成

电动天窗由舒适系统中央控制单元、天窗电控装置、天窗电动机等组成。

①天窗旋转开关。天窗旋转开关有3个位置:紧急关闭位置、滑动位置和翻转位置。无论天窗在任何位置,只要开关拨到紧急关闭位置,天窗就会自动关闭,如图8-10所示。

②天窗电动机。翻转式天窗有三个电动机:遮阳板电动机、滑动电动机和翻转电动机。滑动电动机控制天窗前后移动,翻转电动机控制天窗翻转,最大翻转90°,如图8-11所示。

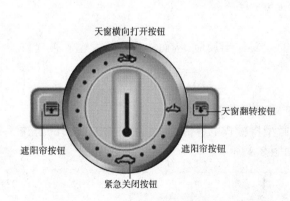

图8-10 天窗旋转开关

图8-11 天窗电动机位置

(2)电动天窗的工作过程

当打开点火开关,天窗旋转开关信号通过天窗电控装置把信号传送到CAN—舒适总线上,舒适性系统中央控制单元接收并分析后把指令发送给天窗电动机,电机动作打开或关闭天窗。点火开关关闭后,天窗有10min的延时时间,在此时间内,只要车门没有被打开,拨动天窗开关仍可实现天窗的动作;如果在延时时间内打开驾驶人侧车门,天窗将无法开启。

7. 电动座椅

电动座椅通过多个电动机驱动座椅多方向调节,以满足驾驶人和乘客的最大舒适性。

奥迪A6的前座椅选用有12方向座椅和18方向座椅,这里以12方向座椅为例阐述其结构。12方向座椅由操作面板、调节电动机、带记忆功能的座椅控制单元、座椅本身等组成。

（1）电动座椅的结构

座椅的调节是通过安装在前座椅侧面的按钮操作来实现的，如图 8-12 所示。调节座椅方向的电动机结构设置，如图 8-13 所示。

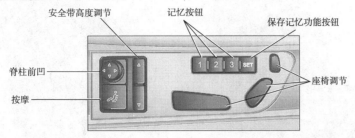

图 8-12　带记忆功能的电动座椅操作面板

（2）电动座椅的操作功能

① 座椅的调节功能。12 方向座椅可以提供高度、倾斜、纵向、靠背角度和脊柱方向调整与按摩等电动调节功能，如图 8-14 所示。

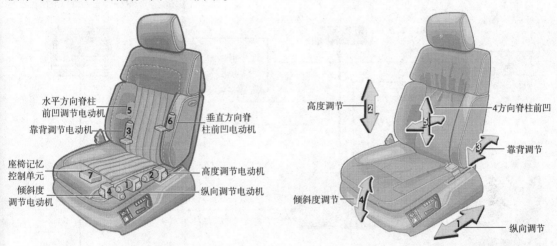

图 8-13　12 向座椅调节电机位置　　　　图 8-14　12 方向座椅的调节方向

② 座椅加热和通风。座椅中集成的座椅加热装置与风扇一起使温度调节的空气通过座椅的空气通道均匀地穿过穿孔的皮革，送至座椅表面，如图 8-15 所示。座椅加热和记忆位置的存储由座椅控制单元控制。加热和通风位置将通过座椅加热电位计调整。如果驾驶人侧的座椅加热被激活，转向盘也将同时被加热。当车载电网过载时，转向盘加热以及座椅加热和通风将通过车载电网控制单元关闭。

③ 按摩功能。背部肌肉的放松按摩由 4 方向脊柱前凹以机械方式控制。当按下座椅上的按钮，脊柱前凹将在所有方向上运动 10min。同时，水平方向的脊柱前凹还会完全向上移动。为了调节按摩强度，水平方向脊柱前凹还可以重新手动向后运动。座椅控制单元控制座椅上的所有电动舒适性功能，还可以读取座椅上的所有按钮和开关信号，如图 8-16 所示。

④ 记忆功能。利用记忆功能可以电动存储个人座椅调节、带有转向柱方便出入功能的转向柱位置、安全带位置（高度调节）、车内和车外后视镜调节，记忆功能的工作电路如图 8-17 所示。

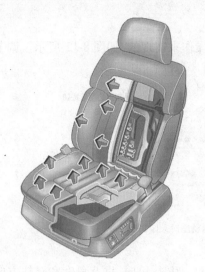

图 8-15 座椅通风加热

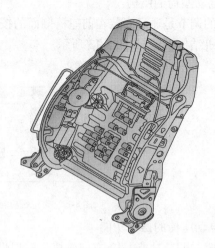

图 8-16 座椅按摩结构

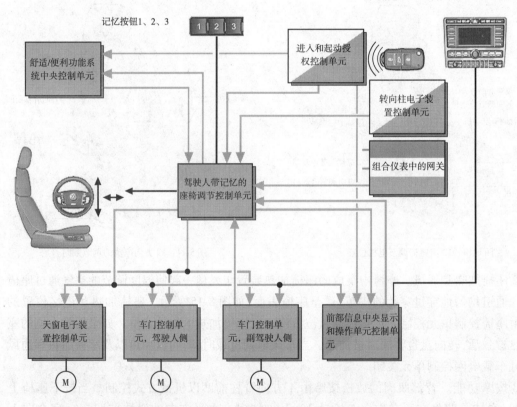

图 8-17 电动座椅记忆功能电路图

8．电控安全带和安全气囊系统

（1）电控安全带和安全气囊功能

车辆发生碰撞时，该装置能识别汽车碰撞，安全带收紧，气囊打开，增加碰撞缓冲，保护驾驶人和副驾驶人头部。

（2）电控安全带和安全气囊的结构

该系统主要由安全气囊控制单元、驾驶人和副驾驶人安全气囊、前侧面安全气囊、前安全带拉紧器、侧面保护装置（头部安全气囊）以及前部安全气囊碰撞传感器、侧面碰撞识别传感器和蓄电池断电继电器等零件组成。

①安全气囊控制单元。安全气囊控制单元一般安装在仪表台里，如图 8-18 所示，它的作用是接受传感器的碰撞信号，向安全带、气囊发出指令。

②碰撞传感器。两个碰撞传感器安装在前照灯的左右侧，如图 8-19 所示。在碰撞冲击速度超过前部安全气囊碰撞传感器中的信号临界值时，安全气囊控制单元的发出提前动作信号，通过发出的提前动作信号，安全气囊及时动作可以确保对乘员的最佳防护。

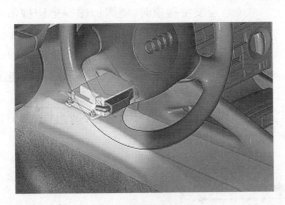

图 8-18　安全气囊控制单元　　　　图 8-19　碰撞传感器

③安全带。安全带均装有预收紧装置和拉力限制器两部分，如图 8-20 所示。安全带在遇到外部冲击力时会迅速卡住，在事故发生的第一时刻毫不犹豫地把人"按"在座椅上。然后再缓慢地适度放松，以吸收冲击力，同时避免因拉力过大而使人肋骨受伤。安全带拉紧器单元在时间上早于前部安全气囊被触发。在侧面碰撞并伴随侧面安全气囊释放时，相应的安全带拉紧器也会被触发。

④蓄电池断电继电器。蓄电池断电继电器只安装在蓄电池位于行李舱中的汽车上，如图 8-21 所示。其作用是在发生撞车时，切断起动机、发电机与蓄电池的连接线，避免当汽车着火时出现短路现象。

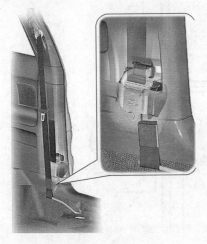
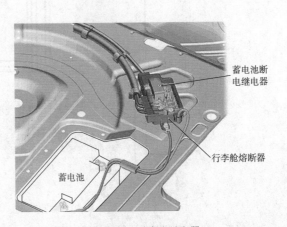

图 8-20　安全带　　　　图 8-21　电池断电继电器

蓄电池断电继电器的工作电路，如图 8-22 所示。由蓄电池正极引出的火线经过蓄电池断电继电器的触点后再经过其他用电设备。正常状态触点闭合，车辆正常工作。当发生碰撞时，碰撞信号发送到蓄电池断电继电器,继电器控制触点断开,避免短路发生意外。

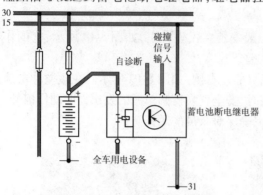

（3）电控安全带和安全气囊的工作过程

如图8-23所示,行车过程中,若驾驶人未系安全带,仪表的安全带警告灯闪烁,并伴有警告音,提示驾驶人系好安全带;若气囊灯闪烁,说明安全气囊系统有故障,应及时排除,否则气囊系统在发生碰撞时不工作。

当发生碰撞时,碰撞传感器把碰撞信号传送给安全气囊控制单元,安全气囊控制单元控制气囊打开,控制安全带收缩,保护驾驶人及乘客;同时,安全气囊控制单元控制蓄电池断电继电器,切断电源,防止短路。

图8-22 断电继电器的工作原理图

副驾驶侧有一副驾驶人侧气囊断电开关,当车内只有一个驾驶人时,为防止气囊都打开,可以通过断电开关关闭副驾驶人侧的气囊,减少车主的经济损失。

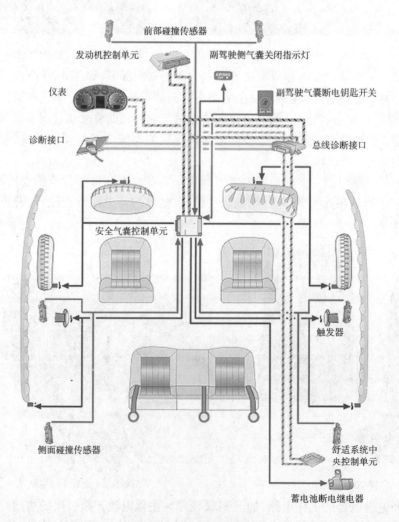

图8-23 安全系统结构原理

8.2.2 多功能转向盘

1. 多功能转向盘的功能

多功能转向盘将车辆一些常用功能(如巡航调节、扬声器声音调节)集中设置在转向盘上,驾驶人手不必离开转向盘就能控制执行器工作,提高了驾车的舒适性和安全性。

2. 多功能转向盘的组成

多功能转向盘的操作分左右两部分。左边的按钮栏用于带有定速巡航装置(CCS)的自动车距控制(APC)功能,右边的按钮栏用于操作信息娱乐系统。

3. 多功能转向盘操作功能介绍

转向盘按钮连接在转向柱电子装置控制单元上,该单元通过舒适/便利功能 CAN 总线把数据发送到组合仪表或前部信息显示和操作单元(CDC)控制单元上。组合仪表中的网关负责舒适/便利功能 CAN 总线和动力传动系统 CAN 总线之间的数据交换。多功能转向盘左边按钮功能操控内容如图 8-24 所示;其右侧按钮栏,操控内容如图 8-25 所示。

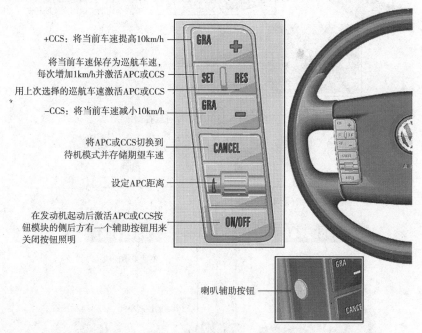

图 8-24 大众辉腾车型多功能转向盘左侧按钮

8.2.3 驻车辅助

驻车辅助的作用是协助驾驶人调车和安全停放。

1. 驻车辅助装置的结构

该装置以超声波技术为基础。由驻车辅助按钮、前后传感器、报警显示模块、扬声器、驻车辅助控制单元、音响控制单元组成,如图 8-26 所示。

2. 驻车辅助装置的工作过程

传感器隐蔽安装在前后保险杠中,传感器检测的障碍物信号通过舒适系统的 LIN 总线传送给驻车辅助控制单元,驻车辅助控制单元经过分析把信号发送给数码音响(DSP)控制单元和报警显示模块,音响控制单元接受、处理并通过扬声器发出声音。

驻车辅助装置在打开点火开关时会自动激活,用组合仪表上的按钮手动关闭。系统待机状态可以通过显示模块上的绿色扇形显示。

图 8-25　大众辉腾车型多功能转向盘右侧按钮

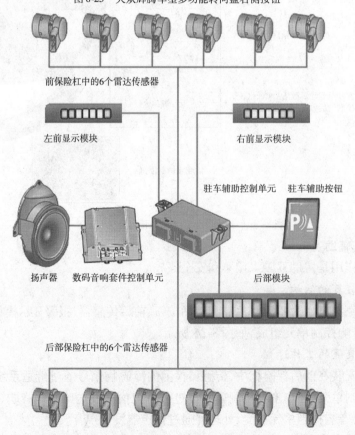

图 8-26　驻车辅助系统结构图

在距离障碍物 130~50cm 时通过发光二极管 2~4 发出灯光警报,在 50~40cm 时通过 LED5 发出灯光和声音警报(慢速间歇鸣响),在 40~25cm 时通过 LED6 发出灯光和声音警报(快速间歇鸣响),在 25~0cm 时通过 LED7 发出灯光和声音警报(持续鸣响),发出的声音频率前后不同,如图 8-27 所示。

显示模块中的发光二极管

图 8-27 发光二极管报警显示

8.3 LIN—舒适总线

LIN—舒适总线数据传输量小、速度慢,但结构简单、造价低,在舒适系统一些数据量较小的系统中广泛应用,如图 8-28 所示。舒适系统 LIN 总线连接刮水器控制、胎压控制、车内监测和自动空调控制。

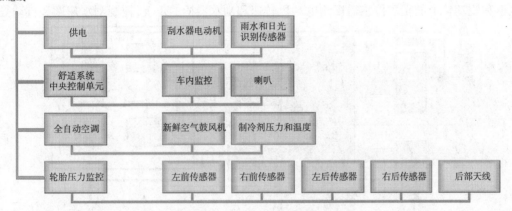

图 8-28 LIN—舒适总线结构

8.3.1 刮水器控制

刮水器作用是在雨天时,刮去风窗玻璃上的雨水,使驾驶人的视线清晰。

1. 刮水器控制装置的组成

风窗玻璃刮水器模块、驾驶人侧刮水器电机、副驾驶侧刮水器电机、刮水器开关(操纵杆)、雨滴/光线传感器。

(1)刮水器开关(操纵杆)

刮水器开关(操纵杆)有 5 个操作位置,0、1、2、3、4,如图 8-29 所示。

①0——基本位置:刮水/清洗功能关闭。

②1——间歇刮水和慢速持续刮水:转动调节轮可以确定刮水间歇时间,向上转动时缩短间歇时间,向下转动调节轮获得更长的刮水间歇;调节轮向上转到极限位置时,实现慢速持续刮水。

③2——快速持续刮水:向上拨动到 2 位置时,实现快速持续刮水。

④3——点动刮水:拨到此位置,车窗玻璃刮水器会快速移过风窗玻璃。

⑤4——点动刮水/清洗自动功能:拉起刮水器柄,将会清洗风窗玻璃 5s 左右并伴随点动刮水。只有在点火开关已打开时,车窗玻璃刮水器和车窗玻璃清洗装置才能工作。

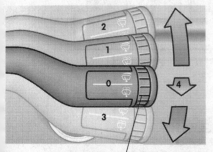

带调节轮的前风窗玻璃刮水器操纵杆

图 8-29 刮水器开关(操纵杆)

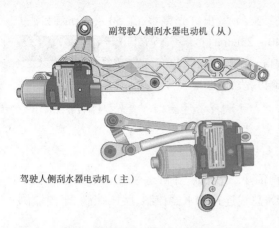

图 8-30 刮水器电动机

（2）刮水器控制模块与电机

刮水器电机转速的电子控制装置集成在刮水器电动机外壳中，并控制刮水器电动机。驾驶人侧刮水器电动机（主）通过 CAN 接口收到刮水请求。驾驶人和副驾驶人侧电动机（从）控制装置之间信号共用。驾驶人侧刮水器控制风窗玻璃冲洗泵，如图 8-30 所示。

刮水器柄的上下运动是通过刮水器电动机的正反转实现的。刮水器电动机的正转如图 8-31 所示，当需要反向运转时通过变换电动机接入电压的极性来实现，如图 8-32 所示。在电枢和驱动轮上的霍尔传感器探测电动机转速和刮水器柄的位置，控制刮水速度和自动复位。

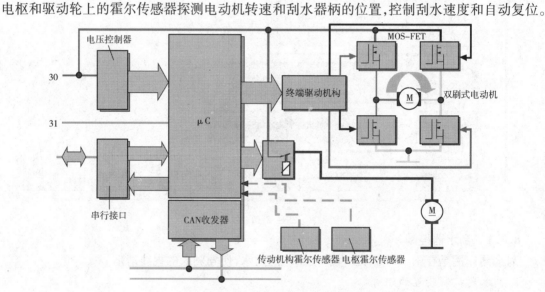

图 8-31 刮水器电动机正转电路

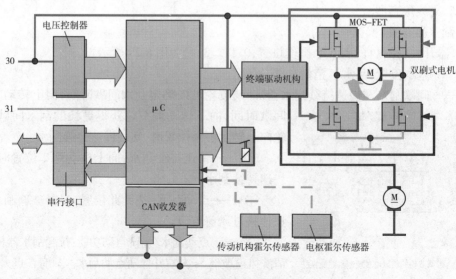

图 8-32 刮水器电动机反转电路

(3) 晴雨传感器

雨水传感器根据光折射的原理来判断前风窗玻璃的湿度情况,该传感器内集成有环形的发光二极管和光电二极管,如图8-33所示。这个发光二极管在乘员舱内透过前风窗玻璃发射出红外线光。光电二极管和普通二极管一样,也是由一个PN结组成的半导体器件,也具有单向导电特性。但在电路中它不是作整流元件,而是把光信号转换成电信号的光电传感器件。

如果玻璃处于干燥状态,那么红外线光由玻璃的表面来反射。当玻璃表面干燥时,光线几乎是100%被反射回来,这样光电二极管就能接收到很多的反射光线,光电二极管把信号输送到舒适系统中央控制单元,舒适系统中央控制单元通过CAN总线把信号输送到刮水器模块,刮水器模块控制电机不转,如图8-34所示。

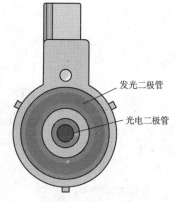

图8-33 晴雨传感器

如果玻璃浸湿了,那么玻璃表面的光学特性就发生了变化,玻璃表面因水滴的作用会发生散射,于是反射的光量就减少了,如图8-35所示,那么光电二极管接收的光也就减少了(散光原理)。这样不同的电压信号被刮水器模块识别后,根据雨量大小控制刮水器电机无级变速转动。

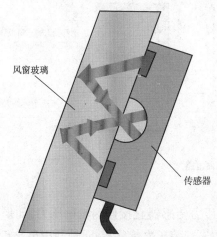

图8-34 玻璃干燥状态时的光线反射

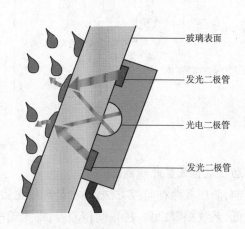

图8-35 玻璃浸湿状态时的光线反射

2. 刮水器控制装置的工作过程

当调节轮位于下面"间歇刮水"所给定的范围内时,晴雨传感器将被激活。调节轮越向上转动,晴雨传感器的灵敏度越高。工作过程如图8-36所示。

8.3.2 胎压监控

在汽车的高速行驶过程中,轮胎故障是所有驾驶人最为担心和最难预防的,也是突发性交通事故发生的重要原因。据统计,在高速公路上发生的交通事故有70%是由于爆胎引起的。怎样防止爆胎已成为安全驾驶的一个重要课题。据国家橡胶轮胎质量监督中心的专家分析,保持标准的车胎气压行驶和及时发现车胎漏气是防止爆胎的关键。胎压监控的作用是在汽车行驶时实施的对轮胎气压进行自动监测,对轮胎漏气和低气压进行报警,以保障行车安全。

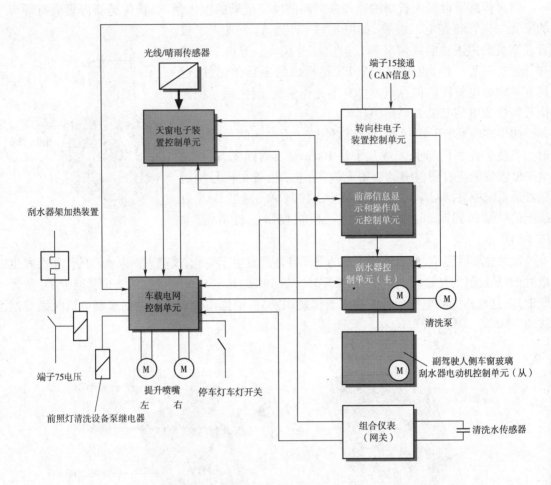

图 8-36 刮水器电路

1. 胎压监控装置的组成

目前,胎压有两种监控方法,一种是利用轮胎压力传感器直接监测轮胎压力,如果某个车轮压力低,系统报警;另一种是间接监控,即车轮中未安装压力传感器,而是利用车轮转速传感器的转速信号进行分析,计算出轮胎压力是否正常。本节主要以间接监控方式为例,介绍胎压监控系统。如图 8-37 所示,为间接监控系统的结构图。

2. 胎压监控装置的工作过程

由于轮胎压力差波动影响到车轮转动的均匀性,转速传感器的作用是把车轮转速信号传送给轮胎气压监控控制单元,控制单元通过对车轮转速的分析,计算轮胎压力。若压力不足,则点亮仪表警告灯。

8.3.3 车内监控

车内监控功能是由舒适系统中央控制单元通过 CAN 数据总线控制激活和关闭。车内监控功能激活后,车内监控功能的每一个运行状态都会被反馈到舒适/便利功能系统中央控制单元(包括报警信息)。驾驶人可以通过前部的中央显示和操作单元在关闭点火开关或激活防盗报警装置来关闭车内监控功能,如图 8-38 所示。

模块八 舒适系统

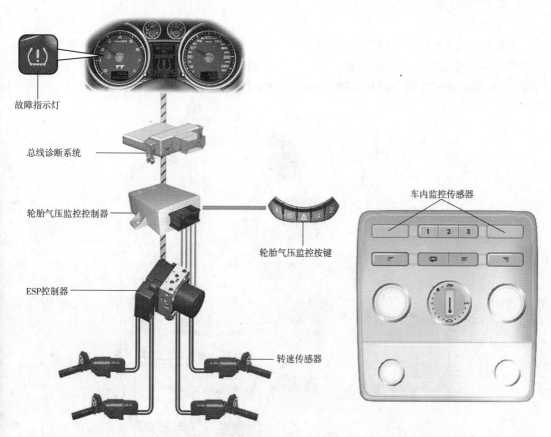

图 8-37 胎压监控系统结构原理图

图 8-38 车内监控传感器

8.4 MOST—舒适总线

车辆的前部和后部信息显示和导航系统控制单元互相通过一条光纤数据总线进行通信，从而实现数字地图信息的显示，如图 8-39 所示。

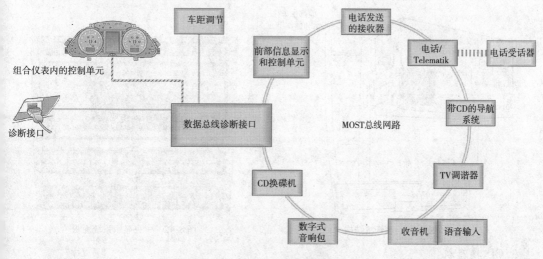

图 8-39 MOST—舒适总线示意图

229

8.4.1 娱乐系统

1. 音响系统

通常奥迪 A6 车款的音响有八声道和十二声道两种规格。其中八声道音响系统由 10 只扬声器和一个模拟功率放大器组成。十二声道音响系统由 12 只扬声器和一个数字功率放大器,除八声道音响配置外,两前门还各有一只中音/高音喇叭,如图 8-40 所示。

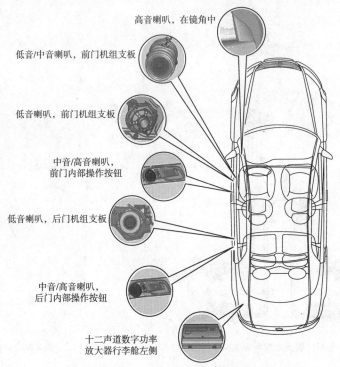

图 8-40 十二声道音响系统

2. 收音机

收音机由调谐器、前部中央显示元件和操作面板组成,如图 8-41 所示。收音机可以通过中央显示系统的主菜单栏和音频栏控制,如图 8-42 所示。

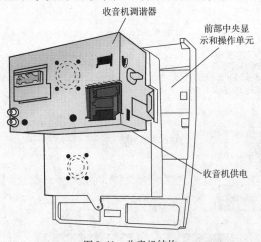

图 8-41 收音机结构

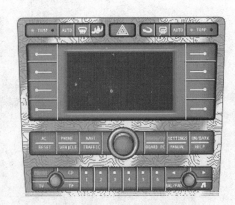

图 8-42 中央显示系统面板

3. CD 换盘机

要播放音频 CD,必须在 CD 换盘机中至少放入一张 CD。如果盒中放有 CD 时,则相应电台按钮上的 LED 指示灯会发亮(见图 8-43)。CD 换盘机的操作是由前部信息中央显示和操作单元的音频栏控制,如图 8-44 所示。

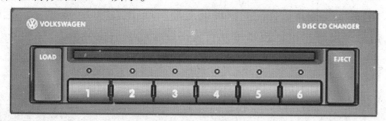

图 8-43　CD 换盘机面板

图 8-44　CD 换盘机的操作面板

8.4.2　车载电话

车载电话的功能是驾驶人在驾驶车辆时,无需用手去接触电话听筒,只要按一下多功能转向盘上的"接听"键,就可以边开车边听电话。

车载电话装置由数码音响控制单元、车载电话机、车载电话天线和电话控制单元等组成,其结构如图 8-45 所示。

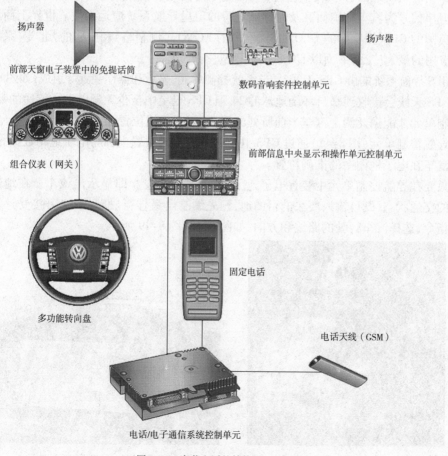

图 8-45　车载电话的结构图

数码音响控制单元与扬声器相连，它的作用是当车载电话免提开启时，控制扬声器发出声音。车载电话机和普通手机工作原理基本一样，可以接/拨电话，只不过接听电话时不再需要把电话拿起来。电话天线被集成在后风窗玻璃上部区域中，如图 8-46 所示。这样，信号的接受范围非常广，信号强度好。电话控制单元安装在行李舱的后窗台板上，接受并处理天线的电话信号，如图 8-47 所示。

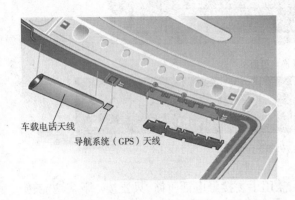

图 8-46　车载电话及 GPS 天线　　　　　图 8-47　电话控制单元

8.4.3　导航系统

印刷的纸质地图常常跟不上城市街道建设的变化，又难以辨认。所以，利用太空中高轨道上的卫星信号为汽车准确而又及时导航定位的卫星导航系统应运而生。世界上商用的导航系统有美国的 GPS、俄罗斯的 GLONASS、欧洲的 EGNOS（伽利略）和中国的"北斗"系统。其中以 GPS 应用的最为广泛，下面以 GPS 导航系统进行介绍。

GPS 导航系统的由 GPS 天线、导航系统控制单元、显示和操作装置等组成，如图 8-48 所示。

GPS 天线会接收到来自环绕地球的 24 颗 GPS 卫星中至少 3 颗以上所传递的数据信息，导航控制单元才能据此测定汽车当前所处的位置，GPS 天线位置如图 8-46 所示。

导航控制单元（图 8-47）通过 GPS 卫星信号确定的位置坐标与电子地图数据相匹配，便可确定汽车在电子地图中的准确位置。

只要在导航控制单元中装有电子地图，显示屏上就会立即显示出该车所在地区的位置及目前的交通状态，既可输入要去的目的地，预先编制出最佳行驶路线，又可接受计算机控制中心的指令，选择汽车行驶的路线和方向，如图 8-48、图 8-49 所示。

图 8-48　卫星导航定位原理　　　　　图 8-49　导航系统显示界面

8.5 舒适系统实训

8.5.1 电动门锁故障诊断

训练目标:练习者将熟知门锁故障的原因及诊断方法。
工具设备:装有电动门锁的车辆,万用表,常用工具。
技术资料:维修手册,课本。
回答下列问题:
①门锁开关位于何处(图8-50)?
中控台/车门内饰/车门扶手/仪表板
②电路断路器的用途是什么?(由于电流过大电路断路器切断到电线的电源。如果经过电路断路器的电流超过一定值,断路器中的双金属会被电流加热,于是就会出现开路)。
切断电源/切断熔断丝/切断搭铁
③在所给车辆中电动车门系统中有多少个电路断路器?
④每一个门锁执行器电机是否都有一个电路断路器?

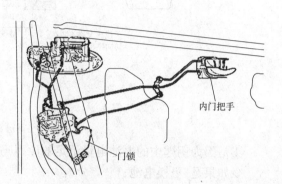

图8-50 电动门锁结构

⑤车辆是否装备有自动门锁系统车速传感器?
⑥主开关上的哪个端子用于电动门锁电路?
⑦拆下电动车窗和电动门锁主开关,但是不要断开线束,用车门锁止按钮锁车门时,测量你在步骤⑥中找到的端子的电压,写出测量结果。
⑧打开车门时,乘客侧门锁执行器的电源和搭铁线是什么颜色?
⑨可将端子直接连接到搭铁电路上来检查门锁执行器的功能。
a. 断开主开关接头。
b. 用跳线将主开关线束的17或18号端子与搭铁连接。
c. 反转端子上的搭铁来测试执行器在各个方向的运行。
⑩拆下乘客一侧的门锁执行器,用蓄电池来进行门锁执行器的运行检查。
⑪安装乘客一侧的门锁执行器,清洁工作区域,将车辆恢复到初始状态。

8.5.2 防盗系统故障诊断

训练目标:练习者将熟知防盗系统故障的原因及诊断方法。
工具设备:带防盗系统的车辆,万用表,常用工具,解码器。
技术资料:维修手册,课本。
①从车辆的维修手册中找到与本次实训相关内容,在车辆上查找每个部件的位置(图8-51)。
②插入点火钥匙并试着起动发动机。发动机能起动吗?把整个起动过程的现象记录下来。
③当点火开关处于"ON"位置时,观察仪表板上的安全指示灯。把指示灯的工作状态记录下来。
打开点火开关,智能进入控制模块给天线放大器供电。发动机管理系统控制模块命令智能进入控制模块获取转发器的ID码,天线放大器产生一个小磁场来供给转发器能量。如果发

动机管理系统控制模块收到正确的编码,发动机系统就会起动;如果从转发器或者智能进入控制模块上收到不正确的编码,发动机管理系统控制模块就会禁止发动机运行,并且安全指示灯闪烁。

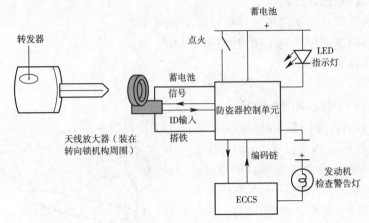

图 8-51 防盗系统结构原理图

④是因为钥匙中的电池电量不足的原因吗?

◇如果是,更换电池;

◇如果不是,进行下一步。

⑤更换防盗器控制单元。当防盗器控制单元被更换,但没有被初始化,会出现什么情况?如果试图用一个尚未初始化的防盗器控制单元来起动发动机,发动机管理系统控制模块将会总共申请 5 次正确的 ID 编码。在这期间如果不能收到两次正确的 ID 编码,发动机将不能运行,只有关闭点火开关然后重新打开才能够再次接收新的编码。

⑥连接解码器,进入发动机系统,检查故障码。记录检测到的故障码。

⑦分析产生故障码的原因并做记录。

⑧利用解码器初始化防盗系统。初始化过程中,初始化请求由解码器发送至发动机管理系统,收到此请求后发动机管理系统设置一个滚动 ID 编码并将初始化请求发送至防盗器控制单元,防盗器控制单元识别记忆钥匙 ID,并将初始化完成信号发送至解码器,如图 8-52 所示。

图 8-52 防盗系统初始化过程

⑨起动发动机,检查发动机能否起动。

8.5.3 电动车窗不起作用故障诊断

训练目标:练习者将熟知电动车窗不工作的原因及诊断方法。

工具设备:CAN 总线控制电动车窗的车辆,万用表,常用工具。

技术资料:维修手册,教材。

①故障现象为"使用前排乘客侧的车门副开关不能操作前排乘客侧的车窗"。

②进入车辆,操作车窗,确认故障现象,了解故障现象。

③查阅资料,分析故障原因。

④用万用表电阻挡检测 CAN 总线电阻,与维修资料的标准阻值对应。

◇若异常,故障在CAN总线,检查CAN总线及其终端电阻;
◇若正常,进行下一步。
⑤检查车窗熔断丝及接头。
观察熔断丝是否熔断,把插头拔下再插上,并来回活动看是否松动。
◇若异常,更换熔断丝或接头处理;
◇若正常,进行下一步。
⑥检查开关处的火线或搭铁线是否短路或断路。
◇若异常,寻找短路、断路点;
◇若正常,进行下一步。
⑦拆下开关,检测开关的端子通断。
◇若异常,更换开关;
◇若正常,进行下一步。
⑧更换车窗控制单元或舒适系统中央控制单元。
是否发现问题?在下面注明。
问题产生的原因是什么?在下面注明。
⑨恢复设备,清洁工作区域。

8.6 模块小结

1. 小结

①汽车安全与舒适系统的总线有三类,CAN总线、LIN总线和MOST总线。CAN总线的传输速度快,短时间内传输数据量大,因此防盗系统、安全气囊系统、电动车窗、电动座椅、多功能转向盘等系统通过CAN总线连接;刮水器、胎压监测等数据传输量较小的系统由LIN总线连接;车载电话、CD机等娱乐系统由MOST总线连接。

②CAN—舒适总线以舒适系统中央控制单元为核心,连接门锁控制单元、防盗器控制单元、安全气囊控制单元、带记忆功能的座椅控制单元等。开关信号通过舒适系统中央控制单元发送到各个单独控制单元,各个单独控制单元把操作信号发送给执行器,执行器动作满足驾驶人的操作要求。

③LIN总线数据传输量小、速度慢,但结构简单,造价低,在舒适系统一些数据量较小的系统中广泛应用。舒适系统LIN总线连接刮水器控制、胎压控制、车内监测和自动空调控制。

④前部和后部信息显示和导航系统控制单元互相通过一条MOST光纤数据总线进行通信,从而实现数字地图显示。

2. 专业术语

多功能转向盘　舒适系统　中央控制单元　儿童锁　蓄电池断电继电器　晴雨传感器　自动空调　GPS系统

模块九　空调系统

学习目标

1. 熟悉掌握空调系统的组成、功能与工作原理；
2. 掌握空调系统的维护技能；
3. 了解空调系统故障的判断与处置。

学习重点

1. 空调压缩机的构造原理；
2. 空调制冷原理；
3. 空调的维护。

学习难点

1. 空调压缩机的构造原理；
2. 空调制冷原理；
3. 空调的维护及故障判断。

9.1　概述

当前，几乎所有车型的空调系统都采用冷暖气统一设计、集中控制模式，且具有控制车内温度，通风换气和过滤空气中的灰尘和杂质等功能。空调系统由压缩机、冷凝器、蒸发器、孔管或膨胀阀、储液干燥器、高低压管路、控制电路及空气循环管路等部分组成，它们协同工作，以实现上述功能，如图9-1所示。

空调出现于1927年，1940年由美国博卡特公司首先使用，1960年开始在汽车上开始普及。

1. 空调的作用

汽车空调能够使汽车车厢内部具有舒适的温度环境，保持汽车室内空气温度、湿度、风速、洁净度、噪声和余压等在舒适的标准范围内，有利于保护驾乘人员的身心健康，提高其工作效率和生活质量，对增加汽车行驶安全性具有积极作用，如图9-2所示。

(1) 制冷功能

车辆在夏季正常行驶时，会有大量的热量进入车内。这些热量来自于汽车发动机和阳光照射或是室外的高温空气。空调制冷系统的功能是将这部分多余的热量移到车外，以使乘客感到舒适。车内的环境被冷却降温的过程，如图9-3所示。

(2) 采暖和通风功能

空调的暖气和通风装置用来使车厢内保持在舒适的温度范围内。冬天，车外的低温会使车厢过冷;夏天,外面的高温会使车厢过热。因此,为了使乘坐者舒适,汽车上须安装暖气和通风系统,如图9-4所示。

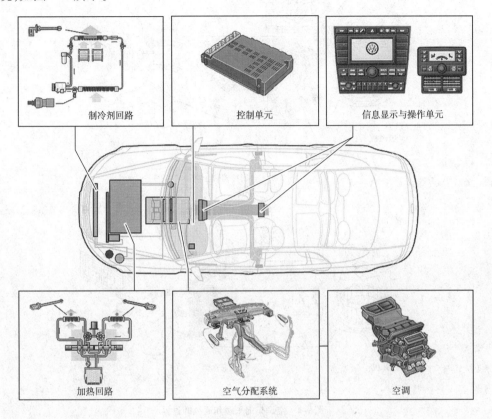

图9-1 空调系统的结构

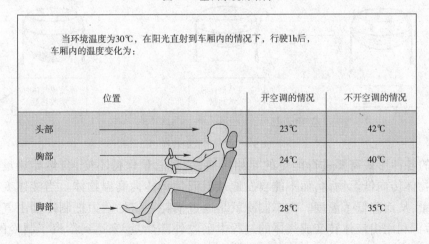

图9-2 汽车空调可为驾驶人提供适宜的温度环境

2. 空调的工作原理

由物理学知识可知,物体由一种状态到另一种状态需要进行能量转换。如冰化成水需要吸收热量,水再变成蒸汽也需要热量,而物体冷却就要失去热量。所以,汽车上采用了一种压缩式制冷系统。制冷剂在一个封闭的环路中循环,并且在液态与气态之间不断转换,变化过程如图9-5所示。

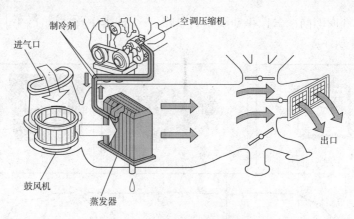

图9-3 空调冷却的过程

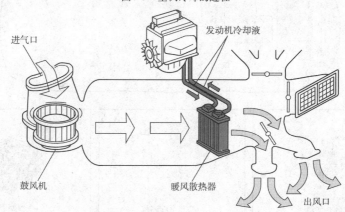

图9-4 空调车内采暖和通风的过程

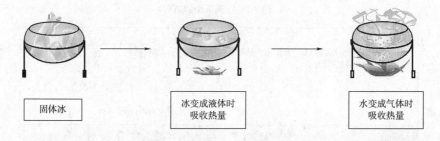

图9-5 热量形式的转换

物体的各种形式需要进行能量的互相转换,能量总量保持不变;自然界热量可以自发地从高温物体传向低温物体,而不能自发地从低温物体传向高温物体。当液体变成气体时吸收了热量,从而降低了温度。汽车制冷就是通过消耗一定的动力把制冷剂由气体转变成液体,然后再利用由液体转变成气体的过程中吸收外部热量,来达到给汽车制冷的目的,如图9-6所示。

3. 空调的发展

汽车空调技术是随着汽车的普及而发展起来的。其发展过程可概括为以下5个阶段:

①单一取暖阶段。通常是利用汽车发动机冷却液通过交换器散热的方法取暖。

②单一冷气阶段。使用制冷装置进行制冷。

③冷暖一体化阶段。具有调温、除湿、通风、过滤、除霜等功能,现已得到广泛的使用。

④自动控制阶段。只要预先调好温度设置,空调系统就能自动地在调定的温度范围内工作。

⑤微机控制阶段。微机控制将汽车空调技术提高到一个新的高度,功能的增多、显示数字化、冷暖与通风一体化、小环境的微调化,实现了空调运行与汽车运行的相关统一,提高了汽车的整体性能和舒适性。

4. 汽车空调系统的分类

汽车空调的分类方法很多,可按驱动方式、制冷方式、自控程度方式等进行分类,详见表9-1。

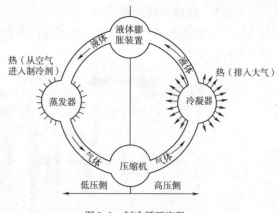

图 9-6　制冷循环流程

汽车空调系统的分类　　　　表 9-1

驱动方式	制冷方式		应　　用	制冷系数
热驱动式	吸收式		太阳能,工厂余热	0.5~0.7
	蒸气喷射式		工厂低温热源	0.2~0.4
	朗肯循环式		太阳能	0.6~1.0
电动机或发动机	空气压缩式		飞机(汽车正在研究利用)	1.0~2.0
	蒸气压缩式		普遍使用	2.0~4.0
	蓄冷	潜热蓄冷		0.5~0.7
		化学蓄冷	氢能	0.5~0.7
	半导体制冷		电子元件冷却、潜艇、汽车冰箱	0.1~0.3

在汽车上一般按空调的操作方式进行分类,有手动、半自动和自动空调三种类型。

(1)手动空调

手动空调的鼓风机转速、出风温度及送风方式等功能均由驾驶人操纵和调节,车内通风温度由仪表板上的空气控制杆、温度控制杆、进气杆和风扇开关等操纵通风管道上的各种风门实现。

(2)半自动空调

与手动空调相仿,操作面板只有温度刻度,可以让温度恒定在指定的温度,但是风速和出风口方向需要驾驶人自己调节。

(3)自动空调

自动空调利用各相关传感器随时检测车内温度和车外温度的变化,并将检测到的信号送给空调控制单元。空调控制单元按预先编制的程序对信号进行处理,并通过执行元件及时对鼓风机转速、出风温度、送风方式及压缩机工作状态等进行调节,从而使车内温度、空气湿度及气流状态始终保持在驾驶人设定的范围。

9.2　空调系统的构造原理

空调系统一般由制冷、采暖、通风和控制等部分组成(受篇幅所限,空调控制部分将安排在9.3中介绍)。

9.2.1 制冷系统的组成

汽车空调制冷系统主要部分由制冷压缩机、冷凝器、储液干燥器、膨胀阀和蒸发器组成,如图 9-7 所示。

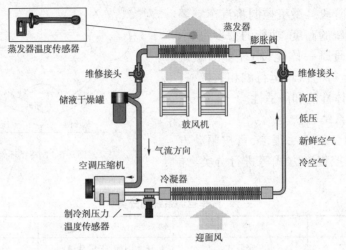

图 9-7 汽车空调制冷系统的组成

1. 制冷压缩机

制冷压缩机的功能是将制冷剂由低压状态转化成高压状态,并提高其温度。制冷压缩机吸入蒸发器中低温、低压的气态制冷剂(冷媒),将气态制冷剂压缩成高温、高压状态并输入冷凝器。

(1) 压缩机的分类

按照压缩机运动形式和主要零件形状,压缩机可分为旋转斜盘式、摇摆斜盘式、涡管式、叶片式等类型,中、小型汽车的空调压缩机采用旋转斜盘式和摇摆斜盘式较多。

① 往复式压缩机(结构原理与空气压缩机相同)。
② 涡旋式压缩机(通过涡旋管道压缩)。
③ 叶片式压缩机(类似于机油泵结构)。
④ 斜盘式压缩机。

(2) 摇摆斜盘式压缩机

摇摆斜盘式压缩机是一种变排量的压缩机,采用往复式单向活塞结构,将 5 个(或 7 个)汽缸均匀分布在压缩机缸体内,具有自动调节压缩机的排量和保护功能的特点,其结构如图 9-8 所示。该压缩机通过斜盘驱动圆周方向分布的单向活塞,并可通过改变斜盘的角度来改变活塞的行程,从而改变压缩机的排量。当压缩机转动时,导杆通过直接连接轴的凸缘盘转动旋转斜盘,旋转斜盘的这种旋转运动转变成汽缸中活塞的运动,执行吸入、压缩和排出制冷剂的过程。

这种压缩机可以根据制冷负荷的大小改变排量,当制冷负荷减小时,可以使斜盘的角度减小,减小活塞的行程,使排量降低;负荷增大时则相反。

下面以负荷减小为例来说明压缩机排量减小的过程(见图 9-9)。制冷负荷的减小会使蒸发器出口的制冷剂温度下降,从而导致其压力下降。由于蒸发器出口与压缩机低压腔连通,所以压缩机低压腔压力降低,低压腔压力降低可使压缩机内的波纹管膨胀而打开控制阀,高压腔的制冷剂便会通过控制阀进入斜盘腔,使斜盘腔的压力升高,斜盘腔的压力升高后会使活塞压

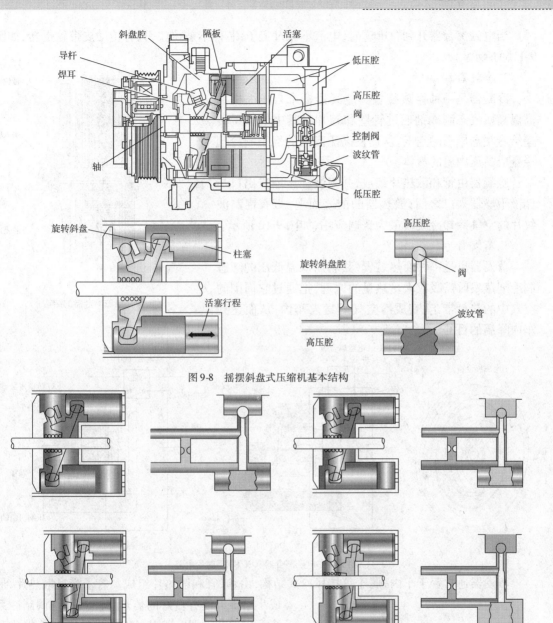

图 9-8 摇摆斜盘式压缩机基本结构

图 9-9 摇摆斜盘式压缩机变排量的工作过程

缩的阻力增大,斜盘的角度变小,使活塞的行程减小,从而减小了压缩机的排量。控制阀根据冷负荷改变旋转斜盘室内的压力,它使用导杆和轴作为支点改变旋转斜盘角度和活塞行程,以便控制压缩机合适地运转。

(3) 电磁离合器

电磁离合器由发动机通过传动皮带驱动,是连接发动机和压缩机的装置,根据制冷的需要断开或接通压缩机的动力。

电磁离合器由定子(电磁线圈)、带轮、压缩机输入轴、前壳体等组成。离合器的芯棒和压缩机轴安装在一起,定子安装在压缩机的前室,如图 9-10 所示。

当电磁离合器开到"ON"时,电流通过定子线圈,使定子成为强磁体,定子以强磁力拉芯棒,使压缩机和皮带轮一起转动,如图 9-11a)所示。

当电磁离合器开到"OFF"时,电流不流过定子,芯棒不被拉住,只有传动皮带轮空转,如图9-11b)所示。

2. 冷凝器

冷凝器是一种换热装置。冷凝器把来自压缩机的高温高压气态制冷剂通过管壁和翅片将其中的热量传递给冷凝器周围的空气,从而使高压高温的气态制冷剂冷凝成高压中温的液体。

冷凝器由管和散热片组成,并安装在压缩机出口与储液干燥器入口之间,散热器的前表面上,带有铝制波纹片的空气冷却冷凝器最为普遍应用,如图9-12所示。

3. 蒸发器

蒸发器也是一种换热装置,其利用低温低压的液态制冷剂蒸发时需吸收大量热量的原理,把通过它周围的空气中的热量带走,变成冷空气后送入车内,从而达到车内降温的目的。

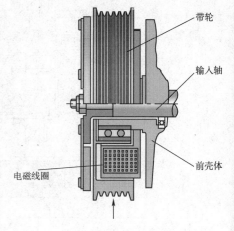

图9-10 电磁离合器的结构

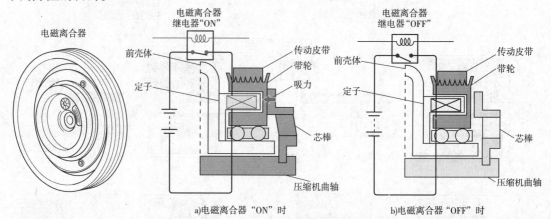

图9-11 电磁离合器"ON/OFF"时的电路

蒸发器通常置于车内,属于直接风冷式结构,由箱、管和散热片组成。管子穿过散热片,形成小通道以便有良好的传热率。汽车空调制冷系统采用的蒸发器有管片式(见图9-13)、管带式和板翅式等类型。

鼓风机将空气送入蒸发器,制冷剂从空气吸去热量、受热变成气体,空气经过蒸发器时被冷却,空气中的潮气被凝结并附在散热片上。潮气变成小滴并保存在滴水盘中,通过排水软管排出车外,如图9-14所示。

4. 膨胀阀

膨胀阀是系统的节流装置,使制冷剂由液态转化为气态,并调节制冷剂流量。它是一个闭合控制循环,由出口的温度来决定进口的流量。常用的膨胀阀有内平衡式、外平衡式和H型膨胀阀,

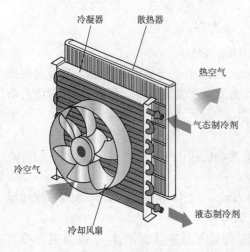

图9-12 冷凝器的作用

用于中低档汽车上。主要由膜片、毛细管、感温包等组成，如图 9-15 所示。

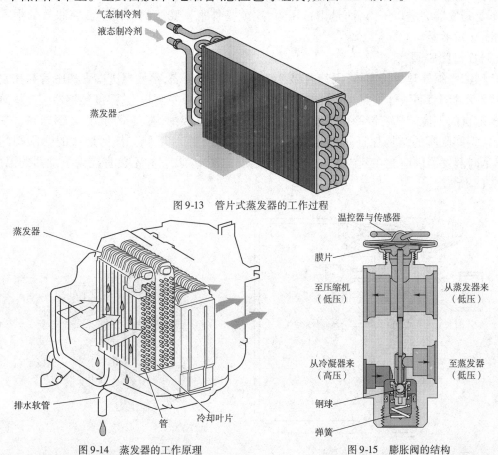

图 9-13　管片式蒸发器的工作过程

图 9-14　蒸发器的工作原理

图 9-15　膨胀阀的结构

（1）内平衡式膨胀阀

膨胀阀的温度传感件装在蒸发器出口外侧，在通向热传感管的膜片顶部，有制冷剂气体，气体压力随蒸发器出口温度而变化。

蒸发器出口的制冷剂压力施加在膜片的底部，膜片向上的压力（蒸发器出口制冷剂压力＋弹簧力）和热传感管的制冷剂压力之差，使得针形阀移动，调节制冷剂流量，如图 9-16 所示。

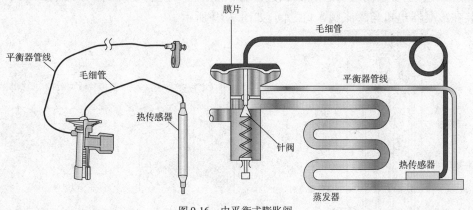

图 9-16　内平衡式膨胀阀

（2）外平衡式膨胀阀

感温包固定在蒸发器的出口管即尾管上，感温包感应的是尾管温度，通过毛细管传递压力,从而驱动膨胀阀膜片,使适量的制冷剂进入蒸发器。蒸发器出口压力作用于膜片下侧,反映的不是蒸发器的进口压力,而是出口压力,这就是外平衡膨胀阀与内平衡膨胀阀的根本区别,如图9-17所示。

(3) H型膨胀阀

H型膨胀阀外观为长方体,因其内部通路形同"H"而得名,蒸发器进口管和尾管装在它的同一块右侧板上,而液体管路和回气管路同装在它的同一块左侧板上,温度传感器感受从蒸发器至压缩机的气流。随着制冷剂温度变化,传感器膨胀或收缩,直接推动阀门(钢球和过热弹簧)。H型膨胀阀的结构保证了低压侧压力直接作用于膜片下侧。任何形式的膨胀阀的作用,都是向蒸发器供应能在其内部完全蒸发的足够的制冷剂,它并不负责控制蒸发器的温度,如图9-18所示。

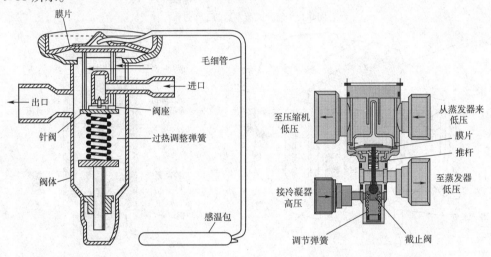

图9-17 外平衡式膨胀阀　　　　　图9-18 H型膨胀阀

5. 储液干燥器

储液干燥器用于膨胀阀式空调系统,安装在冷凝器出口与膨胀阀入口之间。储液干燥器相当于膨胀阀的"蓄水池",由于每次制冷循环的条件不同,如蒸发器有不同的热负荷,压缩机的转速不同等,每次进入循环的制冷剂量也不同。为了补偿这种波动,在制冷环路中增加了储液干燥器。

储液干燥器主要由储液器、干燥器、过滤器、视窗和安全装置构成,用于膨胀阀式空调系统,安装在冷凝器出口与膨胀阀入口之间,如图9-19所示。

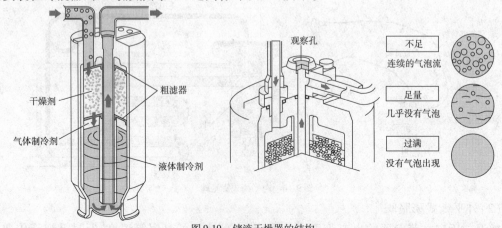

图9-19 储液干燥器的结构

(1) 储液器

储液器是个钢质或铝质的压力容器，它能以一定的流量向膨胀阀输送液态制冷剂，储液罐的容量一般约为系统工质体积的1/3，用于保持规定数量的液态制冷剂。

(2) 干燥器

干燥器是能吸收潮气和去除异物的装置。干燥器中存放干燥剂，常用的干燥剂有硅胶、活性氧化铝、硫酸钙、分子筛等。

干燥器以化学方法吸附安装时混入的水分，根据型号不同可以吸附6～12g的水。另外温度对其也有影响，温度高吸收的水分就多。并且，压缩机产生的磨屑、安装过程中混入的杂质也会被过滤掉。

干燥器在工作时，由冷凝器出来的液态制冷剂流入储液器，在储液器中收集后流过干燥器，在通过立管流向膨胀阀，这样制冷剂内没有任何气泡，并持续不断地供给膨胀阀。

注意：每次打开管路更换部件时，最好将储液器也一同更换，如果系统打开几个小时，储液器必须更换。否则，不能再吸收系统中的水分，在膨胀阀处易造成冰堵。

(3) 视窗

储液器的视窗安置在液管通路中或储液罐的出口处，当系统正常运行时，从视窗中可以看到没有气泡、稳定流动的液体。假如出现气泡或泡沫，则说明系统工作不正常或制冷剂不足。其视窗有两个作用：一是指示系统中是否有足够的制冷剂，二是指示制冷剂是否有水分。

(4) 易熔塞

易熔塞是一种安全设施，一般装在储液干燥器的头部，用螺塞拧入。螺塞中间是一种铜铝合金，当制冷工质温度升到95～100℃时，易熔合金熔化，制冷剂溢出，避免了系统中其他部件损坏。

6. 制冷剂

在制冷系统的蒸发器内蒸发并从被冷却物体中吸取热量汽化，然后在冷凝器内将热量传递给周围的介质而本身液化的工作物质称为制冷剂，又称为冷媒。

车用的制冷剂有R12、R134a等，从1995年起，所有新车型都将使用R134a制冷剂。R12被确认对大气臭氧层有破坏作用，将被逐步淘汰（仅用于老车款）并从1996年起禁止生产R12空调系统。由于R134也存在一定的环保问题，新型的制冷剂如CO_2、R11、R22或这些物质的混合物或氨水，开始逐渐作为替代物应用到汽车上。

(1) 车用制冷剂的种类与性能

①R12制冷剂。R12制冷剂是一种化学合成物质。易于挥发到大气层的同温层，释放到大气中时会破坏地球的臭氧层。臭氧层的减少增加了太阳到地球的紫外线量，并且引起人体的皮肤癌和环境破坏，导致温室效应，最终使地表温度上升，全球变暖，如图9-20所示。

②R134a制冷剂。R134a制冷剂是一种无色、无味、不燃烧、不爆炸、基本无毒性、化学性质稳定的工作介质。其不破坏大气臭氧层，在大气中停留时间短，温室效应影响小，被广泛应用。R134a和R12制冷剂性能的比较见表9-2。

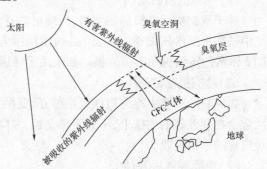

图9-20 R12制冷剂对地球环境的影响

R134a 和 R12 的性能比较 表9-2

项目	R12	R134a	项目	R12	R134a
沸点	-29.8℃	-26.2℃	饱和液密度	1311kg/cm³	1206kg/cm³
临界温度	111.8℃	102.2℃	饱和蒸气比容	0.027m³/kg	0.031m³/kg
临界压力	4.13MPa	4.07MPa	对臭氧的潜在破坏	1.0	几乎为0
临界密度	558kg/cm³	511kg/cm³	全球变暖潜在趋势	2.8~3.4	0.24~0.29

（2）制冷剂的工作循环

制冷剂作为空调系统中循环流动的工作介质，在制冷压缩机的作用下温度下降，然后再去冷却其他被冷却物质是一种"热载体"。它可根据空调系统的要求变化状态，实现制冷循环。

①压缩机排放出高温、高压的气态制冷剂。

②气态的制冷剂流入冷凝器。在冷凝器中，气态的制冷剂凝结成液体制冷剂。

③液体制冷剂流入储液罐，它存储和过滤液体制冷剂。

④过滤后的液体制冷剂流向膨胀阀，膨胀阀将液体制冷剂转变成低温、低压气/液混合物。

⑤低压的气/液制冷剂流到蒸发器，蒸发器中液体蒸发，穿过蒸发器芯的热空气流的热量传给制冷剂。在蒸发器中，所有的液体变成气态制冷剂，并且只有载热的气态制冷剂进入压缩机。然后过程重复。

（3）制冷剂的特征

在低压下R134a可以低温蒸发，如果压力变高，即使在高温下它也保持液态不蒸发。汽车空调系统利用此特征，通过用压缩机加压使它便于液化。如图9-21所示R134a的压力和沸点变化曲线。

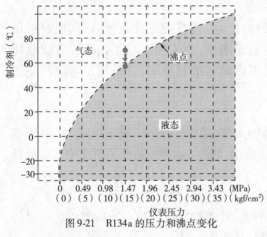

图9-21 R134a的压力和沸点变化

7. 冷冻机油

冷冻机油也叫压缩机油、冷冻润滑油。该润滑油是一种在高、低温工况下均能正常工作的特殊润滑油，起到润滑、冷却、密封作用，可降低压缩机噪声等。同时，冷冻机油还能够以非常快的速度吸收空气中的湿气，防止湿气损坏空调系统。

（1）冷冻机油的功能

对于压缩机运动机件的润滑，压缩机油是必要的。压缩机油通过溶于制冷剂并在制冷系统中循环来润滑压缩机。为此，必须使用推荐的冷冻机油。用于R134a体系的压缩机油与R12体系的压缩机油不可互换。如果用了错误的油种，会导致压缩机咬死。

（2）冷冻机油的量

如果制冷系统中冷冻机油量不够，压缩机不能充分润滑。另一方面，如果油量过多，大量油会涂在蒸发器的内壁上，不利于热交换，并降低系统的制冷能力。为此，在制冷系统中维持规定量的油很重要。

（3）更换零件后补油

检修时，一旦制冷系统管路拆开（向大气敞开），制冷剂将逸出蒸发，并且被排出空调系统。然而，冷冻机油在室温下不蒸发，它几乎全部保留在系统中。为此，当更换例如储液罐、蒸发器或冷凝器等部件时，必须给新部件加入与老部件原来的等量的机油。

9.2.2 制冷系统的工作原理

空调布置形式大体可以分成两种:膨胀阀式、节流孔管式,以膨胀阀式为例介绍一下空调系统的制冷工作原理,如图 9-22 所示。

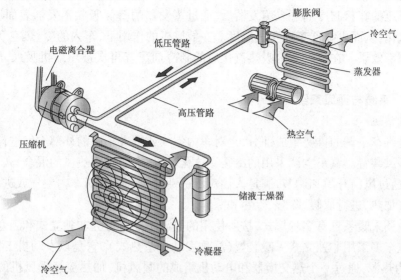

图 9-22 制冷剂的工作循环

汽车空调制冷系统工作时,制冷剂以不同的状态在密闭系统内循环流动(见图 9-23),每一循环包括 4 个基本过程。

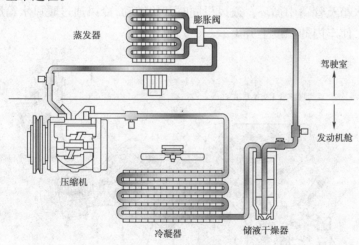

图 9-23 制冷系统工作原理

1. 压缩过程

当发动机带动压缩机运转时,压缩机吸入蒸发器出口处低温(0℃)、低压(0.147MPa)的制冷剂气体,将其压缩成高温(70~80℃)、高压(1.471MPa)的气体排出压缩机。

2. 冷凝过程(放热)

高温高压的过热制冷剂气体进入冷凝器,压力和温度降低。当气体的温度降至 40~50℃时,制冷剂气体变为液体,同时放出大量的热量。

3. 膨胀过程(节流)

液态制冷剂流到储液干燥器后,在储液干燥器中除去水分和杂质,由管道流入膨胀阀。温度和压力较高的制冷剂液体通过膨胀阀装置后体积变大,压力和温度急剧下降,以雾状(细小液滴)排出膨胀阀。

4. 蒸发过程(吸热)

低温低压的雾状制冷剂进入蒸发器后,通过蒸发器的壁面吸收蒸发器表面周围空气的热量而沸腾汽化,从而可降低车内空气温度。在鼓风机的作用下,车内的冷、热空气加速对流,提高了空调制冷效果。在蒸发器内吸热汽化后的制冷剂蒸气再次被压缩机吸入,然后重复上述过程。

9.2.3 采暖与通风系统

1. 采暖系统

暖风是汽车空调的重要组成部分,是对车内空气或进入车内的外部空气进行加热的装置,称为汽车暖风装置。汽车空调采用的冷暖一体化装置,它通过冷热风的混合,人为设定冷热风量的比例,通过风门开闭和调节,满足人们对舒适性的要求。并对车内空气或进入车内的外部的新鲜空气加热,进行取暖、除湿、除霜和除雾。

汽车空调采暖系统有多种形式,按所使用的热源不同可分为非独立式和独立式两种。

小型汽车多采用非独立式采暖装置(又称发动机余热式),它是以发动机工作时的冷却液(或废气)为热源,通过一个热交换器和电动机组成的暖风机,加热流经暖风机的空气,使车内的温度上升。

水暖式采暖系统一般由控制开关、鼓风机、暖风水箱、循环水控制开关及相应的管路组成,如图 9-24 所示。需要暖风时,接通控制开关,循环水控制开关也自动接通,这样发动机的冷却液,开始在暖风水箱及管路中循环。鼓风机同时开始转动,冷风通过暖风水箱后变成暖风通过出风口吹向车内,使车内的温度上升。

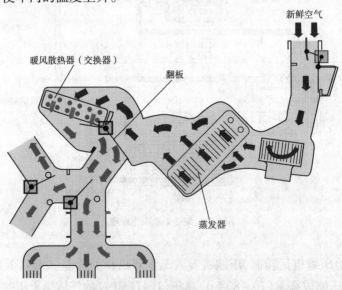

图 9-24 水暖式采暖装置

2. 通风装置

保持车内空气清洁是汽车空调的重要内容之一。衡量空气清洁度主要有两个指标:一是车内空气中的有害气体是否超过允许浓度;二是空气中的含氧量是否正常。要使空气清洁度达到一定要求,需要借助于通风与空气净化系统来实现。

将外部的新鲜空气吸入车厢内,进行换气,调节车内的温度和湿度,防止风窗玻璃起雾。通风装置的通风方式一般有自然通风、强制通风和综合通风三种方式,如图9-25所示。

(1)自然通风

自然通风也称动压通风,它是利用汽车行驶时对车身外部所产生的风压为动力,在适当的地方开设进风口和排风口,以实现车内的通风换气。因此,乘用车的进风口设在车窗的下部正风压区,而排风口设置在汽车尾部负压区。

(2)强制通风

强制通风是利用鼓风机强制将车外空气送入车厢内进行通风换气。这种方式需要能源和设备,在备有冷暖气设备的汽车车身上大多采用通风、供暖和制冷的联合装置。

(3)综合通风

综合通风是指一辆汽车上同时采用动压通风和强制通风。采用综合通风系统的汽车比单独采用强制通风或自然通风的汽车结构要复杂得多。最简单的综合通风系统是在自然通风的车身基础上,安装强制通风扇,根据需要可分别使用或同时使用。

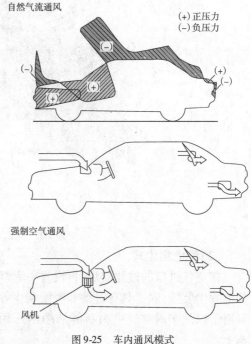

图9-25 车内通风模式

3.空气净化系统

为了净化车内进气,空调系统的进气口装有过滤器(见图9-26)。空气净化装置通常有空气过滤式和静电集尘式两种。当清洁空气过滤器阻塞时,吸入空气困难,导致空调效果差。为了防止这一情况,要定期检查和更换清洁空气过滤器。检查或更换空气过滤器的时间取决于车型或运行情况,因此要参考维修计划。

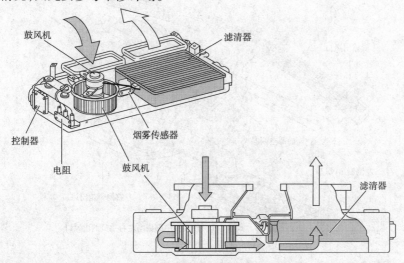

图9-26 空调系统空气滤清器

(1)空气过滤式

在空调系统的送风和回风口处设置空气滤清装置(见图9-27),它仅能滤除空气中的灰尘和杂物,因此,其结构简单,只需定期更换或清理过滤网上的灰尘和杂物即可。

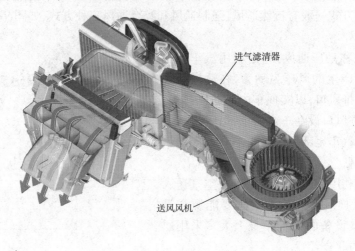

图 9-27　大众车型的空气过滤式滤清器

(2)静电集尘式

在空气进口的过滤器后,再设置一套静电集尘装置或单独安装一套用于净化车内空气的静电除尘装置,除了具有过滤和吸附烟尘等微小颗粒的杂质作用外,还具有除臭、杀菌、产生负氧离子以使车内空气更为新鲜洁净的作用。由于其结构复杂,成本高,所以,只用于高级汽车上。

4.配气系统

汽车空调根据要求,可以将冷、热风按照配置送到驾驶室内满足调节需要,如图 9-28 所示。

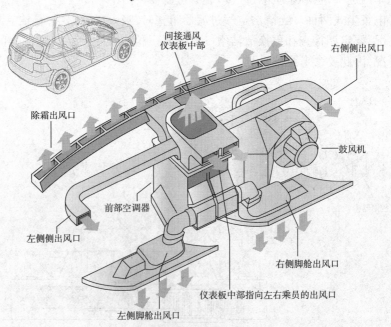

图 9-28　空调的配气系统

汽车空调三种典型的配气方式是:采暖、制冷、混合式,如图 9-29 所示。

 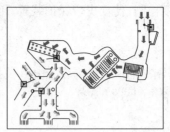

a)提供热风

 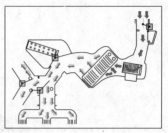

b)提供冷风

 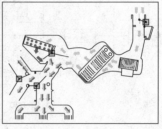

c)提供通风（不制冷和加热）

图 9-29 典型配气方式的温度调节

(1) 空气混合式

外气 + 内气→进入鼓风机→进入蒸发器冷却→由风门调节进入加热芯加热→进入各吹出口。

调整风门顺时针旋转，进蒸发器（冷空气）后再进加热芯的空气量随着风门旋转而减少，即被加热的空气少，这时主要由冷气吹出口吹冷风。反之，调整风门逆时针旋转，吹出的热风多，处理后的空气进入除霜出口或热风出口。

(2) 全热式

外气 + 内气→进入鼓风机→进入蒸发器冷却→全部进入加热芯→由风门调节风量后进入各吹风口。

由蒸发器出来的冷空气全部直接进入加热芯，两者之间不设风门进行冷热空气的混合和风量的调节。经过配气、温度调节后上述两种方式都能达到各吹风口要求的风量和温度。

9.3 空调的控制系统

随着汽车空调的普及，人们对空调的质量提出了更高要求，要求空调无噪声干扰、操作简便，要有较高的制冷效率及可靠性，这就需要对汽车空调进行适时控制。

9.3.1 空调的基本控制

为了保证空调在发生故障时能正常地运行，减少对空调系统组件的损坏，空调系统采用来自各传感器或开关的信号，以便控制空调系统。构成空调基本控制的传感器和开关有：压力开关控制、蒸发器温度控制、传动皮带保护装置、压缩机双级控制系统、怠速提升控制和电扇控制等构成。

1. 压力开关控制

压力开关检测制冷剂压力的异常上升并关掉电磁离合器,以便保护制冷循环系统中的组件,并停止压缩机操作(见图9-30)。

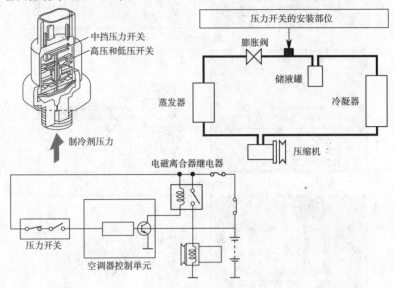

图9-30 压力开关

(1)压力开关的功能

在制冷循环的高压侧安装一压力开关。当开关检测到制冷循环中的异常压力时,它将使压缩机停转以防止故障扩大,保护制冷循环中的组件。

(2)异常低压检测

当制冷循环中制冷剂严重不足或由于漏气制冷循环中没有制冷剂,或压缩机油的润滑恶化等原因会导致压缩机卡住时,导致制冷系统压力异常低(小于0.2MPa)时,此压力开关关闭,电磁离合器断开。

(3)异常高压检测

当冷凝器冷却不够或当制冷剂加入量过多时,制冷循环中的制冷剂压力可能变得异常高,此情况可能会损坏制冷循环中的组件。当制冷剂压力异常高(超过31MPa)时,关闭压力开关,断开电磁离合器。

2. 蒸发器温度控制

为了防止蒸发器起霜,用蒸发器的表面温度来控制压缩机的运转。该装置通过热敏电阻检测蒸发器的表面温度,当温度低到某种程度时,使得电磁离合器断开,保护制冷循环系统的组件,防止蒸发器降低到0℃结霜,如图9-31所示。

3. 传动皮带保护装置

传动皮带保护装置检测压缩机的锁定状态,防止由于关掉电磁离合器而损坏传动皮带,并引起A/C开关指示灯从点亮变为闪烁,如图9-32所示。

当动力转向装置的液压泵、发电机等装置与压缩机一起通过传动皮带驱动时,如果压缩机锁死并且切断皮带,其他装置也不能工作。此系统当压缩机锁定时,通过断开电磁离合器来防

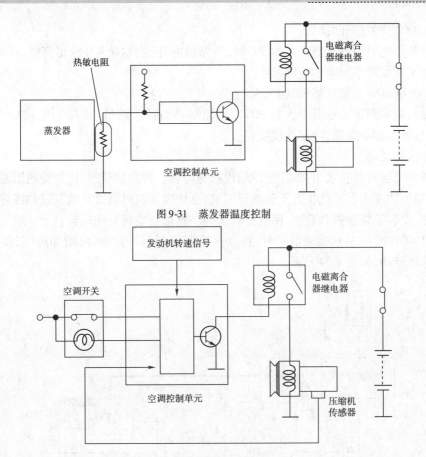

图9-31 蒸发器温度控制

图9-32 传动皮带保护

止传动皮带被切断。同时,此系统引起空调开关指示灯从点亮变到闪烁,通知驾驶人有此故障。

每次压缩机转动时,在速度传感器线圈内产生信号,控制单元通过计算信号的速度检测压缩机的运转。它比较发动机与压缩机的速度。如果差异超过某一值,ECU使压缩机停转并断开电磁离合器。另外,ECU使仪表板上的空调开关指示灯闪烁,通知驾驶人有此故障。

4.压缩机双级控制系统

压缩机双级控制系统控制压缩机的利用率,并改善燃料经济性和驾驶性能,如图9-33所示。该系统根据蒸发器温度,改变停止压缩机的时机并控制运转率,如果压缩机的运转率低,燃料经济性和驾驶感觉将被改善。

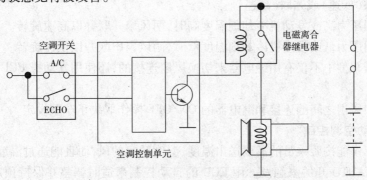

图9-33 压缩机的双级控制系统

(1) 当 A/C 开关打开时

检测到热敏电阻的温度低于大约 3℃ 时,压缩机断开;当它是 4℃ 或更高时,压缩机打开。此时制冷处于蒸发器不起霜的范围。

(2) 打开 ECON(空调经济模式)开关时

当热敏电阻检测到温度低于大约 10℃ 时,控制并关掉压缩机,并在 11℃ 或以上时打开。因此,压缩机的运转率降低,冷却性能变弱。

5. 怠速提升控制

当空调系统运转的时候,它能稳定发动机怠速运转。在怠速状态,比如交通阻塞或停车期间,发动机输出功率小。在此状态下驱动压缩机,会使发动机过载并导致其过热或导致发动机熄火。因此,安装了怠速提升装置,使怠速转速高一点以便空调系统运转。

发动机 ECU 接到 A/C 接通信号时,将怠速速度控制阀打开少许,增加进气,使得发动机以合适的速度转动,如图 9-34 所示。

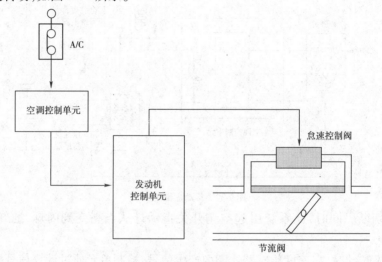

图 9-34 怠速提升控制

6. 电扇控制

当空调系统运转若要增加冷却能力时,一般采用风扇冷却冷凝器。该控制装置控制电扇并可改善冷却能力和燃料经济性,并减少噪声(见图 9-35)。

在用风扇冷却散热器的车款中,一般装有两台风扇用于散热器和冷凝器,采用三级控制冷却能力(停止、低速、高速)。当空调运行时,两台风扇的连接根据制冷剂压力和冷却剂温度的情况切换到串联(低速)或并联(高速)。

① 当制冷剂压力高或发动机冷却剂温度高时,两风扇并联并以高速旋转。

② 当制冷剂压力低或发动机冷却剂温度低时,两风扇串联并以低速旋转。

③ 在部分新车型中不仅有用继电器来切换风扇连接的,还使用发动机 ECU 调整流入电扇的电流值。

④ 继电器和风扇之间的连接和继电器的 ON/OFF 操作取决于车型设定。

9.3.2 自动空调控制

自动空调不仅能按照乘员的需要送出温度、湿度适宜的风,而且能通过温度选择器设置要求的温度,并用 AUTO 开关来触发。用 ECU 的自动控制来适时调整并保持预定的温度,极大地简化了驾驶人的操作,如图 9-36 所示。

自动空调系统由空调控制单元、发动机 ECU、控制面板、内部温度传感器、环境温度传感器、太阳能传感器、蒸发器温度传感器、水温感传器、A/C 压力开关、空气混合伺服电机、空气进口伺服电机、气流伺服电机、鼓风机等组成，如图 9-37 所示。

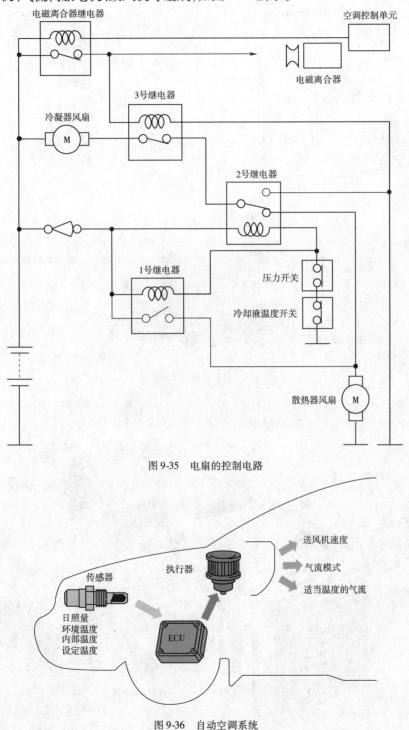

图 9-35 电扇的控制电路

图 9-36 自动空调系统

1. 空调控制单元

空调控制单元计算要吹入车内的空气温度和气流量，并根据各传感器和设定温度决定使用哪个排风口。这些值用来控制空气混合挡板的位置、鼓风机速度和气流挡板的位置,如图 9-38 所示。

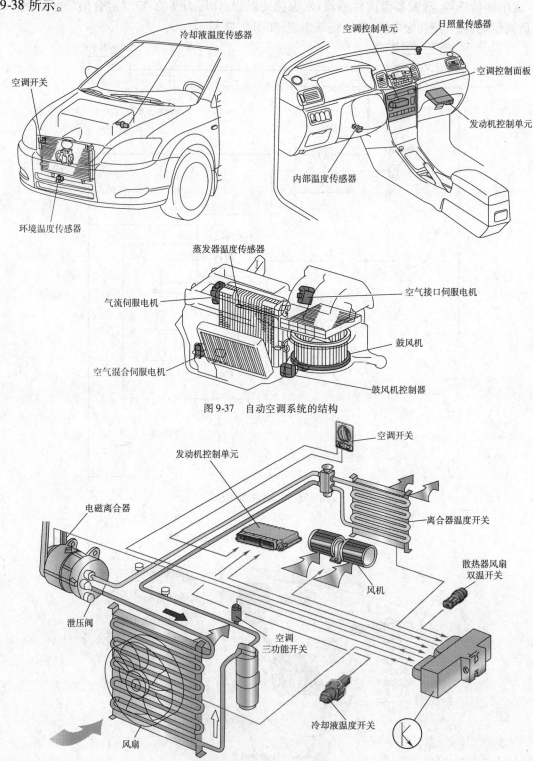

图 9-37　自动空调系统的结构

图 9-38　自动空调的控制框图

在某些车型上,使用多路传输(多路通信系统)把操作信号从控制面板发送到空调控制单元,如图 9-39 所示。

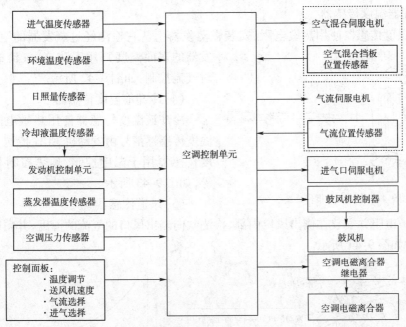

图 9-39　空调控制单元传感器及执行元件

2. 传感器

(1) 内部温度传感器

内部温度传感器使用热敏电阻并安装在带有通风口的仪表盘处。此通风口利用送风机鼓风,吸入车辆内部空气以便检测内部平均温度。

该传感器检测车厢内部的温度,把它用作温度控制的基础,如图 9-40 所示。

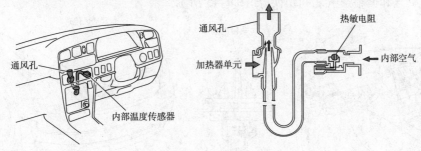

图 9-40　自动空调系统结构

(2) 环境温度传感器

环境温度传感器使用热敏电阻并安装在冷凝器的前面,如图 9-41 所示。它检测外部温

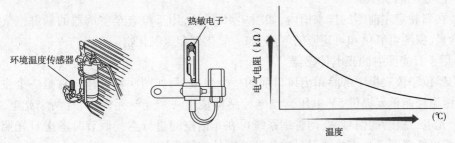

图 9-41　环境温度传感器

度,即用来控制由外部温度波动所引起的内部温度波动。

(3) 蒸发器温度传感器

蒸发器温度传感器使用热敏电阻,安装在蒸发器上。它检测经过蒸发器的空气温度(蒸发器的表面温度),用于防冻、气流的温度和延时气流控制,如图9-42所示。

(4) 冷却液温度传感器

冷却液温度传感器使用热敏电阻。冷却液温度传感器信号由发动机ECU传送。冷却液温度传感器用于温度控制、预热控制和怠速控制等,如图9-43所示。

(5) 风道传感器

使用热敏电阻并安装在侧出风口内部,检测吹向侧出风口的气流的温度,并精密地控制各气流的温度,如图9-44所示。

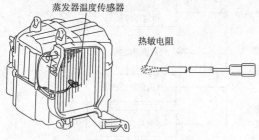

图9-42 蒸发器温度传感器

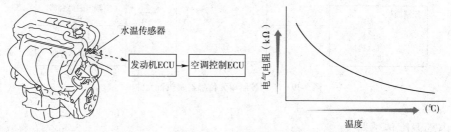

图9-43 水温传感器

(6) 烟雾通风传感器

安装在车辆前面部分,检测CO(一氧化碳)、HC(碳氢化合物)和NO_x(氮氧化物)的含量,以便在新鲜空气和循环空气之间切换,如图9-45所示。

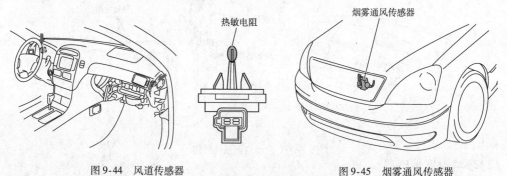

图9-44 风道传感器　　　　　图9-45 烟雾通风传感器

(7) 空气质量传感器

安装在驾驶室左前侧的排水槽内,如图9-46所示,用于检查至空调器的新鲜空气中的有害物质含量,探测可氧化和可还原的气体,如一氧化碳和氮氧化物。

(8) 用于日光照射的光电传感器

传感器位于仪表板中部除霜出风口前的一个盖板下,如图9-47所示,它是一个主动式传感器,由恒温控制单元提供5V电压。光电传感器位于一个光学元件内,有两个光电二极管,通过两个光电二极管的信号,空调管理系统可在车内空间进行空气调节时考虑日光照射的影响,这样即可抵消因日光直接照射对空气调节区的加热作用。

3. 执行单元

（1）空气混合伺服电机

空气混合伺服电机包括电机、限位器、电位计和动触点等等，它由 ECU 发出的信号启动，如图 9-48 所示。

当空气混合挡板被移到"HOT"位时，MH 端子为电源，MC 端子搭铁，伺服电机开始动作进行调整。当 MC 端子成为电源 MH 端子搭铁时，伺服电机反向旋转将混合挡板移到"COOL"位，如图 9-49 所示。

伺服电动机转动时，电位计的动触点同步移动，根据挡板的位置产生一个电信号，并将挡板的实际位置反馈回 ECU。当挡板达到要求的位置时，空气混合伺服电机断开到伺服电机的电流。

空气混合伺服电机安装有一个限制器，当全行程动作被触发时，它将断开到电机的电流。当与伺服电机旋转同步移动的动触点到达全行程位置时，电路被开路使电机停止工作。

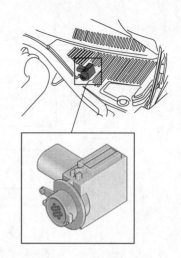

图 9-46 空气质量传感器

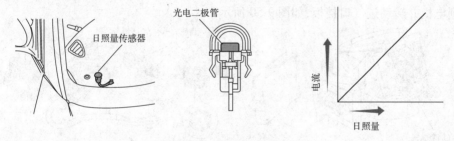

图 9-47 光电传感器工作原理

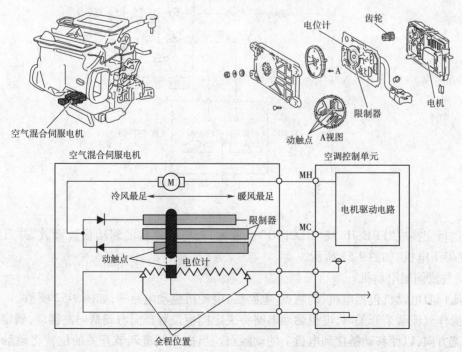

图 9-48 空气混合伺服电机

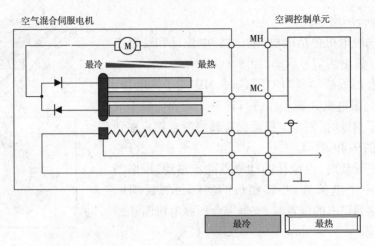

图9-49 空气伺服电机在COOL位置

(2) 空气进口伺服电机

空气进口伺服电动机包括电机、齿轮、移动盘等。按下进气调节开关将启动伺服电机,允许电流到电机并转动进气口挡板,如图9-50所示。

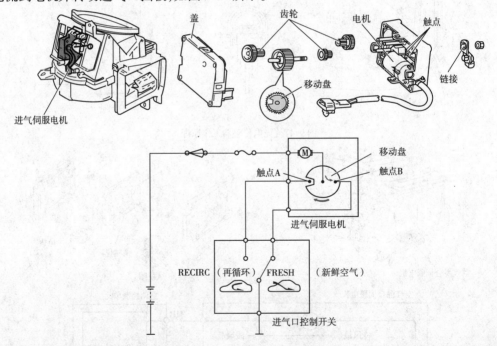

图9-50 空气伺服电机

当挡板变换成"FRESH"或"RECIRC"位置时,与电机连接的移动板被释放,并且电路开路,以便停下电机,如图9-51所示。

(3) 气流伺服电动机

气流伺服电动机包括电机、动触点、电路板、电动机驱动电路等,如图9-52所示。

当操作气流调节开关时,电机驱动电路将决定挡板位置是向右或是向左移动,确定流经电机的电流方向,以便移动链接到电机上的动触点。当按照气流调节开关的位置将动触点移动到位时,与电路板的接触将被释放,电路开路,电机停止工作,如图9-53所示。

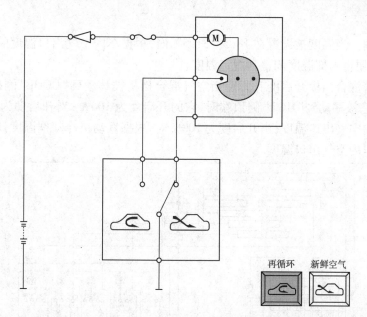

图 9-51 空气进口伺服电动机工作原理

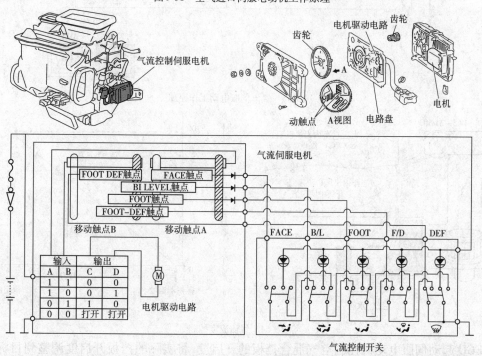

图 9-52 气流伺服电动机结构

4. 自动空调的控制原理

由于各车型自动空调的控制设计有一定的差异,这里以丰田车型的自动空调进行介绍。

(1) 气流温度控制

为了迅速地将车厢内部温度调整到规定温度,可以通过调整空气混合挡板的位置(开放度)变化热空气和冷空气的比例来控制气流温度,如图 9-54 所示。

① MAX 控制。当温度设置在"MAX COOL"或"MAX HOT"时,空气混合挡板被充分地开到"COOL"侧或"HOT"侧,不管车内空气出口温度的值如何,这便是"最冷控制"或"最热

控制"。

②正常控制。当温度被设置在 18.5~31.5℃时,根据车内空气出口温度的值控制空气混合挡板位置,以便将内部温度调整到规定温度。

③计算空气混合挡板开启度。假定当空气混合挡板被移动到"COOL"侧顶端时,它的开启度为0%;当它被移动到"HOT"侧顶端时,它的开启度为100%;当开启度为0%时,蒸发器温度约等于车内空气出口温度;当开启度为100%时,根据发动机冷却剂温度计算出来的加热器芯温度等于车内空气出口温度。

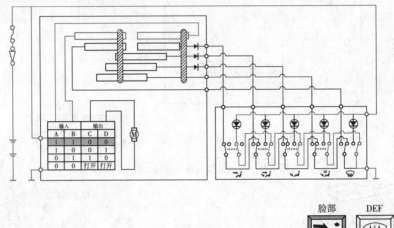

图 9-53　气流伺服电动工作原理

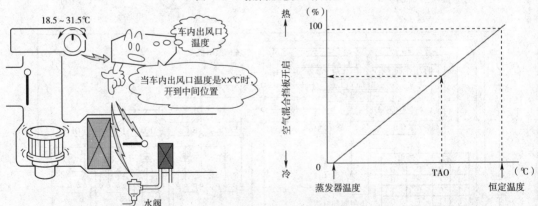

图 9-54　气流温度控制

ECU 起动伺服电动机控制空气混合挡板的开启度,将实际的挡板开启度调整到目标开启度(由电位计测得)。

目标挡板开启度 =(车内空气出口温度 − 蒸发器温度)/(制冷剂温度 − 蒸发器温度)×100

(2) 左/右单独的空调控制

在部分车型上,可以根据驾驶人侧和前乘客侧的各自温度设置单独的执行温度和气流控制,以下述方法执行温度和气流控制。

①用挡板控制。在左右侧各装有一个空气混合挡板以便能单独地进行温度控制(见图9-55)。

②用薄膜挡板控制。步进电机缩回带有孔的薄膜挡板,并调整孔的位置,以便进行单独的温度和气流控制。不是所有的车辆均使用风道传感器对左、右通风口单独地进行温度控制。

在部分车型上,即使车辆使用了挡板(板式)。气流控制也对左右侧气流进行独立的控制。

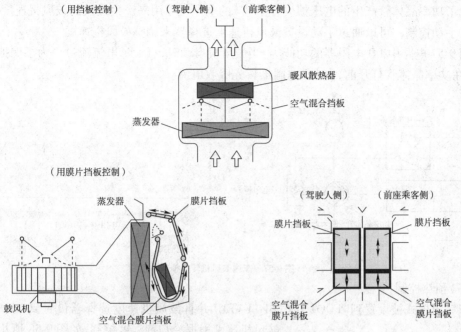

图 9-55 用挡板控制气流温度

(3)气流控制

当空调在加热器和冷却器之间切换时,空调模式自动切换到要求的空气流量,如图 9-56 所示。

气流控制以下述方式切换:

①降低内部温度时:FACE;

②当内部温度被稳定在设置温度左右时:Bl-LEVEL;

③当加热内部时:FOOT。

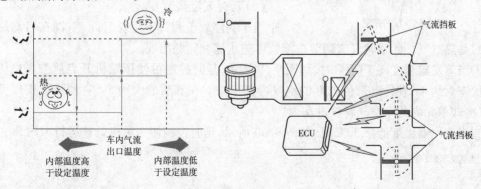

图 9-56 气流控制

(4)车内风机转速控制

车内风机通过鼓风机内部温度和驾驶人设置温度之间的差值,来自动调整鼓风机速度,来控制风量,如图 9-57 所示。

当存在大的温差时:鼓风机速度 Hi(高)。当存在小的温差时:鼓风机速度 LO(低)。

①自动控制。通过调整功率晶体管基极电流来控制到鼓风机的电流。根据内部温度和设置温度之间的差距,用车内空气出口温度的值连续控制鼓风机速度。

②EX-HI 继电器控制。当需要最大鼓风时,EX-HI 继电器直接使电机搭铁。由于此继电器避免了功率晶体管产生的电压损失,"节省"的电压可以用来产生最大的鼓风机速度。

③手动控制。可以通过手动设置鼓风机速度选择器来调整鼓风机速度。

图 9-57 电路中 LO 电阻器的功能为:当鼓风机启动时,有大量电流流过。为了保护功率晶体管,在功率晶体管打开前,由 LO 电阻器首先吸收电流。

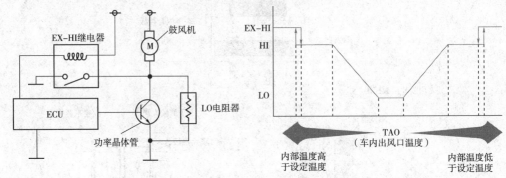

图 9-57 车内鼓风机转速控制

(5)预热控制

当气流模式被设置到"FOOT"或"BI-LEVEL"并且鼓风机速度选择器设置到"AUTO"时,鼓风机速度根据冷却剂温度控制,如图 9-58 所示。

①当冷却剂温度低时。为了停止冷风,预热控制限制鼓风机风扇转动。

②当预热时。预热控制比较冷却液温度传感器检测的风量和由车内空气出口温度计算的风量,取下限值并使鼓风机速度降低。

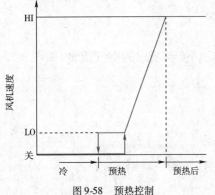

图 9-58 预热控制

③预热后。预热控制根据车内空气出口温度执行正常控制。注意:此控制只是触发加热,并不用于制冷。

(6)延时气流调节

当车辆停放于烈日下很长时间,空调在启动后立即排放的是热空气。此延时气流调节功能就可防止这种问题出现。

①当蒸发器温度高于30℃时,如图 9-59 所示,延时控制可使压缩机开启后鼓风机仍处于关闭状态大约4s,使冷却部件内部的空气冷却下来。在其后的大约5s,它使鼓风机以低速运行,将冷却单元内的冷空气释放进车内。

②当蒸发器温度低于30℃时,如图 9-60 所示,延时控制使送风机低速运行大约5s。

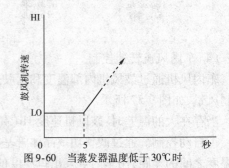

图 9-59 当蒸发器温度高于30℃时   图 9-60 当蒸发器温度低于30℃时

(7)进气控制

进气控制一般用于引入外部空气。当内部温度与设定温度的差距很大时,进气控制自动切换到内部空气循环模式,以便有效地冷却,如图9-61所示。

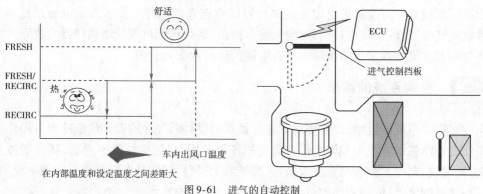

图9-61 进气的自动控制

进气控制用下列方式运行:

①正常:FRESH;

②当内部温度高时:RECIRC;

③在部分车型上,如果烟雾通风传感器检测到外部空气中 CO(一氧化碳)、HC(碳氢化合物)和 NO_x(氮氧化物)超过规定水平时,进气控制也自动地切换到 RECIRC(循环);

④当空气流量选择"DEF"模式时,进气控制自动切换到 FRESH(新鲜空气)。

(8)自诊断系统

在自诊断系统中,ECU 将指示器、传感器和执行器存在的所有异常传送到控制板向技术人员显示。这个系统对于诊断很有用,因为即使点火开关关掉,自诊断结果也保存在存储器中。如图9-62所示,操作开关可以进行各种检查。

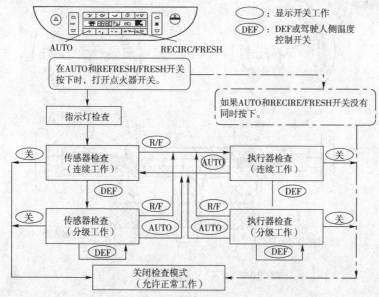

图9-62 自动空调的自诊断

①指示灯。开关、温度设置显示器和蜂鸣器触发器等指示灯是可以被检查的。开关、温度设置显示器等的指示灯在点亮4次后熄灭。某些车型上,操作检查蜂鸣器会蜂鸣。

②传感器检查。可以检查以前和当前的传感器故障。当发现一个以上的故障时,按 A/C

开关可以一一看所有的故障。

如果在车库内检查日照传感器时,可能会显示开路,要将日照传感器置于白炽灯下(荧光灯没有用)或户外检查日照传感器。在部分车型上,蜂鸣器发声表示是当前故障。

③执行器检查。将模拟输出发送到执行器以检查它的操作。技术人员可通过从ECU发送信号触发气流挡板、空气进口挡板、空气混合挡板、运行压缩机等发现执行器的故障,也可以将手持解码器连接到数据诊断接口来检查空调的运行数据和故障。

9.4 空调系统的维修

在汽车空调系统维修中,经常要对其进行抽真空、检漏、充注或者排放制冷剂等操作,这就要求操作者须熟悉掌握汽车空调检修中需要的各种专用工具,如歧管压力表、制冷剂注入阀、真空泵、检漏仪、制冷剂回收与充注设备、成套维修工具等,同时还要掌握汽车空调系统的检漏方法。在这基础之上,依据不同的设备和方法,进行具体的操作。

9.4.1 常用工具与设备

1. 歧管压力表

歧管压力表是维修汽车空调系统必不可少的重要设备,空调系统维修的基本作业,例如:充注制冷剂、添加冷冻机油、系统抽真空等都离不了歧管压力表组件,汽车空调系统故障诊断与排除中也需要此设备。

(1)歧管压力表结构

歧管压力表(见图9-63)由两个压力表(低压表和高压表)、两个手动阀(高压手动阀和低压手动阀)、三个软管接头(一个接低压工作阀,一个接高压工作阀,一个接制冷剂罐或真空泵吸入口)组成,这些部件都装在表座上,形成一个压力计装置。

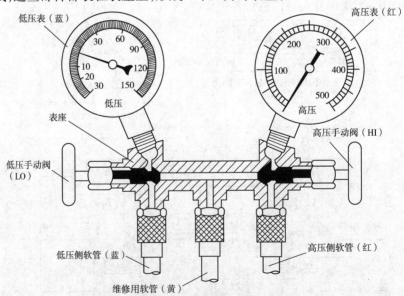

图9-63 歧管压力表结构

低压表用来检测系统低压侧压力,可以读出压力和真空度。压力表公制单位为kPa,英制单位为psi(1psi = 6.895kPa)。低压表的真空度刻度从0~102kPa,压力刻度从0~827kPa。低压表的结构设计可以保证当压力达到1724kPa时,不损坏压力表。在空调系统工作时,低压表的压力一般不高于551.5kPa。低压侧系统工作压力一般为103～241kPa。

高压表用来指示系统高压侧压力。在正常情况下,高压侧压力很少超过2068kPa,但为了安全,高压表的最大刻度一般要远高于此值。高压表虽然在0kPa以下没有刻度,但抽真空时不会损坏。高压侧系统工作压力一般为1103～1517kPa。

(2) 歧管压力表的使用方法

① 当高压手动阀B和低压手动阀A同时全关闭时,可以对高压侧和低压侧的压力进行检查,如图9-64a)所示。

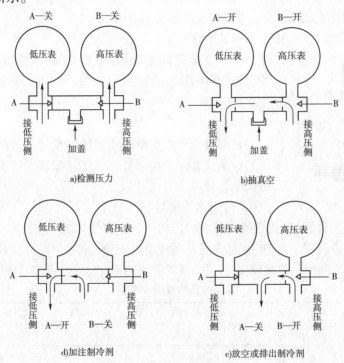

图9-64 歧管压力表装置的使用

② 当高压手动阀B和低压手动阀A同时全开时,全部管连通。如果接上真空泵,便可以对系统抽真空,如图9-64b)所示。

③ 当高压手动阀B关闭,而低压手动阀A打开时,可以从低压侧充注气态制冷剂如图9-64c)所示。

④ 当低压手动阀A关闭,而高压手动阀B打开时,可使系统放空,排出制冷剂,也可由高压侧充注液态制冷剂如图9-64d)所示。

2. 制冷剂注入阀

制冷剂注入阀(或称蝶形阀)是打开小容量制冷剂罐(200～400g)的专用工具,利用蝶形手柄前部的针阀刺破制冷剂罐,通过螺纹接头把制冷剂引入歧管压力表组件,如图9-65所示。

制冷剂注入阀使用方法:

① 在制冷剂罐上安装制冷剂注入阀之前,应按逆时针方向转动蝶形手柄,使其前端的针阀完全缩回;再逆时针转动盘形锁紧螺母,使其升高到最高位置。

② 把注入阀装到制冷剂罐顶部的螺纹槽内,顺时针旋下盘

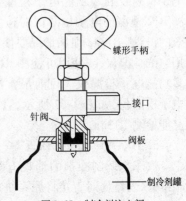

图9-65 制冷剂注入阀

形锁紧螺母,并充分拧紧,使注入阀固定牢靠,把注入阀接头与歧管压力表组件上的中间软管接头连接起来(歧管压力表组件事先与空调系统连接好)。

③确认歧管压力表组件上的两个手动阀均处于关闭状态。

④顺时针转动蝶形手柄,用针阀在制冷剂罐上刺一小孔。

⑤如果此时需要加注制冷剂,应逆时针转动蝶形手柄,使针阀收回,而且同时要打开歧管压力表组件的相应手动阀,让制冷剂注入汽车空调制冷系统。

⑥如要停止充注制冷剂,应顺时针转动蝶形手柄,使针阀下落到制冷剂罐上刚开的小孔,使小孔封闭,而且同时关闭歧管压力表组件的相应手动阀。

3. 真空泵

真空泵是汽车空调制冷系统安装、维修后抽真空不可缺少的设备,利用它可去除系统内的空气和水分等物质,如图 9-66 所示。

4. 检漏仪

检漏仪用于对空调制冷系统联接管路泄露部位的检测,常用的检漏仪有卤素检漏灯和电子检漏仪两种类型,其中电子检漏仪最为常用。

图 9-66 真空泵

(1)卤素检漏灯

卤素检漏灯是一种丙烷(或酒精)燃烧喷灯,利用制冷剂气体进入安装在喷灯的吸气管内,会使喷灯的火焰颜色改变。当喷灯的吸气管从系统泄漏处吸入制冷剂时,火焰颜色会发生变化;泄漏量少时,火焰呈浅绿色;泄漏较多时,火焰呈浅蓝色;泄漏很多时,火焰呈紫色,表 9-3 所示。

卤素检漏灯故障诊断表　　　　表 9-3

燃烧物质	火焰颜色	故障诊断
酒精	变成浅绿色	有少量泄漏
	变成深绿色	有大量泄漏
丙烷	变成浅蓝色	有较少泄漏
	变成黑色	有较多泄漏
	变成紫色	有大量泄漏

(2)电子检漏仪

电子检漏仪分为 R12 电子检漏仪、R134a 电子检漏仪和多功能电子检漏仪等。一般检测 R12 泄漏的电子检漏仪对检测 R134a 是无效的,检测 R134a 泄漏情况要使用一种专门适用它的检漏仪,或使用可检测 R12 及 R134a 的多功能电子检漏仪。目前最常用的是多功能电子检漏仪,如图 9-67 所示,它既能检测 R12 又能检测 R134a。

5. 制冷剂回收与充注设备

汽车空调制冷剂的消耗有相当部分耗费于维修,若维修时直接将原系统内的制冷剂排入到大气中,再另行充加新制冷剂,这样不仅

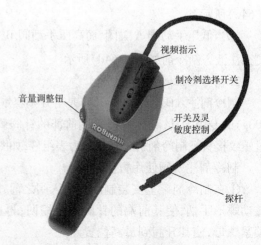

图 9-67 多功能电子检漏仪

造成对大气臭氧层的破坏,也会浪费制冷剂。若汽车采用的制冷剂为 R134a,由于其价格昂贵,也有必要对这部分维修时释放的制冷剂回收再利用。因而维修时要求采用制冷剂回收与充注机对制冷剂回收再利用。目前有 R12 和 R134a 两种回收与充注装置,或同一装置中有两套管路,分别供 R12 及 R134a 回收之用。

各种回收与充注装置的操作方法不完全相同,但基本方法一致。汽车用制冷剂回收与充注机是一种轻便型半自动充注机,适用于 R12 和 R134a 的回收与充注。它备有高效压缩机、大功率的真空泵、高低压歧管压力表组件、工作罐压力表、制冷剂电子秤以及冷冻机油注入器等,具备汽车空调维修所需要的所有功能,如图 9-68a)所示。

6. 成套维修工具

成套维修工具是把汽车制冷系统维修时需要的专用工具组装在一个工具箱内(见图 9-68b)),汽车空调专用成套维修工具由歧管压力计、漏气检测仪、制冷剂管固定架、制冷剂管割刀、备用储气瓶、扩口工具、检修阀扳手、注入软管衬垫、检修阀衬垫等构成。

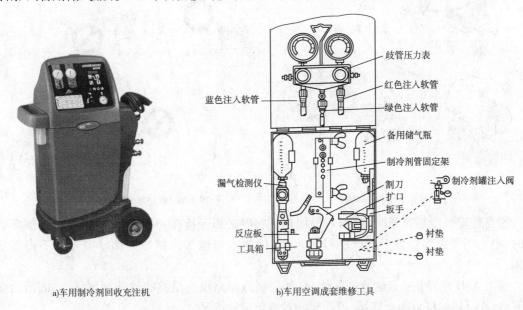

a)车用制冷剂回收充注机　　b)车用空调成套维修工具

图 9-68　制冷剂回收与充注机与汽车空调专用成套维修工具

9.4.2　空调系统的常规检测

汽车空调制冷系统检修的基本操作一般包括制冷系统工作压力的检测,从制冷系统内放出制冷剂,制冷系统抽真空,加注和补充制冷剂,制冷系统的检漏等。

1. 空调维修注意事项(见图 9-69、图 9-70)

①当处理制冷剂时,不得在封闭区或明火附近处理制冷剂。要坚持带防护眼镜作业。不要让液态制冷剂进入眼睛或沾到皮肤上。

②如果液体制冷剂碰到眼睛或皮肤时不要揉擦,用大量冷却水冲洗此区域。对皮肤涂抹干净的凡士林,或去医院进行专业处理。

③当在制冷剂管路上更换零件时,用制冷剂回收机回收制冷剂再使用。在拆开部分立刻插入塞子防止潮气和灰尘进入。不要除去塞子,让新冷凝器或储液罐/干燥器对大气环境开放着。

在从新压缩机拆卸柱塞前,从加液阀放掉氮气。如果氮气没有先放掉,拆卸柱塞时压缩机油会随氮气喷出。

④当拧紧连接件时,对O形圈涂几滴压缩机油以便容易上紧,并防止制冷剂气体泄漏。要用两只开口扳手上紧螺母,避免扭曲管子。将O形圈或螺栓类接头上紧到额定力矩。

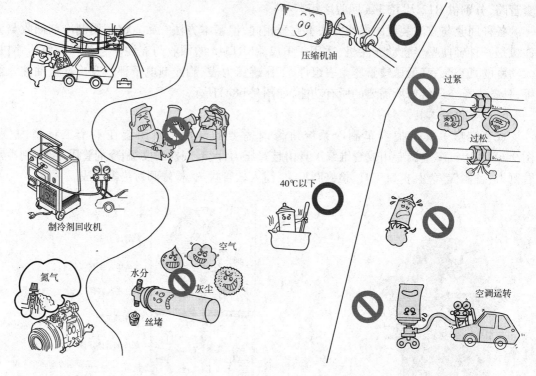

图9-69 作业的安全问题　　图9-70 处理制冷剂时的安全问题

⑤当处理制冷剂容器时,容器不得加热。容器必须保持在40℃以下。当用温水加温容器时,小心不要把容器顶上的阀门浸入水中,因为水可能渗入制冷回路。空容器不得重复再用。

⑥当A/C开着并补足制冷剂气体时,如果制冷回路没有足够的制冷剂气体,油润滑会变得不足,并且压缩机可能会烧坏,因此要注意避免这种情况。

如果制冷剂容器颠倒,制冷剂又以液态加入液体将被压缩,并且压缩机将损坏,因此制冷剂必须以气态加入。

不要加入过量的制冷剂气体,这会引起诸如冷却不充分、燃油经济性差、发动机过热等故障。

⑦当用卤素管检漏器时,用明火有点燃爆炸性气体的危险。在用此检漏器前,首先检查邻近地区是否存在易燃、易爆的材料。尽管制冷剂是无毒的,但一旦它暴露于明火,就变成有毒的。为此,如果检漏器中的火焰颜色发生变化,特别小心不要吸入检漏器发出的气体。

2. 空调系统的人工检查

空调系统的人工检查,如图9-71所示。

①传动皮带是否松弛。如果传动皮带

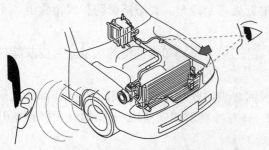

图9-71 采用人工视听方式检查

松,它将会打滑,造成磨损。

②鼓风量不足。检查清洁空气过滤器的污垢和阻塞情况。

③压缩机附近听到噪声。检查压缩机安装螺栓和托架螺栓是否缺失或松动。

④压缩机内部有噪声。可能是其内部构件损坏引起噪声。

⑤冷凝器散热片被污垢和灰尘覆盖。如果该冷凝器散热片覆盖有污垢和灰尘,该冷凝器的冷却效率可能会明显降低。处置时,可对冷凝器进行洗刷,除去所有污垢和灰尘。

⑥制冷系统连接处或接头上有油污。连接处或接头上的油渍指示制冷剂从哪个地方泄漏。如果发现这种油污,应该重新紧固零件,或根据需要更换,以便停止气体渗漏。

⑦送风机附近听到噪声。将送风机开关旋到 LO、MED 和 HI 等位置,如果产生异常噪声或电机旋转不适当,须更换鼓风机电机。异物进入鼓风机也会产生噪声,电机安装不合适可能导致异常旋转,因此,更换鼓风机电机前要充分检查这些因素。

⑧通过观察孔检查制冷剂量。如果在观察孔可以看到大量气泡流过,制冷剂不足,因此补加制冷剂到恰当的程度。在这时候也要如前所述检查油渍,确信没有制冷剂渗漏。

3. 制冷系统工作压力的检测方法

要了解汽车空调制冷系统工作循环进行的情况,必须测量制冷系统工作时高压侧和低压侧的压力,检修方法如下:

①当用歧管压力表执行故障诊断时,遵循以下条件。

◇发动机冷却剂温度:在预热以后;

◇所有的车门:全部打开;

◇气流选择器:"FACE";

◇进气口选择器:"RECIRC";

◇发动机转速:1500r/min(R134a),2000r/min(R12);

◇送风机转速选择器:高;

◇温度选择器:MAX COOL;

◇A/C 开关打开;

◇A/C 进口温度达到 30~35℃。

②将歧管压力表正确连接到制冷系统相应的检修阀上,如果是手动阀,应使阀处于中间位置。

③关闭歧管压力表上的两个手动阀。

④用手拧松歧管压力表上高低压注入软管的联结螺母,让系统内的制冷剂将高压注入软管内的空气排出,然后再将联结螺母拧紧。

⑤起动发动机并使发动机转速保持在 1000~1500r/min,然后打开空调 A/C 开关和鼓风机开关,设置到空调最大制冷状态,鼓风机高速运转,温度调节在最冷。

⑥关闭车门、车窗和舱盖,发动机预热。

⑦把温度计插进中间出风口并观察空气温度,在外界温度为 27℃时,运行 5min 后出风温度应接近于 7℃。

⑧观察高低压侧压力,压缩机的吸气压力应为 207Pa~24kPa,排气压力应为 1103~1633kPa。如果电磁离合器工作,在离合器分离之前记录下数值。

⑨如果压力异常,其原因及检修方法见表9-4。

制冷系统工作压力的检修 表9-4

现　象	原　因	检　修
低压侧压力低 高压侧压力高	①膨胀阀损坏; ②制冷剂软管堵塞; ③储液干燥器堵塞; ④冷凝器堵塞	①更换膨胀阀; ②检查软管有无死弯,必要时更换; ③更换储液干燥器; ④更换冷凝器
高、低压压力正常 (冷气量不足)	①系统中有空气; ②系统中润滑油过量	①抽真空、检漏并加注制冷剂; ②排放并抽油,恢复正常油量,抽真空、检漏并加注系统
低压侧压力低 高压侧压力低	①系统中制冷剂不足; ②膨胀阀堵塞	①抽真空、检漏并加注系统; ②更换膨胀阀
低压侧压力高 高压侧压力低	①压缩机内部磨损泄露; ②缸盖密封垫泄露; ③压缩机皮带打滑	①拆下压缩机缸盖,检查压缩机。必要时更换阀板总成,如果压缩机堵塞或缸体磨损严重或损伤,更换压缩机; ②更换缸盖密封垫; ③调整皮带张紧度
低压侧压力高 高压侧压力高	①冷凝器叶片堵塞; ②系统中有空气; ③膨胀阀损坏; ④皮带松弛或磨损; ⑤制冷剂加注过量	①清扫冷凝器叶片; ②抽真空、检漏并加注系统; ③更换膨胀阀; ④调整或更换皮带; ⑤释放少量制冷剂

4. 由歧管压力表的显示判断系统状态

(1) 显示正常

如果制冷循环正常(见图9-72),表压值如下:

①低压侧 0.15~0.25 MPa;

②高压侧 1.37~1.57 MPa。

(2) 制冷剂量不足

如图9-73所示,如果该制冷剂量不足,低压和高压侧两者的表压低于标准值。

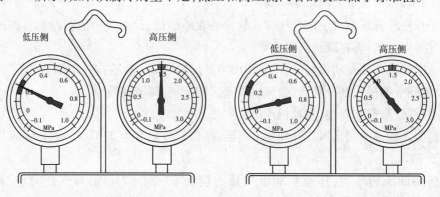

图9-72　正常状态的歧管压力表显示　　　　图9-73　制冷剂不足

制冷剂不足的症状为:低压和高压侧压力均低,观察窗可以看见气泡,车内冷气不足。

产生的原因:制冷剂量少、管路漏气。

处置方法:检查气体泄漏并维修,补加制冷剂。

(3)制冷剂过多或冷凝器冷却不足

如果制冷剂过多或冷凝器冷却不足,低压和高压侧表压显示高于标准值,如图9-74所示。

制冷剂过多或冷凝器冷却不足的症状:低压和高压侧压力均高;甚至低速运行时,观察孔也看不到气泡,冷气不足。

产生的原因:制冷剂过多、冷凝器冷却差等。

处置方法:调节到正确的制冷剂量;清理冷凝器;检查恢复的冷却系统(电扇等)正常状态。

(4)制冷剂中有水

当潮气渗透到循环中时,在空调运行开始时表压正常。经过一段时间以后,低压侧逐渐指示有一真空压力。在几秒至几分钟以后,表压被恢复到标准值。这一周期反复。当有潮气渗透时,在膨胀阀附近反复冰冻和熔化,这一现象反复发生。

制冷循环有潮气的症状:空调器起动时操作正常,经过一段时间以后低压侧逐渐指示有一真空压力,如图9-75所示。

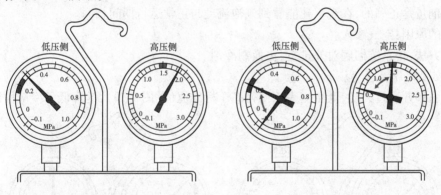

图9-74 制冷剂过多或冷凝器冷却不足　　　　图9-75 制冷剂中有水

产生的原因:有水分渗入。

处置方法:更换储液罐;在重新加制冷剂之前,须将系统彻底排空,这将除去系统的潮气。

(5)压缩机中的压缩不足

当在压缩机中有压缩缺陷发生时,低压侧表压高于标准值。高压侧表压低于标准值,如图9-76所示。

压缩机中压缩不足的症状:歧管压力表的低压侧高、高压侧低;立刻关掉空调时,高压侧和低压侧将恢复到同一压力;压缩机壳体不烫手;车内冷却不足。

产生原因:压缩机内部损坏。

处置方法:更换压缩机。

(6)制冷循环管路中阻塞

由于制冷剂不能循环(由于冷冻剂循环阻塞),低压侧表压指示一真空压力值。高压侧表压变得低于标准值,如图9-77所示。

制冷循环管路中阻塞的症状:对于完全阻塞,低压侧立刻指示真空压力(不能制冷);有阻塞趋向时,低压侧逐渐指示一真空压力值(制冷取决于阻塞程度);在阻塞部分前后有温差。

产生的原因:灰尘或冰冻潮气堵塞膨胀阀、EPR 或其他的孔阻止制冷剂的流动,热传感杆漏气。

处置方法:查清楚阻塞的原因。更换造成阻塞的部件。彻底将系统对外排空,重新灌注制冷剂。

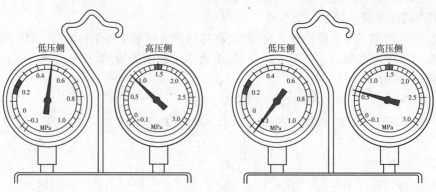

图 9-76　压缩机中的压缩不足　　　　图 9-77　循环管路堵塞

(7)制冷循环中有空气

当空气渗透入制冷循环时,低压和高压侧表压均高于标准值,如图 9-78 所示。

制冷循环中有空气的症状:低压和高压侧压力均高,冷却性能与低压的降低成比例变化。如果制冷剂量是正确的,在观察孔能看到气泡流动与正常运行期间相同。

产生的原因:空气渗入。

处置方法:将系统彻底对外排空,更换制冷剂。

(8)膨胀阀开启过度

当膨胀阀开启过大时,低压侧表压变得高于标准值(见图 9-79),这降低了冷却性能。

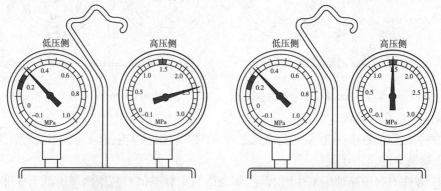

图 9-78　制冷循环中有空气　　　　图 9-79　膨胀阀开启过度

膨胀阀开启过度的症状:低压侧压力上升并且冷却性能降低(高压侧压力显示几乎无变化);有霜附着于低压管路上。

产生的原因:膨胀阀故障。

处置方法:检查并维修热传感管的安装情况。

5.从制冷系统内放出制冷剂的方法

①缓慢地打开高压手动阀,以调节制冷剂流量,不要把阀门打开太大。

②检查包在排放口端的毛巾,以确认没有机油排出。

③在高压表计数降到 350kPa 以下时,缓慢地打开低压手动阀。

④当系统压力下降时,逐渐打开高压和低压手动阀,直到两者压力计的读数达到 0kPa 为止。

排出制冷剂时,要慢慢地打开阀门,让制冷剂慢慢地流出,以免带走冷冻机油,并且不可让制冷剂喷到车身壁面或车内,最好通过白毛巾或干净的布料放出,从而方便判断有无油被带出。若发现布上有油迹,则要进一步关小阀门。过快排放制冷剂还可能造成压缩机阀门损坏。

6. 制冷系统抽真空的方法

抽真空之前,应进行泄漏检查。抽真空也是对其系统气密性的进一步检查。

①如图 9-80 所示,把冷气系统、歧管压力表组件以及真空泵连接好。

②打开歧管压力表组件的高、低压力手动阀,启动真空泵,观察低压表指针,应该有真空显示。

③操作 10min 后,低压表应达到 79.8kPa 的真空度,高压表指针应略低于零刻度,如果高压指针不低于零刻度,表明系统内有堵塞,应停止操作,清理好故障,再抽真空。

④如果操作 10min 后达不到此数值,应关闭低压侧手动阀,观察低压表指针,如果指针上升,说明真空有损失,要查泄漏点,进行检修后才能继续抽真空,这一步也就是真空试漏法。

⑤抽真空总的时间不应少于 30min,充分排除系统中的水分之后,才可以向系统中充注制冷剂。

7. 加注制冷剂的方法

加注制冷剂的方法一般有以下 2 种:

(1) 从高压侧加注液态制冷剂(适合给新系统加注制冷剂)

①当系统抽完真空之后,关闭歧管压力表组件的高、低压两侧手动阀。

②将中间软管的一端与制冷剂注入阀的接头连接起来,如图 9-81 所示,打开制冷剂罐开启阀,再拧开歧管压力表组件软管一端的螺母,让制冷剂溢出少许,把空气赶走,然后再拧紧螺母。

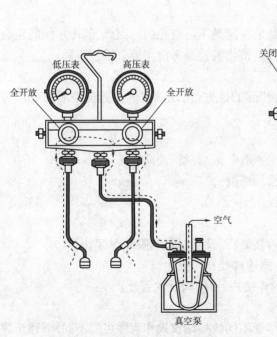

图 9-80 抽真空连接

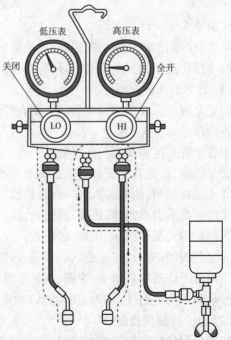

图 9-81 液态制冷剂的加注

③拧开高压侧手动阀到全开的位置,把制冷剂罐倒立,以便从高压侧注入液态制冷剂。

④从高压侧注入液态制冷剂两罐以上,或按规定的量注入。要特别注意的是:从高压侧向系统注入制冷剂时,千万不能启动发动机,而且在充注时不能拧开低压侧手动阀。

(2) 从低压侧加注气态制冷剂（适合给空的或部分空的空调系统补充加注制冷剂）

①按图9-82所示，把歧管压力表组件与压缩机和制冷剂罐连接好。

②打开制冷剂罐，拧松中间注入软管在歧管压力表组件侧的螺母，直到听见制冷剂蒸气有流动的声音，然后拧紧螺母。其目的是将注入软管中的空气赶走。

③打开低压阀，让制冷剂进入系统。当系统的压力值达到420kPa时，关闭低压手动阀。

④起动发动机，把空调开关接通，把风机开关和温度开关都开到最大。

⑤再打开低压侧手动阀，让制冷剂继续进入冷气系统，直到充注量达到规定值为止。

⑥充注完毕之后，关闭歧管压力表组件的低压侧手动阀，关闭装在制冷剂罐上的注入阀，使发动机停止运转，从压缩机上迅速拆除制冷剂软管接头。此时要特别注意，高压侧管路里的制冷剂处于高压状态，因此必须十分小心，以防止制冷剂喷出损伤眼睛和皮肤。

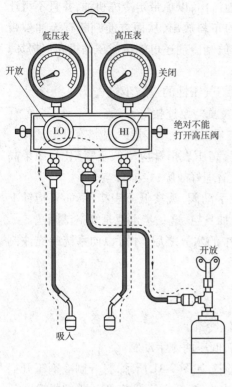

图9-82 气态制冷剂的加注

8. 制冷系统的检漏方法

由于制冷剂的渗透能力很强，制冷系统的泄漏是不可避免的。因此，制冷系统的检漏作业在空调维修作业中是一个重要的环节。目前，常用的检漏方法主要有以下3种：

(1) 肥皂泡沫法检漏

把肥皂溶液涂在所有接头处和怀疑有泄漏的地方，出现气泡的位置便是泄漏处。需要重点检查渗漏的部位是：

①各个管道接头及阀门连接处；

②全部软管，尤其在管接头附近观察是否有气泡、裂纹、油渍；

③压缩机轴封、前后盖板、密封垫、检修阀等处；

④冷凝器表面被刮坏、压扁、碰伤处；

⑤蒸发器表面被刮坏、压扁、碰伤处；

⑥膨胀阀的进出口连接处，膜盒周边焊接处，以及感温包与膜盒焊接处；

⑦储液干燥器的易熔塞、视窗、高低压阀连接处；

⑧歧管压力表组件（如果安装的话）的连接头、手动阀及软管处。

(2) 电子检漏仪检漏

按照检漏仪厂商的说明书进行检查，尽管不同的检漏仪操作程序可能不同，下列步骤可用作指导。

①旋转"ON/OFF"开关到"ON"。

②将灵敏度开关拨至"LEVEL1"（R12）或"LEVEL2"（R134a）。

③调节平衡直到听到最大警报声，再往回调节直至听到缓慢连续的滴嗒声，最下面的指示

灯有一个闪亮为止。

④开始搜索泄漏。把测针慢慢靠近被检测处的下方,如果检测仪发出警报声,说明此处存在泄漏。

电子检漏仪应在良好通风的地方使用,避免在存放爆炸性气体的地方使用,实施检查时,发动机要停止转动。不能将探头置于制冷剂有严重泄漏的地方,这样会使检漏仪的灵敏元件受到损坏。

(3)加压检漏

正确连接歧管压力表组件,如图9-83所示。高压软管接在高压管道上,低压软管接在低压管道上,操作时注意:将歧管压力表组件与压缩机高、低压检修阀连接时,只能用手(不能用工具)拧紧其螺母,以防止损坏设备。还应正确判断压缩机高、低压侧,具体判断方法如下:

①按制冷剂流向判断:从压缩机流向冷凝器的方向的是高压侧,从蒸发器流向压缩机方向的是低压侧。

②按管道的冷热判断:将压缩机工作几分钟以后,停止运转,用手触摸压缩机向外连接的管道,热的为高压侧,冷的为低压侧。

③按制冷剂管的粗细判断:与粗管道连接的检修阀是低压阀,与细管道连接的检修阀是高压阀。

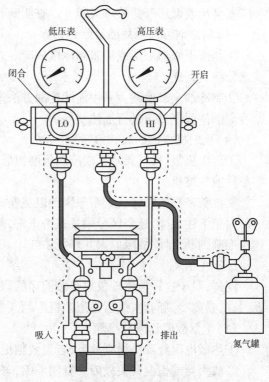

图9-83 加压检漏示意图

打开高低压检修阀,向系统中充入干燥的压缩氮气。当压力达到1.5MPa时,停止充气。经过长时间后,如压力无明显下降,说明系统无泄漏。

9.4.3 空调系统常见故障诊断与排除

由于汽车空调的制冷系统结构复杂,总成多,连接管路多,在恶劣的运行环境中比较容易出现故障,因此汽车空调的故障绝大部分出在制冷系统中。制冷系统常见的故障现象有:没有冷气、冷气不足、冷气不连续、冷气系统噪声大等。

1. 没有冷气

对于这种现象,检查时首先考虑开关接头和电气元件电路问题,其次是制冷剂问题,最后是压缩机问题,诊断程序如下。

(1)开关接头故障诊断及排除

①A/C熔断丝烧坏。查找原因更换熔断器。

②A/C开关故障。查明原因,修复或更换。

③电路断路故障。查明原因,修复或更换。

④电路中接线接头脱落、折断。检查线路,将线路接通。

(2)电气元件故障诊断及排除方法

①总继电器接触不良或其他故障。检查继电器,修复或更换。

②离合器电磁线圈短路烧毁。更换离合器电磁线圈。

③恒温开关或放大器失灵。查明损坏原因,更换损坏元件。
④热敏电阻器故障。若查明有故障则更换。
⑤蒸发器风机或继电器故障。若是风机故障则修复或更换,若是继电器故障应修复或更换。
⑥高压或低压开关故障或断开。查明断开原因,若有故障则修理或更换。

(3)制冷剂方面的故障诊断和排除

①储液干燥器脏堵或膨胀阀冰堵故障。查明原因,按说明书提示的方法排除系统内脏物或水分使其畅通。
②制冷剂全部泄漏。采用前述检漏方法进行制冷剂泄漏检测,若泄漏则修复泄漏部位,按制冷剂加注程序重新进行加注制冷剂。

(4)压缩机方面的故障诊断和排除

①压缩机吸、排气阀片折断或阀板磨损导致系统高、低压部分串通。查明原因,更换相关零部件或压缩机。
②缸盖密封垫损坏。查明原因予以更换。

对于上述故障,还要区分风量是否正常,同时压缩机是否能正常运转,逐一排除各种可能,作出准确判断,排除故障原因并修复系统。

2. 冷气不足

同样,对于这种故障现象也是按前述的原则进行判断。检查时首先考虑电气元件电路问题,其次是制冷剂问题,最后是压缩机问题。

(1)电器故障诊断和排除

①热敏电阻故障。检查故障,若失效则更换。
②放大器或恒温开关故障。查明原因,若失效则分别予以更换。

(2)制冷剂方面的故障诊断和排除

①制冷系统中制冷剂过多或不足。查明原因,按使用说明书的规定和操作规程,抽出多余的制冷剂或补充适量的制冷剂。
②系统内有空气,此时应按排除系统内空气的操作方法,将制冷剂放出,并将系统抽成真空状态,然后再补充规定量的制冷剂。
③压缩机润滑油过多,此时应排除多余润滑油。
④储液干燥器堵塞。更换滤网,若故障还不能排除则应更换。
⑤膨胀阀堵塞。清洗滤网或更换膨胀阀。
⑥节流孔管系统的孔管堵塞。卸下滤网清洗,并更换气液分离器。

(3)压缩机方面的故障诊断和排除

①压缩机运转不正常,排除压缩机内部故障。
②压缩机传动带打滑,检查压缩机传动带松紧情况,予以调整。
③电磁离合器打滑,检查磨损情况,必要时更换。
④压缩机进、排气腔串通,更换相关零部件或压缩机。

(4)蒸发器、冷凝器方面的故障诊断和排除

①蒸发器风机转速慢,检查接头是否松动,调速电阻是否失效,若排除前述现象,则应更换风扇。
②蒸发器压力控制阀工作不良,更换压力控制阀。

③冷凝器的气流不畅通,应清理冷凝器表面。
④蒸发器结霜堵塞。调整恒温开关或蒸发压力控制阀。
⑤蒸发器的气流不畅通。清理蒸发器表面,修复温度混合风门。
(5)其他故障
例如车身密封不良,有明显泄漏处,应修补车身。
同理,对于上述故障也要区分风量是否正常,检查蒸发器风机工作是否正常,能否将冷气送到出风口,逐一排除各种可能,作出准确判断,排除故障原因并修复系统。
3.冷气不连续
(1)开关接头及电器元件故障诊断及排除方法
①连接插头插座接触不良,若无法接牢插座则将其更换。
②总继电器或风扇继电器故障,更换相应继电器。
③风扇变阻器故障,更换之。
④风扇电动机接触不良,更换风扇电动机。
⑤恒温器或放大器故障。检查热敏电阻是否失效,否则对上述部件分别进行更换。
⑥恒温器断开温度过低,重新调整。
(2)膨胀阀故障诊断和排除
膨胀阀工作不良,检查感温包是否松动,固定感温包,否则更换膨胀阀。
(3)蒸发器方面的故障诊断和排除
蒸发器蒸发压力控制阀工作不良,更换蒸发压力控制阀。
(4)压缩机方面的故障诊断和排除
①离合器线圈电路接触不良或搭铁松动,补焊接头,将搭铁端拧紧。
②离合器电压低而有时打滑,检查系统电路,保证供给电压正常。
③离合器打滑或磨损严重。若离合器摩擦面有油渍则进行清洗,否则更换磨损件。
对于上述故障,也要区分压缩机是否能正常运转,若压缩机能正常运转,则排除压缩机有故障,否则故障原因出在压缩机部分。
4.冷气系统噪声大
制冷系统噪声分为系统外部噪声和系统内部噪声。汽车空调制冷系统的噪声主要来自系统外部噪声。系统外部噪声主要有:
(1)传动系统故障诊断和排除
①带轮松弛打滑或磨损严重。调整张紧装置,磨损严重的则应更换带轮。
②带轮中心线不平行引起压缩机振动。重新安装压缩机,使其中心线平行。
③带轮轴承磨损。更换带轮或离合器。
(2)压缩机故障诊断和排除
①离合器轴承磨损、间隙过大或缺油。若是前者,应更换离合器;若为后者,则加润滑油即可。
②压缩机安装螺钉松动,固定支架松动。检查拧紧螺钉即可。
③吸、排气阀片损坏。更换吸、排气阀片。
④活塞环磨损。维修或更换压缩机。
(3)制冷剂方面的故障诊断和排除
①制冷剂过量引起的高压侧压力过高,引起压缩机的敲击声。应排放制冷剂,按说明书将

高压侧压力调至正常。

②制冷剂不足引起蒸发器进口的"嘶嘶"声。首先检查有无泄漏,若有泄漏,则应修复,然后加足制冷剂。否则,直接补充制冷剂。

③制冷系统有水分引起膨胀阀发出噪声。更换储液干燥器,放掉原制冷剂,重新充注制冷剂。

(4) 风机方面的故障诊断和排除

①风扇叶片变形或断裂引起的噪声,更换风扇。

②风机支架松动或断裂。拧紧支架固定螺栓或更换支架。

③风机轴承损坏,更换轴承。

9.5 空调系统实训项目

实训目标:通过该项目的练习之后,将能够熟练使用加注制冷剂用的歧管压力计,完成空调制冷剂的灌注作业。

实训工具和设备:带空调的车辆、歧管压力计组件、气体泄漏检测仪。

技术资料:所用车型的维修手册、本教材。

1. 连接歧管压力计组件和泄漏检测仪

(1) 操作过程

关闭高压侧和低压侧歧管阀(注意:关闭阀门时,不要拧得过紧)。

①检查各个软管是否有裂纹或膨胀以及橡胶状况。

②将低压侧和高压侧软管连接到歧管压力计上。

③将低压侧歧管软管连接到车辆的低压侧维修阀上(参见维修手册)。

④将高压侧歧管软管连接到车辆的高压侧维修阀上。

⑤将中央软管接头连接到歧管压力计上。

⑥将中央软管接在歧管压力计和真空泵之间。

⑦打开真空泵并慢慢打开低压侧歧管阀。

⑧当低压侧仪表达到 -500mmHg 时,慢慢打开高压侧歧管阀。

⑨在新系统上,保持 -760mmHg 的最小真空度 5~10min。

(2) 操作提示

不要试图将 R134a 系统的维修工具、测量仪表等用于 R12 系统,反之亦然。在连接软管时,小心不要损坏螺纹。海拔高度每升高 1000m,压力计读数将降低大约 85mmHg。

2. 抽真空

(1) 操作过程

①排空 20min(或更长时间)后,关闭高压侧歧管阀。

②关闭低压侧歧管阀并关闭真空泵。

③按照罐开关制造厂家的说明,小心地将罐开关装到制冷剂罐上(当您使用的是容器型制冷剂时,跳过这一步)。

④从真空泵断开中央歧管软管并将软管连接到罐开关/容器阀门。

(2) 进行上述操作后,回答下列问题:

①记录低压侧压力计读数。

_____ kPa

②10min 后,重新检查低压侧压力计读数,并记录到下面。

_____ kPa

③气密性是否在规定范围内?

    是 / 否

3. 加注制冷剂

(1) 操作过程

①确认歧管压力计组件处的所有三个软管接头都已拧紧。

②在使用一罐新制冷剂时,将罐开关阀顺时针转动到最大位置(当您使用的是容器型制冷剂时,跳过这一步),如图9-84所示,打开开关/罐阀门。

③松开歧管处的中央软管接头,让制冷剂流出,时间不要超过 2～3s,然后重新快速拧紧歧管处的软管接头,如图9-85所示。

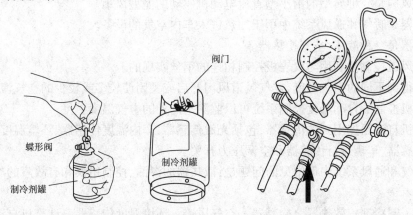

图9-84 打开开关/罐阀门方法   图9-85 歧管压力表中央软管

④在发动机关闭情况下,慢慢打开低压侧歧管阀,开始加注。当高压侧和低压侧压力计读数大致相等时,关闭低压侧歧管阀。

⑤确认高压侧和低压侧歧管阀门关闭,在空调关闭和车窗完全打开情况下,启动发动机并让其怠速运行。将空调控制器设定在最大制冷位置,将鼓风机速度设定在最高速度。

⑥快速打开→关闭→打开→关闭空调开关几次,以防由于"负荷冲击"造成压缩机的启动损坏。在空调开关位于"ON"(打开)位置情况下,完成该操作。让发动机以 1500r/min 的转速运行。

⑦在制冷剂罐/容器连接和维修软管净化干净后,慢慢打开低压侧歧管阀,同时检查低压侧压力计读数是否低于0.3MPa。加注的同时检查已加注的制冷剂量。

⑧对于 R12 在观察窗中检查。当系统完全加注后,关闭低压侧歧管阀。关闭制冷剂罐/容器处的阀门。

⑨检查空调系统性能,进行泄漏检查测试。

⑩从维修口断开低压侧和高压侧软管,并装上维修口盖(盲盖)。放回设备,并清理工作场所。

(2) 操作提示

①注意穿戴上安全装备(护目镜和手套)。

②如果制冷剂用完,先关闭低压侧歧管阀,然后关闭罐/容器阀,最后松开罐开关处的接

头,慢慢清除维修软管中的制冷剂。

③在加注时,不要让制冷剂罐/容器头朝下,除非使用了制冷剂称重计(制冷剂定位必须考虑蒸气)。

④一定要在通风良好的场所进行泄漏检查,在检查泄漏前,不要从车辆上断开高压或低压软管。

9.6 模块小结

1. 小结

①在任何天气状况下,暖气和通风系统都可以保持乘客室内适宜的温度。
②自然通风系统利用向前运动的汽车产生的迎面气流强制空气进入车内。
③当汽车停驶时,风机风扇可以提供空气的运动。
④风机风扇是一种典型的由小型直流电动机驱动的笼型风扇。
⑤散热器是暖气和通风系统中用于加热进入车内空气的设备。
⑥散热器是一种液体/空气换热器。
⑦机械风道控制是利用与仪表板控制相连的钢丝实现的。
⑧为了得到不同的空气温度,空气风道风门开启或关闭使较多或较少的空气流过散热器。
⑨计算机控制的自动温度控制系统可以监测车内外的空气温度。
⑩计算机自动温控用到的传感器,包括光敏传感器、车内温度传感器、环境温度传感器、发动机温度传感器、车辆运行传感器和空调压力开关。
⑪在暖气和通风系统中最常见的问题是:散热器的渗漏、控制错误和有故障的冷却系统。

2. 专业术语

压缩机　制冷剂　散热器　冷凝器　空气风道　环境温度传感器　计算机自动温控

模块十　汽车电路及故障解析

学习目标

1. 在掌握汽车电器的结构、功能与工作原理的基础上全面掌握汽车电器故障的综合分析和相关处置技能；
2. 学习掌握汽车电器的主要检测与分析方法，能够熟练使用检测设备；
3. 正确判读汽车电路，能够进行汽车电器的基本检测工作。

学习重点

1. 汽车电路及标识的释读；
2. 汽车电气的故障代码分析；
3. 数据流和波形分析。

学习难点

1. 汽车电气的故障代码分析；
2. 数据流和波形分析。

10.1　概述

汽车电气系统较为复杂，特别是现代汽车为了提高性能，电器设备越来越多，电气系统的构成也随之复杂和智能化。而汽车电路则是将这些越来越复杂的电气系统按照它们各自的工作特性和相互的内在联系，通过电力网络和数据网络连接起来，构成的一个完整的供电和用电系统。因此，熟悉掌握汽车电路及其故障的解析方法对汽车电器维修工作有着积极的意义。

10.1.1　汽车电气的线材及标识

在汽车电器维修中，辨别线缆和查阅电路图是技术人员的基本工作内容。熟悉掌握汽车电气线缆规定和电路图的释读知识与技能是工作的基础。

汽车电气线路所用导线相对简单。在当今主流车型上，按其传输内容可分为数据线和电力线两类；按其工作电压则可分为低压导线和高压导线两种类型；而低压导线又分为普通导线、特种电缆两种类型。

1. 数据导线

车载数据网具有多种网络总线，数据导线根据其所在的总线类型，有 CAN 总线、LIN 总线、MOST 总线之分。因前面的模块已有相关的介绍，这里不再赘述。

2. 普通低压导线

车上使用的普通低压导线为铜质多丝软线，根据外皮绝缘包层的材料不同，又分为 QVR

型(聚氯乙烯绝缘包层)和 QFR 型(聚氯乙烯丁腈复合绝缘包层)两种。

(1) 导线的线径

导线的线径主要根据用电设备的工作电流进行选择,考虑到其耐久性,汽车电气系统中所用的导线线径均在 0.5mm² 以上。汽车用低压导线的参数见表 10-1,12V 规格的电气系统主要线路导线线径见表 10-2(注:数据来自行业标准 JB/T 8139—1999)。

QVR 汽车低压导线的参数   表 10-1

标称线径 (mm²)	线芯结构		电流值 (A)	绝缘层标称厚度 (mm)	电线最大外径 (mm)
	根数(根)	单根直径(mm)			
0.50	16	0.20	3	0.60	2.40
0.75	24	0.20	5	0.60	2.60
1.00	32	0.20	11	0.60	2.80
1.50	30	0.25	14	0.60	3.10
2.50	49	0.25	20	0.70	3.70
4.0	56	0.30	25	0.80	4.50
6.0	84	0.30	35	0.80	5.10
10	84	0.40	50	1.00	6.70
16	126	0.40	65	1.00	8.50
25	196	0.40	92	1.30	10.60
35	276	0.40	115	1.30	11.80
50	396	0.40	144	1.50	13.70

12V 规格全车电气系统主要线路导线线径   表 10-2

标称线径(mm²)	使 用 位 置
0.50	示宽灯、顶灯、指示灯、仪表灯、牌照灯、刮水器、电钟、燃油表、冷却液温度表、油压表等电路
0.80	转向灯、制动灯、停车灯、断电器等电路
1.00	前照灯、电喇叭(3A 以下)电路
1.50	前照灯、电喇叭(3A 以上)电路
1.50 ~ 4.00	其他 5A 以上电路
4 ~ 6	柴油车电热塞电路
6 ~ 25	发电机电源电缆
16 ~ 95	起动机电缆

(2) 导线的颜色和色标

为了便于维修,汽车线束中的导线常以不同的颜色加以区分并在电路图中加以标注。其中线径在 4mm² 以上的导线采用单色,而线径 4mm² 以下的导线均采用双色,搭铁线则均为黑色。

汽车用低压导线的颜色与代号依据国标而制定,详见表 10-3。汽车电气系统中各系统的主色见表 10-4。单色线的颜色由表 10-3 所示的颜色组成,双色线的颜色由表 10-3 所示的两种颜色配合组成。主色条纹与辅助色条纹沿圆周表面的比例为 3∶1 ~ 5∶1。双色线的标注第一色为主色,第二色为辅助色,如图 10-1 所示。

模块十 汽车电路及故障解析

低压导线的颜色与代号　　　　　　　　　　　　　表 10-3

线　色	常用缩写	中文	线　色	常用缩写	中文
Black	BLK/B	黑色	Light Green	LT GRN	浅绿
Blue	BLU/BL	蓝色	Orange	ORG/O	橙色
Brown	BRN/BR	棕色	Pink	PNK/P	粉红
Clear	CLR/CL	透明	Purple	PPL/PP	紫色
Dark Blue	DK BLU	深蓝	Red	RED/R	红色
Dark Green	DK GRN	深绿	Tan	TAN/T	褐色
Green	GRN/G	绿色	Violet	VIO/V	粉紫
Gray	GRY/GR	灰色	White	WHT/W	白色
Light Blue	LT BLU	浅蓝	Yellow	YEL/Y	黄色

汽车电气系统中各系统的主色　　　　　　　　　　表 10-4

序　号	系统名称	主　色	颜色代号
1	电源系统	红	R
2	点火、起动系统	白	W
3	雾灯	蓝	BL
4	灯光、信号系统	绿	G
5	车身内部照明系统	黄	Y
6	仪表、报警系统	棕	Br
7	音响、点烟器等辅助系统	紫	V
8	各种辅助电动机及电器操纵系统	灰	Gr
9	搭铁线	黑	B

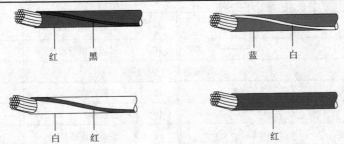

图 10-1　汽车导线的颜色

(3) 导线在线路图中的表示方法

在汽车电器设备的线路图中，导线上一般都标注有符号，该符号用来表示导线的线径和颜色。导线的线径标注在颜色代码前面，单位为 mm^2 时不标注，例如："2.5R"表示导线线径为 $2.5mm^2$ 的红色导线；"1.5G/Y"表示导线线径为 $1.5mm^2$ 的双色导线，主色为绿色，辅助色为黄色。

3. 特种电缆

(1) 启动电缆

启动电缆用来连接蓄电池与起动机开关的主接线柱，截面有 $25mm^2$、$35mm^2$、$50mm^2$、$70mm^2$ 等多种规格，允许电流达 1000A。为了保证起动机正常工作，并发出足够的功率，要求

285

在线路上每 100A 的电流电压降不得超过 0.15V。

（2）蓄电池的搭铁电缆

这种电缆是由铜丝编织而成的扁形软铜线，国产汽车常用的搭铁线长度有 300mm、450mm、600mm、760mm 四种规格。

（3）高压导线

高压导线用来传送高电压，高压导线分为铜芯线和阻尼线 2 种类型。由于高压线的工作电压很高（一般在 15kV 以上），其工作电流强度较小。因此，高压导线的绝缘包层很厚，耐压性能好，但其线芯线径很小，各汽车厂家现多采用制式成品的高压线配件供应市场。随着汽油机电控独立点火系统的普及应用，高压导线使用量越来越少，这里就不在赘述。

4. 电气元件符号

汽车电气元件的结构比较复杂，如果直接在电路图上画出电器元件，电路图将会变得异常复杂和难懂。因此，电路图在绘制中都采用相应的符号来表示各种电器元件。由于目前世界上还没有电路图符号的国际标准，各个厂家均采用自定的标准。但从目前各厂家的汽车电路图来看，虽然符号不尽相同，但其含义差别不大，并且电路图都有相应的说明来解释所采用的符号。所以，本书中仅以常用的电路图符号为例，说明电气元件的表示方法。

（1）电路图中常用的符号

汽车电路图中常用的符号见表 10-5。

电气图形符号　　　　　　　表 10-5

一、常用基本符号					
序号	名称	图形符号	序号	名称	图形符号
1	直流		6	中性点	N
2	交流		7	磁场	F
3	交直流		8	搭铁	
4	正极		9	交流发电机输出接柱	B
5	负极		10	磁场二极管输出端	D_+
二、导线端子和导线连接					
11	接点		15	屏蔽导线	
12	端子		16	接插件	
13	导线的连接		17	接通的连接片	
14	导线的交叉连接		18	断开的连接片	
三、触点开关					
19	常开、常闭触点		22	旋转多挡开关位置	
20	联动开关		23	钥匙开关（全部定位）	
21	按钮开关		24	多挡开关、点火、起动开关，瞬时位置为 2 能自动返回到 1（即 2 挡不能定位）	

续上表

序号	名称	图形符号	序号	名称	图形符号
四、电器元件					
25	可变电阻器		32	光电二极管(PNP型)	
26	热敏电阻器	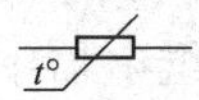	33	晶体管	
27	光敏电阻	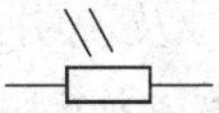	34	熔断器	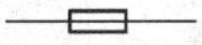
28	电容器		35	易熔线	
29	半导体二极管一般符号		36	触点常开的继电器	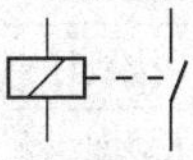
30	稳压二极管	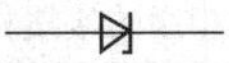	37	触点常闭的继电器	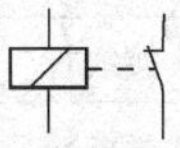
31	发光二极管		38	带铁芯的电感器	
五、电气设备					
39	照明灯、信号灯、仪表灯、指示灯		47	定子绕组为星形连接的交流发电机	
40	双丝灯		48	外接电压调节器与交流发电机	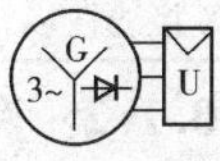
41	组合灯	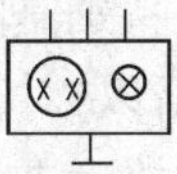	49	整体式交流发电机	
42	电喇叭	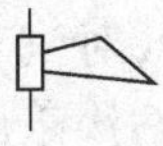	50	直流电动机	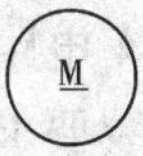
43	喇叭		51	起动机(带电磁开关)	
44	闪光器		52	永磁直流电动机	
45	霍尔信号发生器	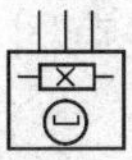	53	刮水电动机	
46	磁感应信号发生器		54	蓄电池组	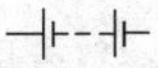

(2) 缩写词

在电路图中,为了简单表示各个系统的名称,通常采用缩写词表示该系统,如用 ECU 表示电控单元,ABS 表示防抱死制动系统等。缩写词各个公司有所不同,详情请参阅各公司的维修手册。

(3)国产汽车电器设备原理图的端子代号

端子代号是指电气元件同外电路进行连接时导电元件的代号,一般用于表示接线端子、插头、插座、连接片等类型元件上的端子。了解引线端子代号对从事汽车电器设备检修具有重要实用的意义。当电气接线和产品的类型发生变化时,不用熟知电气的内部结构也能容易地识别产品的接线端子含义。这样,即使在没有电路图和接线图的情况下,熟练的汽车维修工也能进行大部分甚至全部线路的连接与操作。例如:起动继电器中 B 接蓄电池正极,S 接起动继电器电磁开关接线柱,SW 接点火开关等。部分端子代号及说明详见表 10-6。

国产汽车电气元件端子代号及说明 表 10-6

端子名称	功能特性
30 接线柱	不论汽车是否工作,都与蓄电池正极相接,是始终有电的接线柱
31 接线柱	与蓄电池负极搭铁相连的接线柱
31b 接线柱	可以通过一个特定开关搭铁的接线柱
15 接线柱	在点火开关正常接通时才与蓄电池正极相通的接线柱
49 接线柱	转向闪光器的电源输入端
49a 接线柱	转向闪光器的闪光信号输入端
56 接线柱	接前照灯变光器的接线柱
56a 接线柱	前照灯远光灯接线柱
56b 接线柱	前照灯近光灯接线柱
58 接线柱	接示宽灯、仪表灯、尾灯、牌照灯、室内灯的接线柱
X 接线柱	只有在汽车发动机运转时,才与电源正极相接的接线柱

10.1.2 汽车电路图的释读

汽车电路图是维修汽车电器设备的重要辅助工具,特别是随着现代汽车工业的不断发展,汽车上有关电子电器的内容越来越多,电路越来越复杂,所以,对于汽车维修人员来说,有很多故障必须通过仔细阅读电路图,并根据其相应的功能才能对故障进行分析,准确查出故障的部位。

汽车电路图采用国家或相关标准规定的线路符号,对汽车电器设备的构造、组成、工作原理及安装要求所作的图解说明,也包括图例及简单的结构示图。电路图中表示的是不同电路相互之间的关系及彼此之间的连接,通过识读电路图,可以认识并确定电路图上所画电气元件的名称、型号和规格,清楚地掌握汽车电气系统的组成、相互关系、工作原理和安装位置,以便于对汽车电路进行故障诊断与维修等工作。

目前,随着汽车电气内容的增加,电路图的内容也越来越多,为了便于维修,各制造厂都将电路图单独做成电路图册提供给维修部门。电路图册中一般包含电路图的使用方法、电路中使用的缩写词、电器位置图、继电器和熔断器位置图、线束图、全车电路图等内容。

1. 汽车电路图

电路图是用图形符号按工作顺序或功能布局绘制的,详细表示汽车电路的全部组成和连接关系,不考虑实际位置的简图(见图 10-2)。

2. 汽车电气线路图

为了便于汽车电器设备的安装和线路的布置,经常需要绘制线路图。线路图是根据电器设备在汽车上的实际安装位置绘制的全车电路图或局部电路图。在线路图中电气元件与电气元件间的导线以线束的形式出现,简单明了,接近实际,对维修人员有较强的实用性(见图 10-3)。

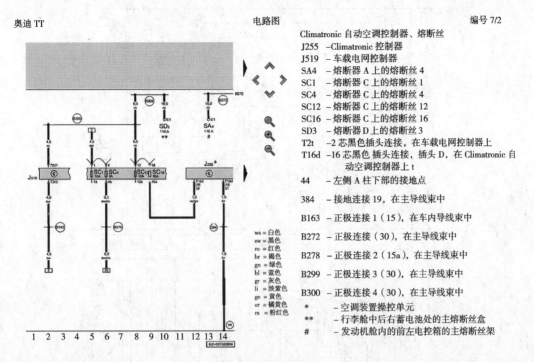

图 10-2 汽车电路图

3. 汽车电器位置图

汽车电器位置图用来表示汽车电器零件的安装位置,便于维修时查找故障零件,位置图可分为发动机舱零件位置图、驾驶室内零件位置图和车身零件位置图等。一张图表示不清时,可以用多张图表示。图 10-4 为奥迪 A6 控制单元位置图。

4. 汽车电气线束图

汽车电气线束图是表达汽车线束分布情况的图形,线束图用来说明线束在车身上的安装位置、搭铁点和线束插接器的基本情况。线束图的特点是对露在线束外面的线头与插接器详细编号,并用字母标定,配线记号的表示方法突出,便于配线,各接线端都用序号和颜色准确无误地标注出来。但线路布置图不能详细描述线束内部的导线走向(见图 10-5)。

5. 车载网络拓扑图

车载网络拓扑图是由网络节点设备和通信介质构成的网络结构图。通过网络拓扑图可很容易地熟悉掌握车载网络的各种总线和子系统(见图 1-6)。

6. 全车电路图的识图

由于各厂家汽车电路图的绘制方法、符号标注、文字标注、技术标准的不同,各种汽车电路图的画法也不同,但好在虽然表达方式不尽相同,但差别不大,并且电路图都有相应的说明来解释所采用的符号。因此,掌握汽车电路图识读的基本方法就可以对各种汽车电路图举一反三地融会贯通了。

(1)熟悉图注信息

图注是对电路图内表达内容的诠释。认真阅读图注,了解电路图的名称、技术规范、明确图形符号的含义,建立元器件和图形符号间一一对应的关系,这样才能快速准确地识图。

(2)按回路释读

回路是电学中最基本的概念,任何一个完整的电路都由电源、用电设备、开关、导线等组

汽车电器构造与维修

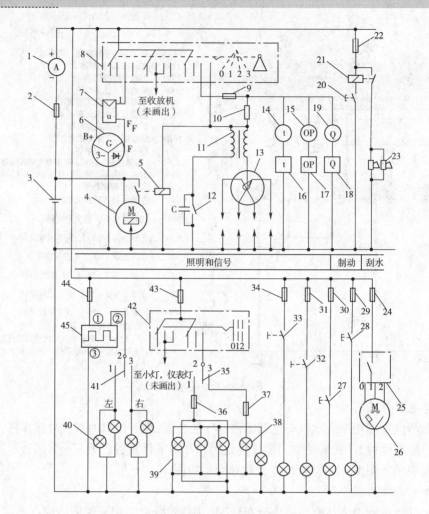

图 10-3 汽车电气线路图

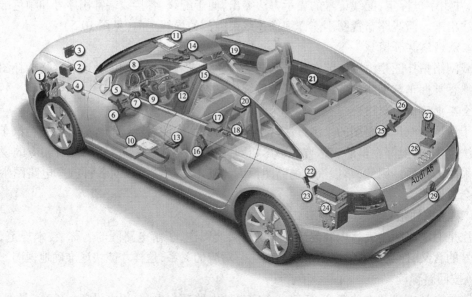

图 10-4 奥迪 A6 控制单元位置图

成。对于汽车的直流电路设备而言,电流总是要从电源的正极→导线→熔断器→开关→用电器→导线(搭铁)回到同一电源的负极。在这一过程中,只要有一个环节出现错误,此电路就不会有效。

奥迪TT

车门导线布置

安装位置

1—车门接线板-立柱A
2—左前中音喇叭-R103,右前中音喇叭-R104,在车门中间
3—驾驶人侧车内锁闭按键E308,副驾驶人侧车内锁闭按键E309
4—后视镜调节开关E43,后视镜转换开关E48
5—驾驶人车门中的电动摇窗器操控单元E512,副驾驶人车门中的电动摇窗器开关E107
6—警告装置关闭开关E217,车内监控关闭开关E183
7—驾驶人侧中央门锁锁止单元F220,后左侧中央门锁锁止单元F222
8—驾驶人侧面安全气囊碰撞传感器G179,副驾驶人侧面安全气囊碰撞传感器G108
9—J386驾驶人侧车门控制器,J387副驾驶人侧车门控制器
10—J386驾驶人侧车门控制器,J387副驾驶人侧车门控制器
11—油箱盖锁闭按键E319,后盖遥控开锁按键E233
12—左前低音喇叭R21,右前低音喇叭R23,在车门下部

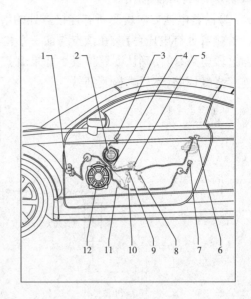

图10-5 汽车电气线束图

(3)熟悉开关的作用

开关是控制电路通断的关键,电路中主要的开关往往汇集许多导线,如点火开关、车灯总开关,读图时应注意与开关有关的信息。

①开关共有几个挡位。在每个挡位中,哪些接线柱通电,哪些断电。

②电流是通过什么路径到达这个开关的,中间是否经过别的开关和熔断器,这个开关是手动的还是电控的。

③各个开关分别控制哪个用电器,被控用电器的作用和功能是什么。

④在被控的用电器中,哪些电器处于常通,哪些电路处于短暂接通,哪些应先接通,哪些应后接通,哪些应单独工作,哪些应同时工作,哪些电器允许同时接通。

10.1.3 普通电路故障的检测方法

电路可能会出现断路、短路、搭铁或额外电压降,这些都会引起电路工作不正常。了解各种电路故障的现象,便能很快查明故障并对电路作必要的修复。

1. 断路的检测

所谓断路即电路的连通性遭到破坏,如图10-6所示。即:开关闭合时,电路回路断开,系统不工作。

断路故障可以使用电压表、试灯、有源试灯、欧姆表或借助跨接线来检测。检测一个电路的最简单的方法就是从最容易触及到的地方着手。如果很容易介入某个负载部件,就在负载部件的输入端检测电压,如图10-7,按照下列操作步骤来查找

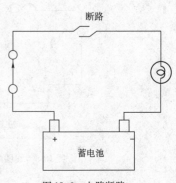

图10-6 电路断路

断路点:

(1) 检查 A 点处的电压

如果该处电压等于或大于 10.5V,则检查搭铁回路(B 点)。若电压小于 1V,则表明负载部件有故障。如果显示值大于 1V,则表明在搭铁回路中存在接触电阻或有断路。如果 A 点电压低于 0.5V,则继续检测。

(2) 沿蓄电池方向检测所有连接点处的电压

若接点处有电压存在,在该点与前一个检测位置之间则有断路(见图 10-7)。使用跨接线旁路这段电路,以便确认断路位置。如果 B 点有蓄电池电压,则在搭铁回路中有断路,用跨接线连接搭铁回路,然后再检测部件。

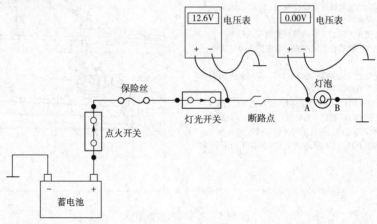

图 10-7 查找断路位置

2. 短路的检测

短路是指电流绕过正常的负载,不走正常的通路。失效的线圈是短路的例子,如图 10-8 所示。线圈里面的绕线是互相绝缘的,如果绝缘被破坏,匝间铜线与铜线接触,部分绕组被旁路,线圈通电的匝数减少,导致线圈效能降低。也就是说,由于电流绕过部分正常的电路电阻,电流必然增大,因而还会产生额外的热量。

如图 10-9 所示,两根相邻电线的绝缘层破损且铜线与铜线接触,如果是在 A 点和 B 点之间短路,灯 1 会一直点亮。如果在 B 点和 C 点之间短路,闭合灯 1 的开关,灯 2 会跟着灯 1 一起点亮。

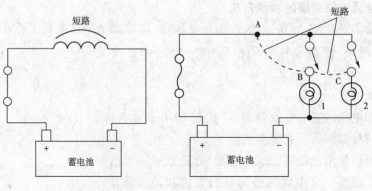

图 10-8 线圈内部短路　　图 10-9 两根相邻电线破损造成的短路

检查时,确定两导线之间由于绝缘破坏引起短路的位置是比较困难的。如果短路是在部件内部,这个部件就会工作在非正常状态或根本不工作。可用欧姆表来检查部件的电阻,若有短路,则电阻值低于规定值。

如果在电路之间发生短路,其结果是部件在不该工作的时刻进行工作。目测检查导线有无绝缘烧焦和导线线芯熔化的迹象,有助于查明短路故障。另外,还要检查两个相互影响电路共享的公共连接器。连接器的相邻两个端子之间形成腐蚀时,也可能会导致短路。注意,短路并不一定烧毁熔断丝,要检查电流的大小。

3. 搭铁回路的检测

搭铁就是因绝缘材料破损,致使电流未到达负载部件便流到搭铁点,如图 10-10 所示。例如:如果尾灯导线绝缘层破损,裸线碰到车身或车架,电流便在该处搭铁回到电源。电路被搭铁,会造成从蓄电池出来的电流过大,有可能严重损害电气系统的许多部件。如果该系统装了熔断丝,过大的电流会使其烧毁,可避免电路损坏。

熔断丝只要一插上就熔断,说明有搭铁短路的地方。如果电路没有熔断丝,则导线的绝缘层会熔化或甚至熔断线芯。当然,并非所有的搭铁都会烧毁熔断丝。如果搭铁短路发生在负载部件的搭铁回路,并且在搭铁控制的开关之前,该部件将无法关闭,如图 10-11 所示。如果搭铁短路是在负载和搭铁开关(如果应用这种控制方式)之后,电路工作不受影响。

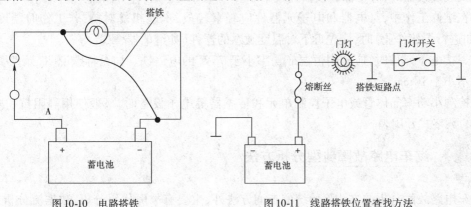

图 10-10 电路搭铁 图 10-11 线路搭铁位置查找方法

为了确定电路是否在负载之前搭铁短路,应拆下熔断丝,将试灯按照串联方式接在熔断丝接点处。如果灯亮,则电路是搭铁短路。

4. 额外电压降的检测

额外电压降是指加给负载部件的电压被电路别的地方"吞噬"(或"吞噬"一部分),而不足以用于该负载部件。这时,负载部件出现欠电压的情况。欠电压的后果表现为负载部件的工作效果随着欠电压而低下。比如,尾灯电路用了一只 12V/5W 灯泡(负载部件),尾灯达到全功率时,灯泡必须有负载电流 0.42A($I = P/U$),即全部 12V 降落在灯泡两端。如果电路中别的地方存在电阻,12V 便降低一些,可用于灯泡的电压就降低一些。因此,灯泡的亮度必然降低。额外电压降可能出现在电路的供电回路,可能出现在搭铁回路,也可能两回路都存在。

额外的电压降既可以出现在供电回路,又可以出现在搭铁回路。检测电压降时,电路必须处于工作状态(有电流),必须指定电源电压才能认可电压降读数。无论何时对电压降发生疑问,都必须检查电路中的供电回路和搭铁回路。

由高电阻引起的额外电压降可以通过灯光暗淡和闪烁、负载部件不工作或低于正常速度的电动机来辨别。接触电阻不会引起熔丝熔断。

当检测电路的搭铁回路时,负载部件的搭铁端是电路的正极,而蓄电池的负极电桩是电路的负极,如图10-12所示。通常大于0.1V的电压降表明在搭铁回路中存在接触电阻。

5.汽车电路维修注意事项

①传统的汽车电器故障检修方法采用"试火"的办法,逐一判明故障部位及其原因。但在装用电控网络线路的现代汽车上,不允许使用这种方法,必须借助于一些仪表和工具,按照一定的方法进行。

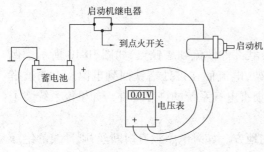

图10-12 检测启动机电路搭铁回路的电压降

②拆卸蓄电池时,应先拆下负极电缆;装上蓄电池时,则应最后连接负极电缆。拆下或装上蓄电池时,应确保点火开关和其他开关都已断开。

③靠近振动部件(如发动机)的线束应用卡子固定,并将松弛部分拉紧,以免由于振动造成线束与其他部件碰擦;紧挨尖锐金属部件的线束部分应用胶带缠好,以免磨破;安装固定零件时,应确保线束不被夹住或损坏。

④安装插接器时,应确保连接器连接牢靠。

⑤在维修工作中,对电器和电子元器件应轻拿轻放,不能粗暴对待;若工作时温度超过80℃(如进行焊接作业)时,应先拆下对温度敏感的器件(如继电器、ECU等)。

⑥焊接电子元件时,应使用恒温或功率小于75W的电烙铁。如无特殊说明,元件引脚距焊点应不小于10mm。

⑦检测小功率晶体管或电子控制单元和传感器等电子设备时,一般使用高阻抗(内阻≥10kΩ)的数字式万用表。

10.2 汽车电路故障典型分析方法

汽车电路故障分析的方法除传统的查询方法外,主要有故障代码分析、数据流分析、波形分析和温度分析等方法。

10.2.1 故障代码分析在电路中的应用

车载故障自诊断系统时刻监测汽车电控系统的工作,一旦发现问题便记录相应的故障代码,维修人员利用汽车故障检测仪通过数据连接器可以读取故障代码,依据故障代码的提示便可以确定车辆的故障部位。故障代码分析是目前汽车故障检测诊断中使用非常普遍的一种故障诊断方法。

1.故障代码分析的基本流程

根据故障代码进行车辆故障分析的基本流程,如图10-13所示。

2.故障现象和故障代码的相互关系

车载故障自诊断系统显示的故障代码有两重性:一是"自生故障",替换被读码诊断的零件后即可排除;另一种是"他生故障",是由其他因素影响而产生的,很容易造成误诊断,需要采用读码配合系统原理分析,并了解故障代码与故障现象的相互关系,方能准确判断。

故障代码所覆盖的内容,是ECU直接控制的输入和输出相关元件(如电动汽油泵的继电器)信息。非直接控制的电控元件的信息,只能通过现象来判断故障(如电动汽油泵)。因此,故障代码和故障现象之间也存在着因果关系和非因果关系。

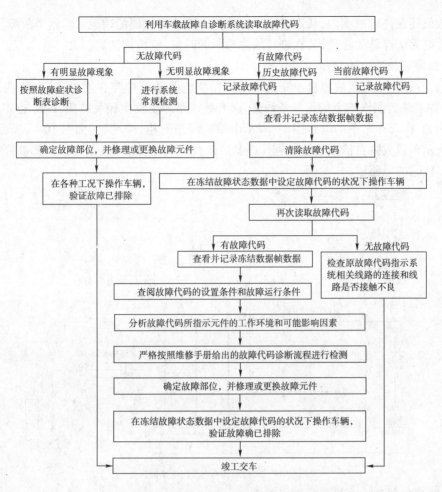

图 10-13 故障代码分析基本流程

（1）有故障代码却无故障现象

车辆在运行中曾经发生过轻微的、瞬时的偶发性间歇故障，很快又恢复正常。例如：

①偶发性一两次断火故障，瞬时断油故障；

②瞬时外界电磁波干扰故障；

③瞬时误操作又改正的故障；

④相关电子元件偶发性影响的故障。

对于此类问题，在进行故障检测的过程中，能读出故障代码，但起动发动机后故障指示灯熄灭。此时 ECU 未检查到故障而熄灭故障指示灯，读出的故障代码可能是未从 ECU 存储器中清除的历史故障代码，只要清码即可。因此，需注意一种情况，有时读出的故障代码中有几个可能是当前已不存在的历史码。这种情况，在大众奥迪车系中，读出的故障代码后面会带"/SP"。在通用车系中，明确划分为"当前故障代码"和"历史故障代码"。

（2）有故障现象却无故障代码

凡不受 ECU 直接控制的电子元件和机械元件或直控元件，因未超出值域和时域范围的，有故障现象，但无故障代码。例如：电动汽油泵油压偏低时，有怠速不稳和加速不良的故障现象，但无故障代码，严重时氧传感器会代为报警。这类故障往往是由于以下情况引起的：信号没有断路或短路，但是由于器件老化，输出特性发生变化，使信号偏离完好器件的标准信号，由于信号数值还在许可范围内,从而产生虽有故障却无故障代码的现象。对这类故障,车载故障自诊断系统无法存储故障代码,在进行故障诊断的时候,应特别注意。

(3)线路有故障也不显示故障代码

在电控系统中,车载故障自诊断系统可以监测电路系统中存在的故障(断路或短路),但是,ECU 并不是监测汽车上的每一条线路,而有些线路即使发生相关故障,ECU 也不记录故障代码。例如,在日产车系的电路图中,表示电路的线条有粗、细两种,如图 10-14 所示。其中,粗线条表示车载故障自诊断系统能够诊断其故障代码的电路,细线条表示自诊断系统不能诊断其故障代码的电路。

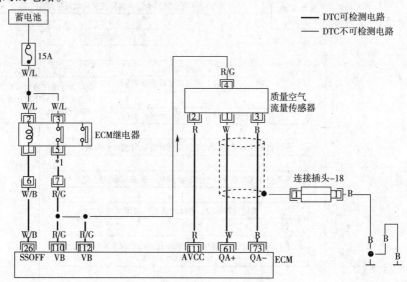

图 10-14　可检测和不可检测电路的区分

(4)故障现象和故障代码的因果关系

故障现象和故障代码的因果关系见表 10-7。

故障现象和故障代码的因果关系　　　表 10-7

故　　障	故障现象	故障代码	因果关系
有	明显	有	直接关系
有	明显	没有	间接关系
有	不明显	有	瞬时触发
有	不明显	没有	轻微故障

10.2.2　数据流分析在电路中的应用

数据流是电控单元对所控制的系统正运行的控制状态的数量表现形式。在现代汽车维修的过程中,对数据流的分析是解决汽车故障的一个基本手段,也是判断汽车故障的必要过程。

使用汽车故障电脑检测仪,可以得到大量的汽车运行数据,使用和分析这些数据,可以帮助技术人员分析故障,找到故障原因。数据流分析是运用各种测试手段对电控系统的各类相关数据参数进行综合分析的过程。

汽车故障电脑检测仪有专用检测仪和通用检测仪之分。专用检测仪是汽车生产厂家的专业检测仪,它除了具备检测仪的各种功能外,还有参数修改、数据设定、防盗密码设定、更改等各种特殊功能。专用诊断仪是各汽车厂家自行或委托设计的专业测试仪器,它只适用于本厂家生产的车型。通用检测仪是第三方厂家生产,同样具备检测仪的各种功能,适用于多种车型,但其受汽车整车厂家的技术限制,检测内容仅相当于专用检测仪的80%(使用时须注意这点差别)。

1. 数据流常用分析方法

数据流分析方法有多种,常用的有:数值分析法、时间分析法、因果分析法、关联分析法和比较分析法等。

(1)数值分析法

数值分析就是对数据的数值变化规律和数值变化范围进行分析,如转速、车速、故障检测仪读取值与实际值的差异等。

电控系统在运行时,电控单元将以一定的时间间隔不断地接收各传感器的输入信号,向各执行器发出控制指令,并对某些执行器的工作状态根据相应传感器的反馈信号再加以修正。我们可通过故障诊断仪读取这些信号参数的数值并加以分析。

例如:系统电压在发动机未启动时,其值应约为当时的蓄电池电压,在启动后应约等于该车充电系统的电压,若出现不正常的数值,表示充电系统或电控系统可能出现故障(因有些车型的充电系统是由发动机电控单元控制的),有时甚至是电控单元内部的电源部分出现故障。

某些车型冷却风扇的控制不是采用安装在散热器上的温控开关信号,而是发动机电控单元接收冷却液温度传感器的电压信号,判断冷却液的温度变化,当达到规定的温度值时,电控单元将控制冷却风扇继电器接通,使冷却风扇工作。

例如:某车发动机启动时间不长,冷却风扇即工作,此时凭手感冷却液温度只有40~50℃,有的人因无法找到真正的故障原因,只得改动冷却风扇的控制电路,用一个手动开关人工控制。

根据该车的电路图,可确定该车的风扇是由发动机电控单元控制,接上电脑检测仪,没有故障代码存在,但在观察数据时发现,故障检测仪读取的冷却液温度为115℃。根据该车的设计,该车冷却风扇的工作点为102~105℃,停止点为96~98℃。所以,可以判断电控单元对风扇的控制电路是正常的,问题在于电脑得到的温度信号是不正确的,这可能是由于冷却液温度传感器、线束接头或电控单元本身有故障。经检查发现,传感器的电阻不正确,更换后一切正常。

为什么上述情况没有故障代码呢?这是因为该车在故障代码的设定中,只规定了断路(读值一般为35℃以上)和短路(读值一般为120℃以上)状态,并不能判断传感器温度值是否反映实际温度值,当然也就无法给出故障代码了。从此例中可看出,应注意测量值和实际值的关系,对一个确定的物理量,不论是通过诊断仪或直接测量,得到的测量值与实际值应差异不大(因测量手段不同),否则,就可能是测量值有问题了。

(2)时间分析法

时间分析是对数据变化的频率和周期进行分析。电控单元在分析某些数据参数时,不仅要考虑传感器的数值,而且要判断其响应的速度,以获得最佳的控制效果。例如:氧传感器的信号,不仅要求有不断变化的信号电压,而且信号电压的变化频率在一定时间内要超过一定的次数(如某些车要求大于6~10次/10s),当小于此值时,就会产生故障代码,表示氧传感器响应过慢。

有了故障代码的故障是比较好解决的。但当次数并未低于限定值,而又已经反应迟缓时,并不会产生故障代码。此时如仔细体会,可能会感到一些故障症状。可接上电脑检测仪观察氧传感器的数据(包括信号电压和在0.45V上下的变化状态,以判断传感器的好坏)。比如大众车型,当氧传感器的响应迟缓时,往往在1600～1800r/min阶段出现转速自动波动(加速踏板不动)约100～200r/min,甚至影响加速性能。这往往是由于氧传感器响应迟缓,导致可燃比变化过大,造成转速的波动。还有对采用OBD-Ⅱ系统的车,三元催化转换器前后氧传感器的信号变化频率是不一样的。通常,后氧传感器的信号变化频率至少应低于前氧传感器的一半,否则,可能三元催化转换器的转化效率就降低了。

(3)因果分析法

因果分析是对相互联系的数据间响应情况和响应速度进行分析。在各系统的控制中,许多参数之间是有因果关系的。如电控单元得到一个输入,肯定要根据此输入给出下一个输出。在认为某个过程有问题时,可以将这些参数连贯起来观察,以判断故障出现在何处。

例如:在自动空调系统中,通常当接通空调开关后,该开关并不是直接接通空调压缩机电磁离合器,而是将开关信号作为空调请求(选择)或空调选择信号传送给发动机电控单元,发动机电控单元接收到此信号后,检查是否已满足设定的条件。若满足,就会向空调压缩机继电器发出控制指令,接通空调压缩机继电器,使空调压缩机工作。所以,当空调不工作时,可观察在接通空调开关后,空调请求(选择)、空调允许、空调压缩机继电器等参数的状态变化,以判断故障点。

(4)关联分析法

关联分析是对互为关联的数据间存在的比例关系和对应关系进行分析(指几个参数之间的逻辑关系)。电控单元有时对故障的判断是根据几个相关传感器信号的比较,当发现它们之间的关系不合理时,会给出一个或几个故障代码,或指出某个信号不合理。此时一定不要轻易地断定是该传感器不良,而要根据它们之间的相互关系作进一步的检测,以得到正确的结论。

(5)比较分析法

比较分析是对相同车型及系统在相同条件下的相同数据组进行的对比分析。在很多情况下,我们没有足够的技术资料和详尽的标准数据,无法很准确地判断某个器件的好坏。此时,可与同类车型、同类系统的数据加以比较。很多人会使用替换实验进行判断,这也是一种简单易行的方法,但在进行时,注意应首先做一定的基本诊断,在基本确定故障趋势后,再替换被怀疑有问题的器件,不可一上来就换这换那,其结果可能是换了所有的器件,仍未发现问题。还有要注意的是用于替换的器件一定要确认是好的,而不一定是新的,因新的未必是良好的。这是做替换实验的基本准则。

2.数据流分析的一般步骤

(1)有故障代码时

在进行故障代码分析并确认有故障代码存在时,一方面可以利用查看记录故障代码时的冻结数据帧,确认故障代码发生时的车辆运行工况,同时可以使车辆在冻结数据帧提示的工况下进行故障验证,从而快速准确地确定故障部位;另一方面,可以直接找出与该故障代码相关的各组数据进行分析,并根据故障代码设定的条件,分析故障代码产生的原因,进而对数据的数值波形进行分析,找出故障点。

例如:一款奥迪A6自动前照灯报警。用解码器读取故障代码,发现存在故障代码"左前倾斜传感器断路或搭铁短路"和"前照灯未调整"。根据故障代码读取测量数据块,查看倾斜传感器的动态数据,第1区和第2区的数据分别为5.314V和2.347V。从动态数据看,左前倾斜传感器信号明显过大。

维修人员更换左前倾斜传感器,但在进行基本设定时,解码器显示此功能不能执行。由于不能进行基本设定,故障就消不掉,前照灯仍报警,维修人员束手无策。为此,再取测量数据块,发现第 1 区和第 2 区的数据分别为 5.418V 和 2.347V。在按压车身时,第 1 区数据也不变化,由此可见,该车不是传感器本身的问题,而是车身的状态倾斜传感器无法检测。将前轮前支撑臂上的倾斜传感器转动连杆拆下,用手直接转动传感器转轴臂,发现在原工作位置上下转动,左前倾斜传感器电压均大于5V;而将传感器转轴臂转至向前下倾斜范围时,传感器信号电压在 0~5V 间均匀变化。

由此可见,该传感器转轴臂的原工作位置不对,正常位置应该为前下倾斜,将车升起,前悬架处于伸张位置时,发现转轴臂与垂线角度呈 30°~45°,原来该车是因悬架过分的伸张,传感器转轴臂在连杆带动下转过下止点时,而向后倾斜。将左前倾斜传感器转动连杆重新安装,使转轴臂向前下方倾斜。在进行基本设定后,故障排除。

(2) 无故障代码时

故障代码分析后确认无故障代码存在时,从故障现象入手,根据控制系统的工作原理和结构,推断相关数据参数,再用数据分析的方法对相关数据参数进行观察和全面分析。在进行数据分析时,常常需要知道所修车系统的基本原理和结构、基本的控制参数及其在不同工况条件下的正确读值,并经过认真的分析,才有可能得出准确的判断。

例如:一辆 2005 款本田雅阁,自动变速器换挡杆锁止在 P 位上,无法入挡行驶。用本田电脑诊断仪进行检测,没有发现故障代码。观察发动机数据流:节气门开度值为 10%,相对节气门开度值为9%,点火正时为 26°,发动机转速 1200r/min。从数据流上看,最明显的是发动机已不在怠速工况运转,点火提前角锁定在 26°,相对节气门开度值在怠速工况下应为 0%,而指示为 9% 的错误值。此时,发动机管理系统已启动了"后备"模式,不再进行相关传感器的参数修正功能。燃油排放控制系统呈开环状态,同时启动发动机及自动变速器保护模式电路,将换挡杆锁止在 P 位上。这起故障从数据流上看,节气门开度值基本上正常,但相对节气门开度值却很高。维修人员替换一个确认良好的节气门体总成(节气门开度传感器,不能单独更换),从数据流上看节气门开度相对值还是显示 9% 不变,再次重新设定,无法完成,换挡杆依然锁止,故障依旧。

要排除该故障,首先应该弄清楚相对节气门开度值为什么会高。相对节气门开度值是发动机控制单元根据怠速工况下节气门位置开度和实际进气量相比较得出的。如果怠速空气控制阀体内滑阀有积炭,造成滑阀运行时卡滞,当它卡滞在开度大时,怠速空气补偿的空气进入就多,这时的怠速空气控制阀指令并不是当前的滑阀开度所需的指令,过多的怠速空气补偿,导致发动机转速由怠速的 750r/min 升高至 1200r/min。此时的喷油时间也不是当前要求的喷油时间,这时的节气门位置处在关闭的位置,发动机冷却液温度也处于正常温度,这些正确的传感器参数与由于滑阀卡滞所产生的不正确的传感器参数,再与 ECU 内存固化的参考数据进行比较,ECU 通过计算得出一个结论,即此时发动机不在怠速工况下运转,但实际情况确实是在怠速工况模式下,只是发动机转速在怠速工况下异常升高了。ECU 将比较的参数所得出的结论(错误参数数据)进行记忆,其结果导致了节气门开度相对值为 9%。也就是说,ECU 认为此时的节气门位置是在正确的关闭位置开度(10%)的基准上,再默认打开 9% 开度的位置的。但又不符合怠速工况下的 10% 的开度,因此,记忆相对 9% 的开度值,从而启动发动机及自动变速器保护模式,将换挡杆锁止。由此分析可知,怠速空气控制阀的工作状况对相对节气门开度值的影响比较大。拆下怠速空气控制阀后,发现怠速空气控制阀体里充满了积炭。对怠速空气控制阀进行清洗后,发动机怠速运转平稳,换挡杆锁止现象消失,故障排除。此时检测动态数据,相对节气门开度值为0%。

(3)数据流综合分析步骤

①数据综合测量。发动机故障检测是电控单元的一项基本测量功能。当发动机故障灯点亮时,故障代码一定存在,此时经过查阅维修手册,便可明确故障类型,并相应地找到解决办法。

发动机数据流测量是进一步的测量。当系统中没有故障代码时,读取标准工况下的电控单元数据比较关键,特别要注意数据标准及数据变化量。常规测量工况应选择热车状态下的怠速工况和发动机转速在2000r/min时的无负荷工况。

发动机真实数据流测量,一般需要测量的数据应是车辆工作的基本数据,例如对于发动机系统,这些数据包括:进气歧管的真空度、汽缸压力、点火正时、发动机转速、燃油系统压力、机油压力、发动机冷却液温度、进气阻力(真空法测量)、废气排放值、排气阻力及曲轴箱通风压力等。测量完成后,需要将实测值与故障诊断仪读取的数值进行对比,差值过大的数据即为故障所在。例如:发动机电控单元显示冷却液温度为60℃,而实测冷却液温度为85℃,则说明发动机冷却液温度传感器数据存在偏差,故障原因可能在于线路接触电阻过大,电控单元A/D转换器数值偏差等。

②数据综合分析。建立数据群模块,即将某一故障现象所涉及的数据集中起来,逐一检查,对比及分析。例如:发动机怠速转速过高,达到1000r/min,那么,所涉及的数据将包括冷却液温度、节气门开度、怠速控制阀步数(或开度)、点火提前角、进气歧管绝对压力、氧传感器信号、喷油脉宽、燃油系统压力、蓄电池电压、空调开关状态、转向助力开关状态、车速、挡位开关状态及发动机废气排放等。

分析数据时应注意以下3点:

◇将电控单元的数据与实际测量数据进行对比,差值越小,说明电控单元及传感器越精确。

◇将电控单元数据与维修手册标准对比,若误差值超过极限,说明相应的数据为工作不良数据。

◇找出疑问数据进行分析。例如:氧传感器信号电压变化值为0.1~0.9V,无故障代码。简单看,氧传感器无故障,数据也在维修手册规定范围内,但与新车0.3~0.7V的正常值相比,却有了很大变化。由此说明氧传感器接触到的发动机废气中的氧含量变化不稳定,即燃烧时混合气的空燃比不稳定。导致此种故障发生的原因包括:发动机进气管漏气、气门积炭、气门关闭不严、曲轴箱强制通风阀堵塞及发动机活塞环密封不严等。

综合分析为了准确地分析故障,需要将几个问题数据间的关联关系逐一进行分析。例如:一只火花塞工作不良,其关联关系为:部分燃油不能有效燃烧→发动机怠速抖动→废气中的HC值过高→氧传感器信号电压偏低→发动机油耗增加→发动机动力不足→三元催化转换器温度过高(烧坏)→发动机电控单元记录"失火"故障。

10.2.3 波形分析在电路中的应用

为了判断汽车电控系统功能是否正常,就必须测量用于通信的电子信号,用汽车示波器可以"截听"到汽车电控系统中的电子对话,它是用电压随时间变化的图形来反映一个电子信号。这样,就可以解决电控系统的测试问题。如果一个传感器、执行器或电控单元产生了不正确判定尺度的电子信号,则该信号电路就可能发生"通信中断"的现象。对外的表现就是车辆发生工作不正常,行驶能力降低或排放超标等故障,在一些情况下,还会产生故障代码。由于示波器是用电压随时间的变化的图形来反映一个电子信号,因此,波形分析是现代汽车故障分析的一种很重要的方法和手段。

1. 电控系统电子信号的类型

直流、交流、频率调制、脉宽调制和串行数据信号也称为电子信号的"五要素"。"五要素"可以看成是电控系统中各传感器、控制电控单元和其他设备之间相互通信的基本语言,正是"五要素"中各自不同的特点,构成了用于不同通信的信号。

(1) 直流(DC)信号

在汽车电控系统中产生直流(DC)信号的传感器或电源装置有:蓄电池电压或电控单元(ECU)输出的传感器参考电压,模拟传感器信号。例如:发动机冷却液温度传感器、燃油温度传感器、进气温度传感器、自动变速器油温度传感器、蒸发器温度传感器、节气门位置传感器、废气再循环阀位置传感器、旋转翼片式或热线式空气流量传感器和节气门开关,以及通用汽车、克莱斯勒汽车和亚洲汽车的进气歧管绝对压力传感器等。

(2) 交流(AC)信号

在汽车电控系统中产生交流(AC)信号的传感器和装置有:车速传感器、磁脉冲式曲轴位置和凸轮轴位置传感器、从模拟进气歧管绝对压力传感器信号得到的发动机真空平衡波形和爆震传感器等,如图10-15所示。

(3) 频率调制信号

在汽车电控系统中,产生可变频率信号的传感器有:数字式空气流量传感器、数字式进气歧管绝对压力传感器、光电式车速传感器、霍尔式车速传感器、光电式凸轮轴位置和曲轴位置传感器、霍尔式凸轮轴位置和曲轴位置传感器等,如图10-16所示。

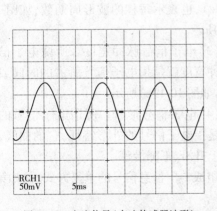

图10-15 交流信号(车速传感器波形)

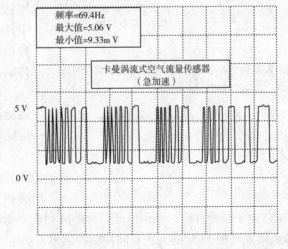

10-16 频率调制信号(数字式空气流量传感器信号波形)

(4) 脉宽调制信号

在汽车电控系统中产生脉宽调制信号的电路或装置有:点火线圈一次绕组侧、电子点火正时电路、废气再循环控制(EGR)阀、排气净化电磁阀、涡轮增压电磁阀和其他控制电磁阀、喷油器、怠速控制电动机、怠速控制电磁阀等,如图10-17所示。

(5) 串行数据(多路)信号

电控单元都具有故障自诊断功能以及其他串行数据传输能力,而串行数据信号是由发动机 ECU、车身控制模块(BCM)和防抱死制动系统控制模块(ABS ECU)或其控制模块产生的,如图 10-18 所示。

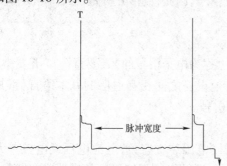

图 10-17 脉宽调制信号(炭罐电磁阀控制波形)

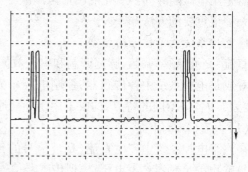

图 10-18 串行数据(多路)信号(车载网络系统通讯信号)

2. 电子信号的判定依据

任何一个汽车电控系统电子信号都应该具有幅值、频率、形状、脉宽和阵列 5 个可以度量的参数指标。因此,从"五要素"信号中得到的这 5 种判定特征的信息类型,是非常重要的。因为 ECU 需要通过分辨这些特征来识别各个传感器提供的各种信息,并依据这些特征来发出各种命令,指挥不同的执行器动作。这就是电控系统电子信号的 5 种判定依据。

幅值:表示波形的最高和最低的差值

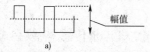

a)

频率:表示信号每秒的周期数

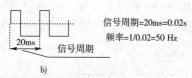

b)

占空比:表示信号的负电压部分和信号周期的比值,以百分比表示。
脉冲宽度:表示信号负电压部分的宽度

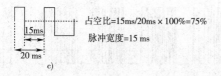

c)

图 10-19 电子信号波形的含义

(1)电子信号幅值。所谓电子信号的幅值就是指电子信号在一定点上的即时电压,也表示波形的最高和最低的差值,如图 10-19a)所示。

(2)电子信号频率。所谓电子信号频率就是信号的循环时间,即电子信号在两个事件或循环之间的时间,一般指每秒的循环数(Hz),也表示每秒的波形周期数,如图 10-19b)所示。

(3)电子信号脉冲宽度。所谓电子信号的脉冲宽度就是指电子信号所占的时间或占空比,如图 10-19c)所示。

(4)电子信号形状。所谓电子信号的形状就是指电子信号的外形特征,它的曲线、轮廓和上升沿、下降沿等。

(5)电子信号阵列。所谓电子信号的阵列就是指组成专门信息信号的重复方式,例如第 1 缸传送给发动机 ECU 的上止点同步脉冲信号。

每一类型的电子信号都可以由 5 种判定依据中的一个或多个特征组成,详见表 10-8。

3. 相关波形及分析方法

(1)热线(热膜)式空气流量传感器波形分析

①波形检测方法。示波器的探针接信号输出端子,鳄鱼夹搭铁。关闭所有附属电器设备,起动发动机,并使其怠速运转,当怠速稳定后,检查怠速时输出信号电压(图 10-20 中左侧波形)。做加速和减速试验,应有类似图中的波形出现。

模块十　汽车电路及故障解析

电子信号的特征　　　　　　　表 10-8

判定依据 信号类型	幅值	频率	形状	脉冲宽度	阵列
直流信号	√				
交流信号	√	√	√		
频率调制信号	√	√	√		
脉宽调制信号	√	√	√	√	
串行数据（多路）信号	√	√	√	√	√

将发动机转速从怠速加至节气门全开（加速过程中节气门应以缓中速打开），节气门全开后持续 2s，但不要使发动机超速运转。再将发动机降至怠速运转，并保持 2s。再从怠速工况急加速发动机至节气门全开，然后再关小节气门使发动机回至怠速，定住波形，仔细观察空气流量传感器波形。热线（热膜）式空气流量传感器信号波形，如图 10-20 所示。

②波形分析的含义及相关说明，参见图 10-21 所示。通常热线（热膜）式空气流量传感器输出信号电压范围是从怠速时超过 0.2V 变至节气门全开时超过 4V，当急减速时输出信号电压应比怠速时的电压稍低。空气流量传感器在怠速时输出信号电压太高，而节气门全开时输出信号电压又达不到 4V，则说明空气流量传感器已经损坏；如果在车辆急加速时，空气流量传感器输出信号电压波形上升缓慢，而在车辆急减速时空气流量传感器输出信号电压波形下降缓慢，则说明空气流量传感器的热线（热膜）脏污。

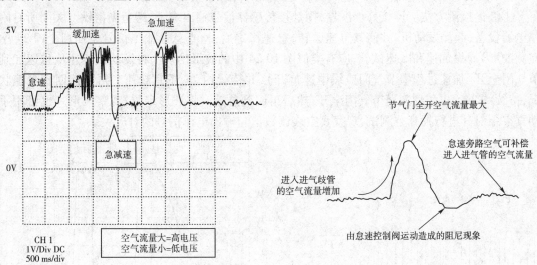

图 10-20　热线式空气流量传感器信号波形　　　图 10-21　热线式空气流量传感器信号波形分析

（2）数字式空气流量传感器波形分析

①波形检测方法。示波器探针接空气流量传感器信号输出端子，鳄鱼夹搭铁。在发动机运转时测试空气流量传感器输出信号电压波形。数字式空气流量传感器输出的信号都是频率信号。根据空气流量传感器的不同，其输出信号电压波形可以分为高频和低频两种形式，两种形式空气流量传感器的信号电压波形如图 10-22 所示。

②波形分析。波形分析的含义及相关说明，如图 10-23 所示。波形的幅值大多数应达 5V，波形的形状要适当一致，矩形的拐角和垂直沿的一致性要好，传感器输出信号电压波形的频率要与发动机转速和空气流量传感器的比率一致。随着空气流量的增加，传感器输出信号

波形的水平上线应达到参考电压,频率也增加,流过空气流量传感器的空气越多,信号向上出现的脉冲频率也就越高。如果信号波形不符合上述要求,或者脉冲波形有伸长或缩短,或者有超常的尖峰和变圆的直角等,应更换空气流量传感器。有些车型,如通用别克汽车的波形上部左侧的拐角有轻微的圆滑过渡,这是正常现象,并不说明传感器损坏。

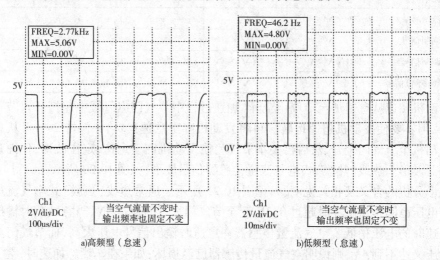

图 10-22 数字式空气流量传感器输出信号电压波形

(3)压敏电阻(模拟输出)式进气歧管绝对压力传感器波形及分析

①波形检测方法。连接好示波器,探针接传感器信号输出端子,鳄鱼夹搭铁。关闭所有附属电器设备,起动发动机,并使其怠速运转,怠速稳定后,检查怠速输出信号电压(图 10-24 中左侧波形)。做加速和减速试验,应有类似图 10-24 中的波形出现。将发动机转速从怠速加到节气门全开(加速过程中节气门应缓中速打开),并持续约 2s,不宜超速。再减速回到怠速状况,持续约 2s。再急加速至节气门全开,然后再回到怠速。将波形定位,观察波形。也可用手动真空泵对其进行抽真空测试,观察真空表读数值与输出电压信号的对应关系。

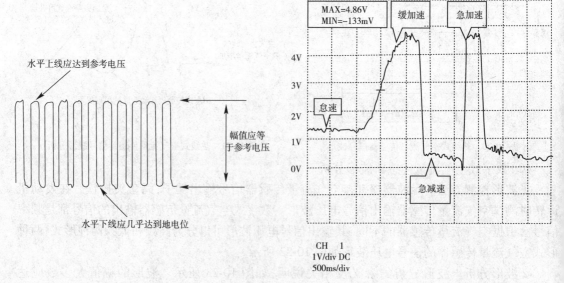

图 10-23 数字式空气流量传感器输出信号电压波形分析　　图 10-24 半导体压敏电阻式进气歧管绝对压力传感器信号波形

②波形分析。半导体压敏电阻式进气歧管绝对压力传感器信号波形说明,如图 10-25 所示。

通常，半导体压敏电阻式进气歧管绝对压力传感器的输出电压在急速时为1.25V,当节气门全开时略低于5V,全减速时接近0V。大多数进气歧管绝对压力传感器在真空度高时（急减速是81kPa）产生的电压信号（接近0V），而真空值低时（全负荷时接近10kPa）产生高的电压信号（接近5V），也有些进气歧管压力传感器设计成相反方式，即当真空度增高时输出电压也增高。

当进气歧管绝对压力传感器有故障时，可以查阅维修手册，波形的幅值应保持在接近特定的真空度范围内，波形幅值的变化不应有较大的偏差。当传感器输出电压不能随发动机真空值变化时，在波形图上可明显看出来，同时发动机将不能正常工作。

(4) 线性输出型节气门位置传感器波形分析

①波形检测方法。连接好示波器，探针接传感器信号输出端子，鳄鱼夹搭铁。打开点火开关，发动机不运转，慢慢地让节气门从关闭位置到全开位置，并重新返回至节气门关闭位置。慢慢地重复这个过程几次，波形应如图10-26所示。

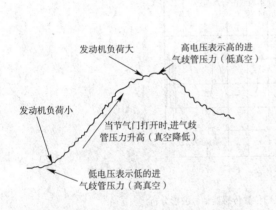

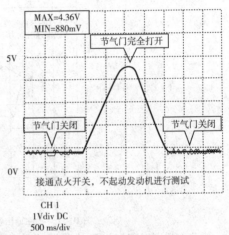

图10-25 半导体压敏电阻式进气歧管绝对压力传感器信号波形说明　　图10-26 线性输出型节气门位置传感器信号波形

②波形分析。线性输出型节气门位置传感器信号波形分析，如图10-27所示。

通常传感器的输出电压应从急速时的低于1V到节气门全开时的低于5V。波形上不应有任何断裂、对地尖峰或大跌落。应特别注意在前1/4节气门开度中的波形，这是在驾驶中最常用到传感器炭膜的部分。传感器的前1/8～1/3炭膜通常首先磨损。还应注意达到2.8V处的波形，这是传感器的炭膜容易损坏或断裂的部分。在传感器中磨损或断裂的炭膜不能向发动机ECU提供正确的节气门位置信息，所以，发动机ECU不能为发动机计算出正确的喷油脉宽，从而引起发动机工作性能不良问题。

(5) 磁脉冲式曲轴位置传感器波形分析

①波形检测方法。连接示波器，起动发动机，急速运转，而后加速或按照行驶性能发生故障的需要驾驶等，获得波形，典型的磁脉冲式曲轴位置传感器信号波形如图10-28所示。

对于将发动机转速和凸轮轴位置传感器制成一体的具有两个信号输出端子的曲轴位置传感器，可用双通道的波形检测设备同时进行信号波形检测，其典型信号波形如图10-29所示。

②波形分析。触发轮上相同的齿形应产生相同形状的连续脉冲，脉冲有一致的形状、幅值与曲轴（或凸轮轴）的转速成正比，脉冲的频率应同发动机的转速同步变化，两个脉冲间隔只是在同步脉冲出现时才改变。除去传感器触发轮上一个齿或两个相互靠近的齿所产生的同步脉冲，会引起输出信号频率的变化，而在齿数减少的情况下，幅值也会变化，借此可以确定上止点的信号。

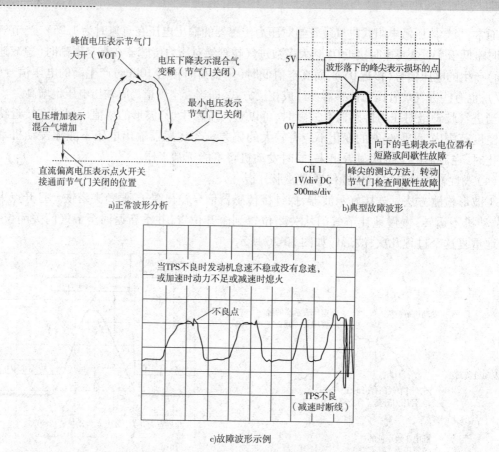

图 10-27 线性输出型节气门位置传感器信号波形分析

在大多数情况下,如果传感器或电路有故障,波形检测设备上将完全没有信号。所以,示波器中间 0V 电压处是一条直线便是很重要的诊断资料。如果示波器显示在零电位时是一条直线,则说明传感器信号系统中有故障,那么,应该在确定示波器到传感器的连接是正常的之后,进一步检查相关的零件(曲轴、凸轮轴)是否旋转,磁脉冲式曲轴位置传感器的空气间隙是否适当和传感器头有无故障等。

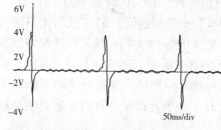

图 10-28 典型的脉冲式曲轴位置传感器信号波形

注意:也有可能是点火模块或发动机 ECU 中的传感器内部电路搭铁,此时可以用拔下传感器导线连接器后再用示波器测试的方法来判断。

图 10-30 所示为两种磁脉冲式曲轴位置传感器的故障波形。图 10-30a)所示故障波形为齿槽中填有异物造成的,图 10-30b)所示故障波形是传感器触发轮安装不当造成的。

(6)霍尔式曲轴位置传感器波形分析

①波形检测方法。连接示波器,起动发动机,怠速运转,典型的霍尔式曲轴位置传感器信号波形,如图 10-31 所示。

②波形分析。霍尔式曲轴位置传感器信号波形的分析,如图 10-32 所示。

波形频率应与发动机转速相对应,当同步脉冲出现时占空比才改变。

如果在波形检测设备上显示传感器电源电压处显示一条直线,则应首先检查传感器接地电路的完整性;确认相关的零件(曲轴和凸轮轴等)都在转动;用示波器检查传感器的电源电路和发动机 ECU 的电源及搭铁电路;检查电源电压和传感器参考电压。如果传感器的电源和搭铁良好,波形检测设备显示在传感器供给电源电压处一条直线,则很可能是传感器损坏。

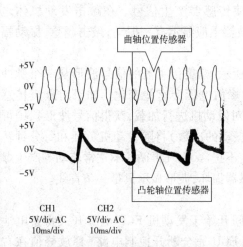

图 10-29 双通道检测磁脉冲式曲轴位置传感器信号波形

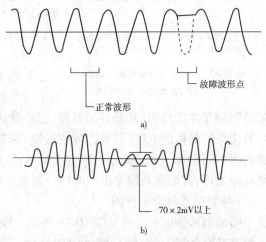

图 10-30 磁脉冲式曲轴位置传感器的故障波形

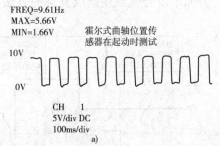

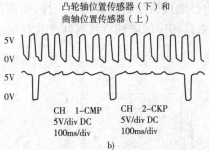

图 10-31 霍尔式曲轴位置传感器信号波形

(7) 温度传感器信号波形及分析

①波形检测方法。冷却液温度传感器和进气温度传感器的检测方法和波形分析法基本相同,下面以发动机冷却液温度传感器为例介绍波形检测方法和波形分析。连接好示波器,起动发动机,然后在发动机的暖机过程中观察温度传感器信号电压的下降情况(如果汽车故障与温度无直接关系,可以从全冷态的启动开始试验;如果汽车的故障与温度有直接的关系,则可以从怀疑的温度范围开始试验)。

②波形分析。信号波形的全过程检测结果如图 10-33 所示。通常冷车时传感器的电压应在 3~5V (全冷态),然后,随着发动机运转减少至运行正常温度时的 1V 左右。在任何给定的温度下,好的传感器必须产生稳定的反馈信号。发动机冷却液温度传感器电路的开路将使电压波形出现向上的尖峰(到参考电压值),发动机冷却液温度传感器电路的短路将产生向下尖峰(到搭铁值)。

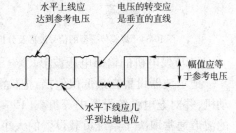

图 10-32 霍尔式曲轴位置传感器信号波形分析

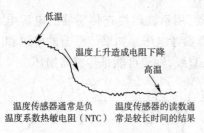

图 10-33　发动机冷却液温度传感器信号波形的全过程检测

(8) 爆震传感器的信号波形及分析

将爆震传感器的导线连接器断开,连接示波器,打开点火开关,不起动发动机,使用木槌敲击传感器附近的发动机汽缸体,以使传感器产生信号。在敲击发动机体之后,紧接着在示波器上应显示有一振动,敲击越重,振动幅度就越大。

如图 10-34 所示,爆震传感器的信号波形从一个脉冲至下一个脉冲的峰值电压会有些变化。如果对爆震传感器进行随车在线检测(连接好示波器,起动发动机。对发动机进行加载,获得信号波形),则可以看出波形的峰值电压(波峰高度或振幅)和频率(振动的次数)将随发动机负载和每分钟转速的增加而增加。如果发动机因点火过早、燃烧温度不正常、废气再循环不正常流动等产生爆燃或敲击声,其幅度和频率也会增加。如果爆震传感器损坏,波形显示只是一条直线。

(9) 喷油器波形及分析

喷油器的波形和分析如图 10-35 所示。喷油时间开始于发动机 ECU 电源开关将蓄电池电路打开时(波形图左侧),喷油时间结束于发动机 ECU 完全断开控制电路(释放峰值在右侧)时。汽车示波器一般具有既可图形显示又可数字显示喷油持续时间的功能。也可以从波形上观察出燃油反馈控制系统是否工作,用丙烷去加浓混合气或用造成真空的方法使混合气变稀,然后观察相应的喷油持续时间变化情况。

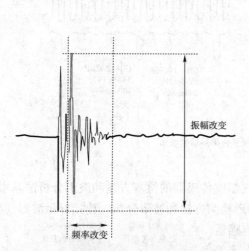

图 10-34　爆震传感器的信号波形及分析

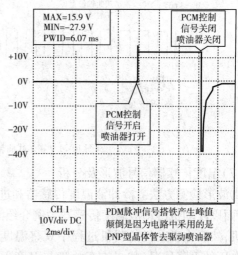

图 10-35　喷油器的波形及分析

(10) 发电机的输出电压波形

把示波器设置在最低伏值挡,把检测探头分别接到交流发电机的输出端和搭铁。起动发动机,并对充电系统设置中等负载(15～20A),示波器上便显示出不同的波形。应考虑到显示的波形通常取决于系统负载设置的大小。

图 10-36 显示的是一组正常的波形。

图 10-37 显示的波形图,表明交流发电机处于满载时的状态,也是一组正常的波形。

10.2.4　温度分析在电路中的应用

汽车在运行过程中如果发生故障或有潜在的故障存在,必然引起汽车零部件表面的温度变化或突变。因此,在汽车不解体故障诊断中,通过测试汽车零部件的温度变化,能迅速找到汽车发生故障的部位。可以说,运用温度分析的方法,可在汽车故障诊断过程起到事半功倍的作用。通常使用的测温设备有接触式温度计和非接触式温度计,汽车维修中多采用红外线测温仪。

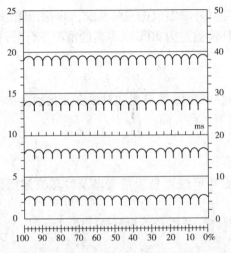

图10-36　正常的发电机输出电压波形

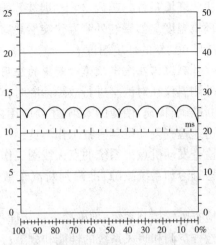

图10-37　正常二极管在交流发电机满负载条件下的检测波形

1. 红外测温仪的特点

非接触式红外测温仪可快速、准确、方便地测量物体的表面温度,而且不需要直接接触被测物体的表面。因此,它能可靠地测量热的、危险的或难以接触的物体表面温度。红外测温仪每秒可测若干个读数,可以直观连续地测试物体表面的温度变化。

红外测温仪(见图10-38)可快速提供被测量物体表面的温度,并可以连续测试物体表面每一点温度,在用热偶温度计读取一个渗漏连接点的时间内,用红外测温仪几乎可以读取所有连接点的温度,迅速找到汽车表面温度突变的地方。另外,由于红外测温仪坚实、轻巧,且不用时易于放在皮套中保存,所以,对汽车进行故障诊断时可随身携带。

红外测温仪的测量精度在1℃以内。这种性能对在做预防性维护和检测表面温度连续变化时特别重要。如监测发动机冷却系统,无需拆卸就可以准确测试难以接触到的物体表面温度;还可以扫描所有汽车容易产生温度变化的部位,如制动鼓、制动摩擦片、轴承、排气管、进气歧管等。用红外测温仪甚至可快速探测温度的微小变化,在故障的萌芽之时就可将问题解决,减少因设备损坏造成的额外开支和缩小维修的范围。

2. 测温方法

图10-38　红外测温仪

测温时,将红外测温仪对准要测的物体,按触发器在红外测温仪的LCD上读出温度数据,为保证安排好距离和光斑尺寸之比和视场,需注意以下5点:

①只测量表面温度。红外测温仪不能测量内部温度。

②不能透过玻璃进行测温。玻璃有很特殊的反射和透过特性,不能得出正确的温度读数,但可通过红外窗口测温。红外测温仪最好不用于光亮的或抛光的金属表面的测温(如不锈

钢、铝等）。

③定位热点。要发现热点,用红外测温仪瞄准目标,然后在目标上做上下扫描运动,直至确定热点。

④注意环境条件。蒸汽、尘土、烟雾等能阻挡红外测温仪的光学系统,影响测温精度。

⑤环境温度。如果红外测温仪突然暴露在环境温差为20℃或更高的情况下,允许仪器在20min内调节到新的环境温度。

3. 红外测温仪在汽车故障诊断中的应用

红外测温仪在对汽车进行故障诊断时,对容易产生温度突变和对温度变化敏感的零部件具有判断准确、快速、便捷的效果,主要应用在以下一些方面：

①迅速检查发动机某一缸工作不良；

②检查发动机点火系统的点火线圈工作不良；

③检查冷却系统故障,准确判断汽车散热器和节温器是否堵塞以及冷却液温度传感器好坏。

④检查废气控制系统,准确检查三元催化转换器,诊断检查排气管故障；

⑤检查空调和暖风系统的性能和故障；

⑥检测轮胎和制动鼓的温度突变；

⑦检查轴承、电动机、制动盘和制动鼓的温度突变。

4. 红外测温仪在故障诊断中的应用实例

（1）检测发动机缺缸故障

用红外测温仪可以判断柴油机或汽油机的点火系统故障。点火不成功情况下进行多点扫描,查找故障所在。

检测的方法是：用红外测温仪照射测量发动机排气歧管的温度,不工作的汽缸由于无法燃烧,所以没有其他正常工作的汽缸产生的热量多,排气歧管的温度就低。因此,当某一缸排气歧管的温度明显低于其他汽缸排气歧管的温度时,则说明该缸工作不良。如果该汽缸工作不良,可以继续深入检查点火系统、汽缸压力、燃油系统等。

（2）检测发动机冷却系统故障

引起温度过高有各种各样的原因,因此,在冷却系统检查温度的变化非常重要,可以准确和快速地对冷却系统进行故障诊断。

①节温器。用红外测温仪瞄准节温器壳体,测试节温器的温度变化。可以判断节温器是否打开,如果测试时,发现节温器的温度有突然增加的地方,表明节温器打开,如果温度没有变化,说明节温器工作不良,需要更换。如果节温器工作正常,当冷却液温度达到80℃时,冷却风扇应开始工作,如果冷却风扇不工作,表明风扇电动机、线路、继电器或冷却液温度开关等部件工作不良。

②散热器。用红外测温仪扫描散热器表面上下两端的温度,当仪表显示冷却液温度正常时,而上下水室温差较大,表明冷却系没有大循环。如果用红外测温仪沿着冷却液流动的方向检测散热器的表面,如果检测到有温度突变的地方,表明该地方管路阻塞。

（3）测试空调性能

在测试之前,应确认空调系统、空气分配（空气门）功能正常,这可保证通过蒸发器的所有空气都直接通到空气出口。

空调性能测试,操作步骤如下：

①分别把歧管压力表与高压、低压接头连接,这时,两个阀门都处于关闭状态。
②关闭汽车的所有车门和车窗。
③调节汽车空调控制装置,使之达到最大制冷量和高速鼓风机位置。
④发动机空挡怠速运转 10min。为得到最好结果,在散热器格栅前放置高流量风扇,以确保有足够的空气流量通过冷凝器。
⑤将发动机转速增加到 1500~2000r/min。
⑥用红外测温仪测量蒸发器空气出口格栅温度或空气管道喷嘴温度(2~4℃)。
⑦读出高压表值和低压表值,与维修手册中提供的操作压力的正常范围相比较。

用红外测温仪扫描从压缩机到冷凝器的排放管,排放管全长的温度应一致。任何温度差异都是管路堵塞的征兆,此管路应冲洗或更换。其他部分的测试应当在发动机运转时进行。

(4) 检测空调系统

空调系统检测,操作部分如下:
①通过上下测试冷凝器表面,或沿回转弯头温度检查,看是否有温度变化。在从顶部到底部检查的过程中,温度应逐渐地从热变到温。温度剧变表示有堵塞,发生堵塞,冷凝器必须冲洗或更换。
②如果系统有储液罐/干燥器,应该对其进行检查。入口管和出口管应该处于相同温度。在管道上或储液罐上的任何变化或结霜,都表明有堵塞,这时,储液罐/干燥器必须更换。
③如果系统有玻璃观察窗,应对其进行检查。
④测试从储液罐/干燥器到膨胀阀的液体管路,在整个管长范围内都应是温热的。
⑤膨胀阀应该无霜,它的入口和出口应有较大的温差。
⑥通往压缩机的进气管应被冷却,从蒸发器至压缩机部分可以测试。如果它上面覆盖厚厚的霜,则表明膨胀阀向蒸发器溢流。
⑦在装有节流孔系统的车辆上,测试从冷凝器出口到蒸发器进口之间的液体管路。蒸发器入口的节流孔之前的液体管路的温度如果有变化,表示有堵塞。若堵塞,应冲洗液体管路或更换节流孔。

总之,通过综合温度检查和压力表读数,就可以发现系统中某些装置功能是否失常,然后,再做进一步的诊断。

10.3 电路故障检测分析实训

①故障码检测分析。
②数据流检测分析。
③数据波形检测分析。
④温度检测分析。

10.4 模块小结

1. 小结

①在当今主流车型上,电气线路按其传输内容可分为数据线和电力线两类;按其工作电压则可分为低压导线和高压导线两种类型;其中低压导线又分为普通导线、特种电缆两种类型。
②汽车电路图采用国家或相关标准规定的线路符号,对汽车电器设备的构造、组成、工作

原理、工作过程及安装要求所作的图解说明,也包括图例及简单的结构示图。

③车载故障自诊断系统时刻监测汽车电控系统的工作,一旦发现问题便记录相应的故障代码,维修人员利用汽车故障检测仪通过数据连接器可以读取故障代码,依据故障代码的提示便可以确定车辆的故障部位。

④数据流是电控单元对所控制的系统正运行的控制状态的数量表现形式。数据流分析是运用各种测试手段对电控系统的各类相关数据参数进行综合分析的过程。

⑤每个汽车电控系统电子信号都具有幅值、频率、形状、脉宽和阵列 5 个可以度量的参数指标。ECU 需要通过分辨这些特征来识别各个传感器提供的各种信息,并依据这些特征来发出各种命令,指挥不同的执行器动作。通过示波器进行波形分析是现代汽车故障分析的一种很重要的方法和手段。

⑥汽车在运行过程中如果发生故障或有潜在的故障存在,必然引起汽车零部件表面的温度变化或突变。因此,在汽车不解体故障诊断中,通过测试汽车零部件的温度变化,能迅速找到汽车发生故障的部位。可以说,运用温度分析的方法,可在汽车故障诊断过程起到事半功倍的作用。

2. 专业术语

故障代码　数据流　波形分析　幅值　频率　形状　脉宽　阵列

参 考 文 献

[1] 周建平.汽车电气设备构造与维修[M].北京:人民交通出版社,2010.
[2] 李俊玲,周旭.汽车电气设备构造与检修[M].北京:人民邮电出版社,2010.
[3] 中国汽车维修行业协会.电器维修技术(模块E)[M].北京:人民交通出版社,2008.
[4] 谭本忠.汽车波形与数据流分析[M].北京:机械工业出版社,2009.